Josef Johannes Schmid

Seefahrer!

Josef Johannes Schmid

Seefahrer!

Maritime Lebensbilder von der Antike bis heute

Philipp von Zabern

Bibliografische Information der Deutschen Nationalbibliothek
Die Deutsche Nationalbibliothek verzeichnet diese Publikation in der
Deutschen Nationalbibliografie; detaillierte bibliografische Daten
sind im Internet über <*http://dnb.d-nb.de*> abrufbar.

© 2013 Verlag Philipp von Zabern, Darmstadt/Mainz
ISBN: 978-3-8053-4455-5

Gestaltung: Vollnhals Fotosatz, Neustadt a. d. Donau
Umschlaggestaltung: Ines von Ketelhodt, k und m Design, Flörsheim am Main
Umschlagabbildung: Maris Pacifici quod vulgo Mar del Zur 1589
© akg/historic-maps/Abraham Orte
Druck: CPI books GmbH, Ulm

Elektronisch sind folgende Ausgaben erhältlich:
eBook (PDF): 978-3-8053-4708-2
eBook (epub): 978-3-8053-4709-9

Weitere Publikationen aus unserem Programm finden Sie unter: www.zabern.de

Inhalt

Epilog: Unser Bild von der See

I. Tyrannen & Meuterer

II. Fiktive Seefahrer

Anhang

Vorwort

„No man will be a sailor, who has contrivance enough to get himself into jail. A man in jail has more room, better food, and commonly better company."[1]

„Niemand, der über ausreichende Erfindungsgabe verfügt, sich einen Platz im Knast zu verschaffen, wird (jemals) Seemann werden. Ein Mann im Gefängnis verfügt über mehr Platz, besseres Essen und im Allgemeinen auch über bessere Gesellschaft."

Diese vermeintliche Erkenntnis des 19. Jahrhunderts mag sich als Einstimmung in die vorliegende kleine Anthologie vernichtend lesen. Was treibt einen Menschen denn auf die See, wenn die Perspektiven dort so vernichtend sind? Versammelt sich dort – wie es uns Hunderte von Filmen, Darstellungen und landläufigen Vorurteilen glauben machen wollen – wirklich nur der Abschaum der Gesellschaft, tummeln sich in beziehungsweise auf diesem Element im besten Falle nur einige Verrückte, welche dann gemeinsam ihrem Wahnsinn frönen – dies in einer Umgebung, gegen deren Naturgewalten der Mensch sowieso im Endeffekt immer den Kürzeren ziehen wird?

Woher aber dann diese seit der Antike nicht abreißende Faszination der See, woher die ebenfalls in die Hunderte, wenn nicht Tausende gehenden Berichte von Abenteuer, Wagemut, Entdeckerdrang, von der Suche nach der unerreichten Weite, nach dem Ansichtigwerden dessen, was hinter dem Horizont, also hinter der dem menschlichen Auge wahrnehmbaren natürlichen Grenze liegt? Ist es kollektiver Wahnsinn oder der Traum einer auf festem Boden unerfüllten Sehnsucht und damit wiederum ein pathologisches Phänomen?

Vielleicht ein wenig von alledem. Aber ist dem Menschen nicht das Suchen nach der unendlichen Weite, das Entdecken des Neuen, die Bewährung im Ungewohnten ureigen? Verbindet dies nicht im Letzten Theologie, Philosophie und andere

---

1   James Boswell, The Life of Samuel Johnson, Bd. I, London 1820, 161.

nachgeordnete Wissenschaften, darunter auch Nautik und Navigation? Ist die See damit Spiegel des menschlichen Ich, jener Existenz, welche sich auch in Zeiten von rationalisierter Selbsttäuschung und massenvermittelter Spontanspaßerfüllung nicht mit den vermeintlichen Limits einer ideologisierten Selbstgenügsamkeit abfinden will?

Die Alternative hierzu ist zweifellos die Suche nach dem Helden, dem anderen, jenem, der dies nicht akzeptieren will, dem Propheten und Prediger der Theologie, dem Denker und Ordner der Philosophie – und eben dem Mann des Meeres, dessen Existenz gleichfalls in seinem das scheinbar Gewöhnliche hinter sich lassenden Wagnis das ganz Andere umfängt.

Dieser Band möchte einen kleinen Einblick in die Leben und Lebenswelten dieser Menschen und ihre durchaus sehr unterschiedlichen Motivationen wagen. See ist nicht gleich See, Seefahrer nicht gleich Seefahrer. Dieses Genre menschlicher Betätigung erschöpft sich weder im kämpfenden Seehelden noch im abenteuerdurstigen Entdecker, noch im Erforscher gegenwärtiger oder vergangener maritimer Lebensräume.
    Damit gelangen wir zum Kriterium der unvermeidlichen Selektion. Seefahrt ist nicht gleich Seekrieg, und nicht jeder Entdecker automatisch ein großer Seefahrer – anders gesprochen: Die bloße Tatsache, sein Schiff als Erster an einem bislang – zumindest im zeitgenössischen Bewusstsein – unbekannten Gestade angelandet zu haben, ist nicht zwangsläufig eine herausragende seefahrerische Leistung an sich.
    Da der vorliegende Band nur knapp 200 Seiten aufweist und nicht deren 2.000 oder mehr, wird folglich mit Sicherheit jeder einigermaßen kundige Leser einen seiner «Lieblinge» vergebens suchen, andere Aufgenommene hingegen mit einer gewissen Überraschung, vielleicht auch Konsterniertheit entdecken: Kann es denn angehen, in einem solchen Werk Leute wie Magellan, Vespucci etc. scheinbar zu übergehen, während sich doch tatsächlich eine Katze darin findet? Ein Ausweis oder gar Ausfluss des zuvor angenommenen maritimen Wahnsinns?

Maßgebliches Kriterium für die Aufnahme bildete zunächst die Wirkmächtigkeit der jeweiligen Person in und nach ihrer Zeit. Zudem sollte – wie bereits erörtert – eine Balance innerhalb der Gattung «Seefahrer» gehalten und eine möglichst große Bandbreite erfasst werden, dies in epochaler, geographischer, kultureller, exemplarischer und vor allem rezeptionsgeschichtlicher Hinsicht unter Berücksichtigung der zeithistorischen Bedingungen. Von daher sieht sich dieser Band durchaus in der Tradition des klassischen Pionierwerks von John Campbell, der sein Hauptaugenmerk den „persönlichen Lebensumständen" der von ihm beschriebenen Seeleute widmet „und einer Beschreibung ihrer dem gemeinen Wesen geleisteten Dienste"[2].

Der Gesichtspunkt der geographischen Breite führte zur Aufnahme einiger Personen, welche gemäß dem in unseren Breiten und Zeiten vorherrschenden seehistorischen Bewusstsein darin weniger verortet werden dürften; der relativ breite Raum, welcher hier der asiatischen Sphäre eingeräumt wird, erklärt sich nicht zuletzt daraus. Die verhältnismäßig spärliche Präsenz der Seekriege okzidentaler Gefilde des späten 19. und 20. Jahrhunderts hingegen ist neben der Frage, inwieweit hier Persönlichkeiten – bei aller Anerkennung der individuellen Leistung – wirklich Entscheidendes bewerkstelligen konnten, vor allem dem Umstand geschuldet, dass dieser Personenkreis bereits derart dicht aufgearbeitet ist[3], dass im Zweifelsfalle der Originalität des Vertreters einer anderen Epoche/Sphäre der Vorrang vor unvermeidlicher Wiederholung eingeräumt wurde.

So ist dies Buch im Ergebnis als Einladung an den Leser zu verstehen, auch Neues zu entdecken – *plus ultra*, hinaus über die Grenzen des Bekannten, hinein in das Unbekannte.

Der Autor hofft, der Vorgabe des Verlages, ein populärwissenschaftliches Werk mit Betonung auf beiden Teilen dieses Adjektivs zu erstellen, entsprochen zu haben; die getroffene Auswahl ist selbstverständlich von ihm selbst verantwortet und zu verantworten, ebenso alle verbleibenden Fehler sowie Interpretationen, Bewertungen und Einordnungen.

Ein gewagtes Unterfangen ist dieses Büchlein mit seiner Bandbreite von der Antike bis in die unmittelbare Zeitgeschichte allemal; strebten die älteren Werke diese

---

2 John Campbell, Leben und Thaten der Admirale und anderer berühmter brittanischer Seeleute: worin, nebst ihren persönlichen Lebensumständen, und einer Beschreibung ihrer dem gemeinen Wesen geleisteten Dienste …, Göttingen 1755 (orig. Lives of the Admirals and Other Eminent British Seamen; Containing their Personal Histories and a Detail of all their Public Services …, London 1750); vgl. John Campbell/Henry Redhead Yorke, Naval History of Great Britain, Including the History and Lives of the British Admirals, London 1813 [u. zahlr. w].

3 Vgl. Anmerkungen 5–7.

noch an[4], so blieben vergleichbare neuere – bei höherer Seitenzahl – meist regional-national[5] oder epochal[6] – oder beides[7] – beschränkt.

Ein wenig an Plutarchs βίοι παράλληλοι (*Parallelbiographien*) mag die überwiegende Präsentation von zwei Persönlichkeiten innerhalb der meisten Abschnitte gemahnen, doch ist dies weniger starr denn im antiken Vorbild strukturiert. Vielmehr bietet die paarweise Erfassung den Vorteil, Charaktere entweder der gleichen Zeit oder aber eines gemeinsamen Bedeutungsschicksals gegenüberzustellen beziehungsweise in ihrer Wirkungsgeschichte gemeinsam zu betrachten. Die lediglich dreimal vorkommende Betrachtung nur eines Lebensbildes in einem Kapitel hingegen soll dessen besondere Signifikanz unterstreichen, das Leben Lord Nelsons darüber hinaus als Einleitung in das Gesamtphänomen «Seeheld» dienen; es ist daher den restlichen, in chronologischer Reihenfolge präsentierten Viten vorangestellt.

Auf numerische Anmerkungen (Fußnoten) im Textteil wurde verzichtet; wörtliche Zitate werden unmittelbar anschießend in Klammern nachgewiesen, weiterführende Anmerkungen und Literatur am Ende des Bandes nach Kapiteln und dort wiederum nach Betreffen gegeben.

Die dort gleichfalls anzutreffenden Hinweise auf das belletristische und musikalische Echo, welches die behandelten Personen gefunden haben, dienen ebenso

---

4 Addison B. C. Whipple, Tall Ships and Great Captains. A Narrative of Famous Sailing Ships through the Ages and the Courageous Men who Sailed, Fought, or Raced them across the Seas, New York 1960; Oliver Warner, Command at Sea. Great Fighting Admirals from Hawke to Nimitz, New York 1976; Richard Hough, The Great Admirals, New York 1977.

5 Etwa: Andrew Lambert, Admirals. The Naval Commanders who Made Britain Great, London 2008; Thomas A. Heathcote, British Admirals of the Fleet 1734–1995. A Biographical Dictionary, Barnsley 2002.

6 Jack Sweetman, The Great Admirals: Command at Sea 1587–1945, Annapolis 1997; Lee Bienkowski, Admirals in the Age of Nelson, Annapolis 2003; Charles E. Pfannes/Victor A. Salamone, The Great Admirals of World War II: 1. The Americans, [3]New York 1985, 2. The Germans, [2]New York 1985; Stephen Howarth, Men of War. Great Naval Leaders of World War II, New York 1993.

7 John Creswell, British Admirals of the Eighteenth Century – Tactics in Battle, London 1972; Richard Harding/Peter Le Fevre (Hgg.), Precursors of Nelson: British Admirals of the Eighteenth Century, London 2000; Martin Stephen, The Fighting Admirals. British Admirals of the Second World War; Barnsley 1991; Evan Thomas, Sea of Thunder. Four Commanders and the Last Great Naval Campaign 1941–1945, New York 2006.

zur Illustration der Rezeptionsgeschichte wie die ganz am Ende des Bandes gegebene Filmographie.

Um die Möglichkeit des internationalen Vergleichs beziehungsweise der Einordnung zu gewährleisten und die bibliographische Recherche für weiterführende Literatur zu erleichtern, folgt die Umschreibung/Wiedergabe der russischen, arabischen, japanischen, koreanischen und chinesischen Namen dem weltweit am häufigsten angewandten angelsächsischen Modell.

Zu guter Letzt ist ein kleines Wort des Dankes nicht nur angebracht, sondern eine angenehme Pflicht. Dieser gilt neben Verlag und Lektorat vor allem sowohl meinen lieben Kollegen und Mitarbeitern im Arbeitsbereich Neuere Geschichte der Universität Mainz, aus denen hier stellvertretend Frau Annette Zimmermann und Herr Alexander Röllig herausgegriffen seien, als auch meiner Familie, welche nicht nur die maritime Begeisterung (meine Frau spricht mitunter von Obsession, eingangs war von Wahnsinn die Rede …) ihres *pater familias*, sondern auch die mit der Abfassung dieses Buches verbundenen Belastungen stoisch und liebevoll ertrug.

1. Der Inbegriff des Seehelden

Horatio Nelson, 1st Viscount Nelson, 1st Duke of Bronté, KB (1758–1805)

Das Szenarium entbehrte nicht des feierlich-pompösen Bizarren: Vom 6. bis 10. September des Jahres 1800 stattete ein kleiner, unscheinbarer Engländer dem Großmagnaten der ungarischen Krone, Fürst Nikolaus II. Esterházy (1765–1833), in Begleitung einer durchaus nicht unscheinbaren, aber seltsam beleumundeten Dame, welche nicht seine Ehefrau war, einen Besuch ab. Der Fürst hatte normalerweise nicht die Gewohnheit, durchreisende Bürgerliche und deren Mätressen mit einem sechstägigen Festzyklus aus Illuminationen, Opernaufführungen, Festbanketten und Prunkgottesdiensten zu ehren. Dass dies trotz des zumal nach außen streng-moralischen österreichisch-ungarischen Zeremonialkodexes zu Eisenstadt 1800 dennoch geschah, lag an der Außergewöhnlichkeit des Besucherpaares: Konteradmiral Horatio Viscount Nelson und seiner Muse, Lady Emma Hamilton (1765–1815).

Nelson war zu diesem Zeitpunkt in den Augen der gesamteuropäischen Öffentlichkeit bereits zu dem geworden, was er aufgrund seiner Anlage, seines Charakters und seiner Lebensgeschichte schon von jeher gewesen war und zeitlebens bleiben sollte: eine Ausnahmeerscheinung, ein Phänomen *sui generis*. Welcher andere Admiral und Seefahrer aller Zeiten und Länder konnte ein derartiges Echo seiner Taten aufweisen? Zwei Jahre zuvor hatte er in Ägypten eine französische Flotte ausgeschaltet, aber Ähnliches hatten andere schon vor ihm getan – woher also der Starkult? Was brachte Künstler im weit von Meer und Ägypten entfernten Österreich dazu, ihm ihre Werke zu widmen – darunter etwa Ferdinand Kauer (1751–1831) mit seinem Tongemälde «Nelsons große Schlacht» (Wien 1801), Johann Baptist Wanhal (1739–1813) mit seiner Sonate «Die Seeschlacht bei Abukir» (Wien, wohl 1799) und auch der große Joseph Haydn (1732–1809) mit seiner von

Lady Hamilton in Eisenstadt interpretierten Kantate «Lines from the Battle of the Nile („Nelson-Arie"), Hob. XXVIb:4» sowie mit seiner ungleich bekannteren, eventuell auch mit dem Seehelden im Hinterkopf verfassten und seit dem frühen 19. Jahrhundert als «Nelson-Messe» geführten «Missa solemnis d-Moll („Missa in angustiis"), Hob. XXII:11 (1798)»?

Als Horatio Nelson am 29. September 1758 als Sohn eines Landpfarrers in Burnham Thorpe (Norfolk) als sechstes von elf Kindern geboren wurde, deutete wenig auf diesen späteren Ruhm hin. Zwar war die Familie nicht so ganz ohne Mittel und Beziehungen, wie dies spätere Apologeten gerne darstellten, aber diese reichten zunächst nur für eine mäßige Karrierebeförderung. Der Bruder seiner Mutter, einer Großnichte Sir Robert Walpoles, 1st Earl of Orford (1676–1745), Captain Maurice Suckling, RN (1726–1778), verschaffte 1771 dem zwölfjährigen Jungen als *Midshipman* den Eintritt in die Navy, zwei Jahre vor Erreichen des an sich erforderlichen Mindestalters; Talent und Umsicht bewirkten dann die ungewöhnlich frühen Beförderungen zum Leutnant mit 19 und zum «Post Captain» mit 21 Jahren.

Diese Zeit des Amerikanischen Krieges sah Nelson hauptsächlich in karibischen Gewässern, 1784 kehrte er dorthin zurück mit dem Auftrag, die harten Embargorichtlinien gegen die neuen USA durchzusetzen, wobei er eine große Entschlusskraft und mitunter auch unnötige Härte an den Tag legte, welche ihn aber immerhin bei der Marineleitung bekannt machten. 1787 ehelichte er Mrs. Frances Nisbet (1761–1831), eine Arztwitwe von der Karibikinsel Nevis, mit welcher er die kriegs- und ereignislosen Jahre bis 1793 an Land und nur mit halbem Sold – wie viele seiner Offizierskollegen – verbrachte.

Diese bohrende Langeweile sollte 1793 enden: Das revolutionäre Frankreich hatte Großbritannien den Krieg erklärt und Nelson wurde zum Mittelmeergeschwader unter Samuel Hood, 1st Viscount Hood (1724–1816) abkommandiert. Als Kapitän der *HMS Agamemnon* nahm er zunächst an der Belagerung von Toulon teil und wurde sodann nach Neapel gesandt mit der Order, dort personellen und materiellen Nachschub zu rekrutieren. Hier traf er im September 1793 auch erstmalig auf die junge Ehefrau des englischen Botschafters, Sir William Hamilton (1731–1803), Lady Emma. Der Besuch war in jeder Hinsicht ein Erfolg: Die Navy erhielt 2.000 Mann und mehrere Schiffe, Nelson die Frau seines Lebens. Dem vereinten Glück standen aber im Augenblick nicht nur die Offensichtlichkeit der beiderseitig bereits vorhandenen Ehegelübde, sondern auch der weitere Kriegsverlauf entgegen. Ein Landungsversuch auf Korsika resultierte in einem hart errungenen Sieg, Nelson verlor dabei sein rechtes Augenlicht. Der im Anschluss ausgefochtene Kampf mit zwei überlegenen französischen Einheiten endete nicht nur in deren Kapitulation und damit der Verhinderung der Rückeroberung Korsikas, sondern machte Nelson zum ersten Mal als Seehelden in weiteren Kreisen berühmt.

Den ersten Erweis seines später so famosen «Nelson touch» erbrachte er am 14. Februar 1797 vor Kap St. Vincent, als er in einem Gefecht gegen einen Verband des damals mit Frankreich noch verbündeten Spanien gegen alles Herkommen und gegen alle Befehle aus der quasi sakrosankten Gefechtskiellinie mit zwei Einheiten ausbrach und den Feind frontal angriff, dessen Linie durchbrach und in Verwirrung stürzte, was zu einem völligen Sieg der Briten führte. Diese tollkühne Tat, deren Scheitern unweigerlich ein Kriegsgericht und eventuell auch die Todesstrafe nach sich gezogen hätte – das Schicksal des glücklosen Admirals John Byng (1704–1757), der nach seinem Scheitern vor Mallorca füsiliert worden war, war noch in aller Gedächtnis –, bescherte Nelson die Auszeichnung mit dem Bath-Orden und die Ernennung zum Konteradmiral. Der noch im gleichen Jahr (24. Juli) von ihm geleitete Angriff auf Teneriffa aber, der sich als Fiasko erweisen und nur zu deutlich Nelsons mehr denn beschränkte taktische Befähigung zu Landoperationen belegen sollte, kostete den Admiral seinen rechten Arm.

Dies hinderte die Admiralität jedoch nicht, Nelson im folgenden Jahr ein Kommando im Mittelmeer zu übertragen, wo die Navy eine von den Geheimdiensten eruierte Expedition Bonapartes in Ägypten verhindern sollte.

Am 19. Mai 1798 lief dessen gewaltige Landungsflotte von Toulon aus. Sie bestand aus 13 Linienschiffen und sechs Fregatten, sowie mehr als 400 Handelsschiffen, welche von Marseille, Genua, Bastia und Civitavecchia gekommen waren. Am 29. April war eine englische Flotte in See gegangen, eine Abteilung davon stand unter dem Kommando Nelsons. Doch verhinderten widrige Wetter eine frühe Rekognoszierung: Nelson geriet am 20. Mai mit seinen Schiffen in einen Sturm vor Toulon und konnte so die bereits erfolgte Abfahrt der Franzosen nicht feststellen. Während die Engländer ihre Sturmschäden im mittlerweile feindlichen Neapel behoben, eroberte Napoleon *en passant* Malta (12. Juni), was Nelson am 20. Juni erfuhr. Von einem Genueser Schiff aber erhielt der britische Admiral die – absichtlich? – falsche Nachricht, der französische Konvoi würde sich nun auf Sizilien zubewegen, während Napoleon bereits am 19. Juni nach Ägypten aufgebrochen war. Doch erwies sich der Instinkt Nelsons wieder einmal als richtig: Er verwarf auf eigene Faust die sizilianische Lösung und gab seiner Flotte den Befehl, Richtung Ägypten auszulaufen. In der Nacht vom 22. zum 23. Juni überholte das schnellere englische Geschwader die Franzosen in Kanonenschussweite, konnte diese aber aufgrund der mangelnden Sicht und der fehlenden Erkundungsfregatten („*the eyes of the fleet*") nicht ausmachen. Folglich fand Nelson, als er am 28. Juni in Alexandria eintraf, die Reede (noch) leer an und machte kehrt, um nun doch der sizilischen Option zu folgen. Beim Zurücklaufen kreuzte man das französische Expeditionscorps ein zweites Mal, wohl nur etwa zwei Grad unter Äquatorialkrümmung. Napoleon landete so am 1. Juli 1798 unbeschadet in Alexandria und setzte sein Heer an Land; der Flotte unter Vizeadmiral François Paul Brueys d'Aigalliers, Comte de Brueys (1753–1798) gab er Befehl, auf der Reede von Abukir vor Anker zu gehen. Diese befindet sich 13 Meilen westlich von Alexandria, fünf Meilen im Radius, an der Mündung des Nils. Während Napoleon Ägypten eroberte, kreuzte Nelson so noch immer vor Sizilien (am 19. Juli war er vor Syrakus). Am 28. Juli erhielt er die Nachricht, dass die Franzosen definitiv in Ägypten gelandet seien, also machte er sich wieder auf den Weg zurück. Am 1. August 1798 um 14.45 Uhr sah ein englischer Ausguck zum ersten Mal die lange Linie der vor Anker liegenden französischen Flotte. Nelsons geschultes einzig verbliebenes Auge erkannte die Situation: Aus der Tatsache, dass die französischen Schiffe nur an einer (Bug-)Ankerkette lagen, ergab sich die Folgerung, dass dies Bewegungsfreiraum je nach Windrichtung in beide Richtungen parallel zur Küste zuließ. Also *musste* eine zweite praktikable Fahrrinne auf der seeabgewandten Seite bestehen. Darauf zielte Nelsons Strategie ab.

Innerhalb der französischen Admiralität herrschte Uneinigkeit über das strategische Vorgehen, vor allem der die Nachhut befehligende Armand-Simon-Marie Blanquet du Chayla (1759–1826) war für sofortiges Auslaufen und einen Kampf auf hoher See. Der in den zahlreichen Debatten mit Napoleon aber ermüdete Brueys hielt am Status quo fest und befahl die Verteidigung zur See hin, zumal wegen der hereinbrechenden Nacht ohnehin nicht mehr mit einem Gefecht an diesem Tage gerechnet wurde. Als die britischen Einheiten aber um 18.30 Uhr auf Schussweite herangekommen waren, stieg, entgegen jedem maritimen Herkommen, das Nachtgefechte nicht vorsah, am Großmast von Nelsons Flaggschiff *HMS Vanguard* der Wimpel mit dem Signal zur sofortigen Feuereröffnung empor. Ehe die Franzosen sich versahen, schlugen die ersten britischen Breitseiten auf ihren Decks ein, ein Teil der englischen Flotte durchbrach die französischen Linien zur Landseite hin. Es folgte eine Zangenschlacht auf nächste Entfernung, in welcher die englischen Karronaden und die Präzision der britischen Feuersequenzen ihre tödliche Wirkung nicht verfehlten.

Brueys' Flaggschiff, die *Orient*, hatte just an diesem Morgen einen neuen Anstrich erhalten. Die frische Farbe begann nun gegen 21.00 Uhr zu brennen. Gegen 21.15 Uhr erschütterte eine ungeheure Explosion die Nacht und erhellte schlagartig die Bucht: Das französische Flaggschiff war in die Luft geflogen, von über tausend Mann Besatzung sollten nur 76 sich retten können. Dem Schicksal des Kommandanten folgte die Flotte: Als der Morgen des 2. Augusts 1798 heraufdämmerte, hatte Frankreich neun Linienschiffe verloren, zwei waren zerstört, dazu zwei Fregatten. 1.700 Mann waren gefallen, 1.500 verwundet und 3.000 in Gefangenschaft geraten. Dem standen auf britischer Seite eine auf Grund gelaufene Einheit, 288 Tote und 677 Verwundete gegenüber.

Damit waren der napoleonische Traum vom orientalischen Reich ausgeträumt, das Mittelmeer wieder in britischer Hand, die französischen Besitzungen des Augenblicks langfristig zur Kapitulation verurteilt. Die entscheidende Seeschlacht der napoleonischen Epoche war geschlagen, das gesamteuropäische Echo auf diesen Sieg, bis hin nach Wien und bis hinein in die Weiten der burgenländischen Ebene, wird erst von daher verständlich.

Doch weitere Krisenherde blieben nicht aus. 1801 sorgte die «Liga der bewaffneten Neutralität», bestehend aus Russland, Schweden, Dänemark, zeitweise auch Preußen und den Vereinigten Staaten, für Beunruhigung in London. War den britischen Inspektoren die Kontrolle neutraler Schiffe verweigert, konnte kein erfolgreicher Handelskrieg gegen Frankreich geführt werden, Schmuggel war an der Tagesordnung. Im Interesse seines alleinigen Kampfes gegen die Revolution musste Großbritannien dies unterbinden, ein militärischer Konflikt mit der Liga zeichnete sich daher unvermeidlich ab. Dänemark begann seine Territorien in Deutschland zu erweitern (Eroberung von Hamburg und Bremen), das Russland Pauls I. (Павел Петрович, reg. 1796–1801), unzufrieden mit dem britischen Verhalten auf dem zurückeroberten Malta, wo der Kaiser einigen Ordensrittern als Großmeister galt, begann Garantien für die baltische See auszugeben, britische Waren zu konfiszieren und britische Seeleute zu internieren. Sobald im Frühjahr 1801 das Eis gebrochen wäre, sollte ein russisches Geschwader ins Baltikum auslaufen.

England musste handeln und es handelte schnell. Eine Flotte unter Sir Hyde Parker (1739–1807) wurde nach Osten gesandt, ihm zur Seite der Nationalheld vom Nil als Zweitkommandierender. Als die Kanonen der dänischen Festung Kronburg die Passage der englischen Flotte mit Salven erwiderten, befand sich Großbritannien definitiv im Kriegszustand. Ein vor Kopenhagen mit Flottenpräsenz untermauertes Ultimatum zur Aufgabe der Situation im Handelskrieg wurde vom Kronprinzen verworfen: Was folgte, war die Bombardierung der Hauptstadt unter Führung des energischen Nelson. Berühmt wurde der am 2. April 1801 dabei getane Ausspruch des Admirals, als ihm sein nomineller Vorgesetzter den Abbruch des Gefechtes befahl: „Verdammt will ich sein, wenn ich mich jetzt zurückziehe. Sie wissen (…), dass ich nur (noch) ein Auge habe, folglich habe ich auch das Recht, manchmal nichts zu sehen". Die erneute Insubordination brachte England den Erfolg: Am 9. April lenkte Dänemark ein.

Im März 1802 wurde zu Amiens ein Friede zwischen Frankreich und Großbritannien geschlossen, welcher aber aufgrund der unvereinbaren Interessengegensätze und der immer deutlicher sich abzeichnenden napoleonischen Vorbereitungen zu einer Invasion Englands schon bald obsolet wurde. Diese Perspektive, welche auf der Insel eine Hysterie auslöste, war mit der Umorientierung der Strategie Napoleons wieder hin zum Kontinent, wo er am 2. Dezember 1805 bei Austerlitz seinen größten Landsieg erringen sollte, eigentlich hinfällig geworden. Wiewohl also nahezu überflüssig, sollte sich hieraus eine der berühmtesten Seeschlachten aller Zeiten ergeben.

Am 30. März 1805 bereits war es dem französischen Mittelmeergeschwader unter Admiral Pierre Charles Silvestre de Villeneuve (1763–1806) gelungen, mit 11 Linienschiffen von Toulon auszubrechen und sich im April vor Cadiz mit sechs spanischen Einheiten unter Admiral Federico Carlos Duque de Gravina y Nápoli (1756–1806) zu vereinen. Sie hatten Order, den Atlantik zu überqueren und sich im Juni mit dem Geschwader Admiral Honoré Joseph Antoine Ganteaumes (1755–1818) aus Brest auf Martinique zu verbinden, dort die britischen Gebiete in ihren Besitz zu bringen und schließlich, nach erfolgter Diversion, die Seeherrschaft im Kanal herzustellen. Allerdings gelang es Ganteaume nicht, die Blockade der Reede von Brest zu durchbrechen, so dass Napoleon sich zu neuen Befehlen genötigt sah. Nun sollten die vereinten spanisch-französischen Geschwader die besagten Blockaden vor Brest, Ferrol und Rochefort von außen aufbrechen, sich dann mit den befreiten Einheiten vereinen und so in den Kanal einbrechen. Villeneuve hatte sich schon auf eigene Faust zurück nach Europa begeben, als ihn diese neuen Befehle trafen.

Nelson, nach einer ergebnislosen Verfolgung wieder in heimatlichen Wassern, schiffte sich am 14. September 1805 auf der *HMS Victory* ein, um das Kommando über die Blockadeflotte vor Cadiz, wo Villeneuves beeindruckende Seemacht immer noch lag, zu übernehmen. Er traf am 28. September dort ein. Am Tag zuvor hatte Villeneuve neue Order erhalten, den atlantischen Kriegsschauplatz nunmehr aufzugeben, aus Cadiz auszubrechen und sich in Cartagena mit einem weiteren spanischen Geschwader zu vereinen, um so erneut im Mittelmeerraum die französischen Pläne vor allem gegen Neapel zu unterstützen. Aufgrund einer Meldung, dass sechs britische Einheiten die Blockadeflotte zwecks Verproviantierung in Richtung Gibraltar verlassen hätten, glaubte der Oberkommandierende der französischen Seestreitkräfte am 19. Oktober den Augenblick gekommen, mit seinen vereinten 33 Linienschiffen, fünf Fregatten und zwei Korvetten in See zu gehen, um die britische Blockade zu durchbrechen. Ihm standen 27 britische Einheiten gegenüber, darunter aber nur sieben Dreidecker und 20 Zweidecker, während allein schon die Spanier über einen Vierdecker, drei Drei- und 11 Zweidecker verfügten, dazu 18 überdimensionierte französische Zweidecker.

Erst am Morgen des 21. Oktober sichteten die beiden Verbände einander auf Höhe des Kap Trafalgar, 25 Meilen westlich der Straße von Gibraltar. Die Schlacht war nunmehr unausweichlich. Der von Nelson entworfene Schlachtplan kann als Krönung seiner unkonventionellen Nichtbeachtung altklassischer und in den theoretisch immer noch geltenden *Fighting Rules* von 1653 fixierten Kampftaktiken gelten. Entgegen diesen votierte Nelson nämlich diesmal für eine Durchtrennung der feindlichen Formation in zwei parallel anlaufenden Kampflinien. Dies aber bedeutete, bis zur Eröffnung der eigenen Feuermöglichkeiten auf Höhe des Feindes, eine absichtliche Akzeptanz der Vertikallinie des „T" während der gesamten Anlaufzeit. Dies wiederum setzte ein hohes Maß an Zusammenhalt, Konzentration und Disziplin voraus. Als um 11.45 Uhr das ungeheure Risiko des Unterfangens allen Beteiligten bewusst wurde, stieg auf der *Victory* jenes Signalband empor, das zum Vermächtnis von Trafalgar geworden ist: „England expects, that every man will do his duty". Der Appell verfehlte nicht seine Wirkung. Alle britischen Schiffe erreichten die feindlichen Reihen, wo nun ihre Breitseiten gegen die ungeschützten Bug- und Achterpartien des Feindes gänzlich zum Tragen kamen. Der Ausgang der Schlacht ist bekannt: 22 verbündete Einheiten gingen verloren, keine einzige britische.

Für Nelson aber endete der Tag fatal: Um 13.30 Uhr von einem Scharfschützen tödlich verwundet, verstarb das zweifellos größte taktische und innovatorische Genie der Seekriegsgeschichte um 16.30 Uhr auf seinem Flaggschiff. Seine eitle Weigerung, die gesamten Orden und Dekorationen, die ihn zu einer idealen Zielscheibe werden ließen, während der Schlacht abzulegen, wurde ebenso zum Bestandteil des unmittelbar nach dem Tode einsetzenden Nelson-Kultes wie seine letzten Worte: „Thank God, I have done my duty".

Die Heimholung des Leichnams, die Trauerfeierlichkeiten mit der abschließenden Bestattung in St. Paul's sowie alle Ehrungen in Wort, Bild, Ton und Stein bilden davon bis heute Monument und Ausfluss. Der Geist der Navy war aus dem «Nelson touch» geboren und sollte ihr bis weit ins 20. Jahrhundert hinein die Suprematie auf den Meeren, aber auch einige Katastrophen (so bei Coronel 1914) bescheren. Nelson selbst war auf dem Höhepunkt seines Ruhmes und damit zum richtigen Zeitpunkt gestorben, um gleichsam unsterblich zu werden. Die Quasi-Divinisierung warf einen Schleier der Heldenerinnerung über einige nur allzu deutliche Schwächen seines Charakters, vor allem auch über sein langfristig untragbares Verhältnis zu Lady Hamilton, welches nach 1805 so wohl nicht länger hätte gelebt werden können.

Genie und Heroismus sind aber immer individuell und niemals kopierbar. Hierin liegt die eigentliche Tragik des Nelson-Mythos, der von zahlreichen Autoren ab dem 19. Jahrhundert posthum auch anachronistisch auf die Zeit davor zurückprojiziert wurde.

2. Die Gegner von Salamis

Artemisia I. von Halikarnassos (um 480 v. Chr.) & Themistokles (ca. 525–459 v. Chr.)

Im epochalen Schlachtenentscheid zu Salamis 480 v. Chr. trafen zwei Persönlichkeiten aufeinander, welche wert erscheinen, unsere Anthologie zu eröffnen: Themistokles der Athener und Artemisia von Halikarnassos. Sie kämpften in gegnerischen Lagern, entstammten aber beide dem griechischen Kulturkreis. Dies darf nicht erstaunen. Zwar hatte das persische Reich in erstaunlicher Perzeption der Lage die maritime Bedeutung des Konflikts erkannt, verfügte aber über keine genuin persische Marine. Die schließlich zum Einsatz gelangende Flotte bot ein Kaleidoskop der maritimen Stützen des persischen Reiches: 300 phönizische (levantinische), 200 ägyptische, 150 zypriotische, 100 ionische (griechisch-kleinasiatische) und 100 kilikische Einheiten, dazu 100 aus der Gegend des Hellespont, 70 aus Karien und 50 lykische, plus Abordnungen zahlreicher kleinerer Territorien.

Das mochte auf den ersten Blick beeindruckend wirken, barg aber offensichtliche Risiken bereits in der Grundkonzeption. Eine derart heterogene Flotte hätte der starken Führung einer zentralen maritimen Größe bedurft; nun spielten zwar vor allem die phönizischen Kapitäne eine herausragende Rolle in der Befehlsstruktur, die letztliche Verantwortlichkeit wie auch die strategische Planung und der Oberbefehl aber blieben in persischer, also in jener Hand, welche zwar gewaltige Anstrengungen zur Verbesserung seiner Seestellung zu unternehmen bereit war, der das grundlegende Handwerk und die Techniken des Seekriegs hingegen immer fremd blieben. Und so sollte sich im Verlauf dieses gigantomanischen Unternehmens erweisen, dass Planung, Rüstung und faktische Durchführung einer militärischen Operation tatsächlich drei durchaus völlig verschiedene Dinge sein konnten, vor allem, wenn man nur eine echte maritime Begabung aufzuweisen hatte: Artemisia – die Regentin von Halikarnassos, eine Frau.

Nach Herodot, welcher ebenfalls aus Halikarnassos stammte und in seinen Schriften eine deutliche Sympathie für seine Landsmännin an den Tag legt, verfügte sie über lediglich fünf eigene Einheiten, welche zu den besten des persischen Kontingentes zählten (Hist. VII, 99). Ihre Hauptbedeutung aber lag in ihrer strategischen Planungskompetenz. Wiederholt hatte sie den Großkönig darauf hingewiesen, dass lediglich eine gemeinsame Unternehmung von Flotte und Heer zielführend wäre: Auch nach dem Fall der Thermopylen forderte sie den weiteren vereinten Vormarsch auf den Isthmus von Korinth. In den griechischen Stadtstaaten auf der Peloponnes würde dann eine Panik ausbrechen, die alliierte griechische Flotte auseinanderbrechen und jedes Kontingent seine Heimat verteidigen. Einzeln aber wären diese Gegner keiner gemeinsamen persischen Streitmacht, weder zur See noch zu Lande, gewachsen gewesen (Herodot, Hist. VIII, 68).

Diese reelle Gefahr erkannte ironischerweise das *mastermind* der griechischen Seite klarer als Xerxes: Themistokles von Athen. Er musste alles versuchen, diese Eventualität zu verhindern und die Perser zu einer großen Seeschlacht in geeigneten Gewässern zu verführen. Bevor wir uns dieser selbst zuwenden, sei kurz aufgezeigt, wie die beiden Antagonisten zu ihrer Rolle gekommen waren.

Der griechische Kulturkreis des 5. Jahrhunderts v. Chr. bot ein denkbar buntes Bild staatlicher, territorialer und verfassungsmäßiger Vielfalt. Im westlichen Mutterland rangen Stadtstaaten monarchischer, demokratischer und aristokratischer Regierung um die Vorherrschaft, in den einstigen kleinasiatischen Siedlungsgebieten regierte nunmehr das Perserreich der Achämeniden, ohne die kulturelle Selbständigkeit der einzelnen unterworfenen Einheiten allzu sehr zu behelligen; Halikarnassos bildete davon keine Ausnahme. In dieser Untersatrapie innerhalb der Großsatrapie Caria mit der Hauptstadt Sardis fungierte nach dem Tode ihres Vaters Lygdamis' I. zur Zeit des Zweiten Perserkrieges Artemisia als Regentin für ihren minderjährigen Sohn Pisindelis. Der große Einfluss der Königin-Regentin bleibt trotz der Ausführungen Herodots letztlich unklar; weniger erstaunlich erscheint hierbei die Überwindung des geschlechtlichen Hindernisses und der damit verbundenen Vorurteile, sondern vielmehr die Tatsache, dass sich die Befehlshaberin eines so kleinen Reiches beziehungsweise Kontingentes so prominent Gehör zu verschaffen wusste. Eine Rolle dabei mag die Kampftüchtigkeit Artemisias während der ersten Hälfte des Feldzugs gespielt haben. Nach der Überquerung des Hellesponts zog die persische Armada südwärts der Küste entlang, musste dabei aber in Stürmen und Unwettern herbe Verluste einstecken; die von Herodot als griechischer Sieg gedeutete Schlacht beim Kap Artemision aber war in Wirklichkeit ein persischer Erfolg, in welchem Artemisia sich unter den Kommandanten bewährt zu haben scheint. Als am gleichen Tage die Thermopylen fielen, war die Strategie der Königin von Halikarnassos aufgegangen.

Der weitere Verlauf des Krieges hing nunmehr zunehmend von einer anderen Persönlichkeit ab: Themistokles. Als Advokat der unteren Gesellschaftsklassen hatte er sich in den innerathenischen Streitigkeiten zu Beginn des 5. Jahrhunderts hervorgetan und war 494 v. Chr. zum höchsten Staatsamt des Archonten aufgestiegen. In den folgenden Jahren hatte er den Ausbau des Hafens von Piräus vorangetrieben und im Ersten Perserkrieg als Verfechter einer streng antipersischen Politik als General bei Marathon gekämpft. Nach dem Tode des Miltiades (489 v. Chr.) war er der unumstrittene Führer der athenischen Politik und veranlasste zahlreiche soziale und konstitutionelle Reformen, auf die hier nicht näher eingegangen werden soll. Bedeutsam in unserem Kontext ist es, dass es ihm gelang, die Athener von der Notwendigkeit zu überzeugen, die Erträge aus der kürzlich neu entdeckten Silbermine von Laureion in den Bau einer gewaltigen athenischen Flotte (über 200 Triremen) zu investieren. Obwohl der nominelle Oberbefehl darüber aus innergriechischen politischen Überlegungen heraus an Sparta abgetreten wurde, hatte Themistokles es vollbracht, nicht nur das Schwergewicht der athenischen Kriegsmaschinerie auf die Marine zu verlegen, sondern dieser auch eine gleichsam göttliche Mission zu verschaffen. Man hatte zu Delphi das Orakel befragt und dieses hatte geraten, sich hinter einem hölzernen Wall zu bergen. Waren damit die läppischen Palisadenwälle der Stadt gemeint? Die Auslegung des Staatsmannes traf eher seine strategischen Absichten und „so riet er ihnen, sich auf einen Seekampf vorzubereiten, denn dies war ihr Schutzwall aus Holz" (Herodot, Hist., VII, 143). Der Mythos des «wooden wall» war geboren, der das enge Spektrum der Antike weit übersteigen und dereinst der Royal Navy über Jahrhunderte ihre Identität verleihen sollte – dies mit all den tatsächlichen oder vielmehr propagandistischen Konnotationen des Vorkämpfers gegen echte und vermeintliche Totalitarismen und Imperialismen.

Hart war der Beschluss für Athen jedenfalls: Frauen und Kinder wurden nach Süden evakuiert, die Flotte sammelte sich in der Bucht von Salamis, die Stadt selbst erwartete hilflos den Invasor.

Nun galt es nur noch, dieses Vorhaben auch in die Tat umzusetzen. Immer noch bestand ja nicht nur die Gefahr, dass die Perser tatsächlich Artemisias Rat folgen und zum Sturm auf den Isthmus ansetzen würden; auch innerhalb der pangriechischen Allianz waren nicht alle Parteien vom Vorgehen des Atheners überzeugt. Sollte man tatsächlich die gesamte Flotte wagen und damit die einzelnen Städte ihres Schutzes entkleiden? Eines war klar: Nach dem Heldentod der Spartaner unter Leonidas bei den Thermopylen würde Hellas eine zweite totale Niederlage nicht überstehen.

Dabei verfügten die Perser zudem über mehrere unübersehbare Vorteile: Nicht nur hätte deren Flotte zahlenmäßig ausgereicht, sowohl die Zufahrten zur Meerenge von Salamis und damit die griechische Flotte zu blockieren, als auch Truppen für eine amphibische Operation auf der Peloponnes anzulanden; auch waren die persischen Einheiten sowohl bautechnisch wie auch im Hinblick auf Erfahrung, Ausbildung und Disziplin ihrer Besatzungen den Griechen weit überlegen. Nur wenn es gelänge, die massigen persischen Einheiten in der Enge von Salamis zusammenzupferchen und dann zu umfassen, würden die Griechen ihren einzigen Vorteil der Wendigkeit ausnutzen können und eventuell eine Chance haben.

Ob die Geschichte des Herodot zur Herbeiführung genau dieser Situation nun stimmt oder nicht – originell ist sie auf jeden Fall. Hiernach soll Themistokles einen Sklaven als vermeintlichen Überläufer mit der Botschaft ins persische Lager gesandt haben, die griechischen Schiffe lägen wie ein reifer Apfel im Golf von Salamis und müssten nur von der persischen Übermacht überrumpelt werden. Ob Xerxes wirklich so naiv war, auf einen derartigen Bluff sofort anzuspringen, oder aber hier schon die Idealvorstellung von der Entscheidungsoption der einen großen See- und damit Endschlacht den Ausschlag gab, sei dahingestellt. Sollte Letzteres der Fall sein, so befände sich der Großkönig in guter Gesellschaft ähnlich denkender und handelnder Entscheidungsträger bis hinein ins 20. Jahrhundert. Verlockend war die Aussicht allemal, den Krieg hier mit einem (spektakulären) Schlag zu beenden, dies umso mehr, als das persische Reich alles andere denn dauerhaft befriedet war und etwa in Babylon bereits Unruhen gärten.

Der Ausgang der Schlacht ist bekannt – die Strategie des Themistokles ging vollends auf, Salamis wurde zum persischen Desaster. In seinem Bericht vom Getümmel des immer unübersichtlicher werdenden Kampfes erzählt Herodot nochmals von Artemisia, wie sie im Gefecht mit mehreren Einheiten plötzlich eine verbündete Trireme rammte, um sich den Weg in die Freiheit zu sichern.

Die Reaktion des Großkönigs, welcher die Schlacht von einem feststehenden Thron auf dem Festland aus beobachtete, ist mehrdeutig: „Meine Männer sind zu Frauen und meine Frauen zu Männern geworden!" (Herodot, Hist. VIII, 88). Vielleicht kommentierte er nur ihren Kampfgeist an sich, vielleicht war ihm auch zu diesem Zeitpunkt bewusst geworden, was er durch das Ausschlagen des weiblichen Ratschlusses versäumt beziehungsweise verloren hatte.

Wie auch immer – Salamis und seine Helden der See hörten nicht auf, als Paradoxe zu erscheinen. Nicht nur hatte eine Frau in Zeiten der männlich dominierten Kriegführung den richtigen Weg gewiesen und schließlich die maritime Strategie eines Politikers obsiegt, der wahrscheinlich selbst nie ein Schiff betreten oder im Gefecht geführt hatte. Die Hauptlast des tatsächlichen Oberkommandos der Griechen lag bei dem Spartaner Eurybiades, der nach der Schlacht richtig entschied, die Perser nicht zu verfolgen und die Schiffsbrücke über den Hellespont zu zerstören, da dies ein weiteres Verweilen der persischen Streitkräfte unabdingbar gemacht hätte. Diese wurden im kommenden Jahr bei Plataia geschlagen, nachdem sich ihr König bereits wieder auf den Nachhauseweg gemacht hatte, um die nunmehr offene Rebellion Babylons zu bekämpfen.

Sparta war es auch, das Themistokles, dem Führer seiner alten Rivalin Athen, einen Olivenzweig als offizielle Ehrung zukommen ließ, während seine Heimat ihm langfristig, nach dem erneut aufgeflammten Vorrangstreit mit Sparta, die Rettung wenig dankte. 476 v. Chr. wurde er des Hochverrats und der geheimen Zusammenarbeit mit Persien beschuldigt, 473 v. Chr. per Ostrazismus ausgewiesen und später *in absentia* zum Tode verurteilt. Zu diesem Zeitpunkt befand er sich aber schon jenseits der Ägäis, wo ihm der Großkönig die Stadt Magnesia zum Lehen gegeben hatte. Dort starb er denn auch 459 v. Chr., laut Plutarch durch Selbstmord, nachdem er sich geweigert hatte, für Persien gegen Griechenland in den Krieg zu ziehen – „und man sagte, dass der (Groß-)König, als er Grund und Umstände seines Todes erfahren hatte, diesen nur noch umso mehr bewunderte und fortfuhr, seine Freunde und Angehörigen mit Güte zu behandeln" (Plutarch, Themistokles, 31).

Artemisia aber hatte sich nach Salamis nun im persischen Stab durchgesetzt und den Großkönig entgegen dem Rat des Oberkommandierenden der Landstreitkräfte Mardonios überzeugt, den Rückzug anzutreten. Xerxes bestellte sie daraufhin zur Aufseherin und Gouvernante all seiner Kinder und hielt sie und ihr Land weiterhin in Wertschätzung. Dass auch sie durch eigene Tat infolge eines Liebeskonflikts gestorben sein soll, mag der romantischen Verklärung an-

gehören, doch sei noch auf die Besonderheit hingewiesen, dass Themistokles'
Stern in Athen just dadurch zu sinken begann, dass er auf seinen Ländereien ein
Heiligtum der Göttin Artemis (!) weihte und mit der Inschrift «Ἀριστοβούλην»
(«zum guten Ratschlag») versah. Hatte er damit, wie die Athener ihm unterstellten, (nur) seinen eigenen Ratschlag gemeint? Schließlich hatte doch auch Sparta
der kleinasiatischen Griechenkönigin in persischen Diensten in der sogenannten Perser-Halle auf der Agora ein Marmorstandbild errichtet (Pausanias,
Ἑλλάδος Περιήγησις/Beschreibung Griechenlands, III.11.3) – „für die Griechen des 5. Jahrhunderts war sie die historische Reinkarnation der mythischen
Amazone" (Munson, 2001, 255).

3. Seefahrer um Alexander

Memnon von Rhodos (ca. 380–333 v. Chr.) & Nearchos (ca. 360–ca. 300 v. Chr.)

Wo immer der Eroberungszug Alexanders des Großen beschrieben, erzählt oder analysiert wird, ist von maritimen Dingen relativ wenig die Rede. Zu dominierend scheinen die zahlreichen Landschlachten, schließlich der gewaltige Zug über Land von Kleinasien bis in das Industal. Doch übersieht diese naheliegende Sichtweise einen entscheidenden Aspekt der gesamten alexandrinischen Strategie: die gewaltige Abhängigkeit von der Sicherheit der Seerouten – dies sowohl im Hinblick auf den Nachschub als auch auf eventuelle Rückzugs- beziehungsweise Verbindungslinien. Beide Aspekte sollten für das gesamte Unternehmen an zwei bedeutsamen Wendepunkten schlagartig ins Bewusstsein treten; bis heute blieben sie mit zwei Namen verknüpft, Memnon von Rhodos und Nearchos. Nur der Tod des Ersten sowie die Präsenz und der Erfolg des Zweiten garantierten letztlich den Erfolg des mehr denn hasardeurhaften makedonischen Feldzugs.

Es sollte nicht erstaunen, dass beide Namen – jener des persischen und des makedonischen Admirals – wiederum griechischen Ursprungs waren. Die persische Logistik und Militärplanung lebte, wie bei Salamis gesehen, von Allianzen mit den Hellenen nicht nur im Hinblick auf Söldnerkontingente wie etwa die Hopliten der schweren Infanterie. Auch das hohe Offizierscorps setzte sich zu einem guten Teil aus griechischstämmigen Elementen zusammen, mit all den damit verbundenen Risiken. Dafür bezeichnend ist der Aufstieg Memnons: Als sein wie er auf Rhodos geborener Bruder Mentor (385–340 v. Chr.) 358 v. Chr. zum Oberbefehlshaber der persischen Streitkräfte in der Troas ernannt wird, begleitet ihn Memnon nicht nur hierbei, sondern schließt sich auch dem darauffolgenden Aufstand Mentors gegen die persische Oberherrschaft im Dienste des Satrapen der Provinz Phrygia Hellespontina, Artabazus (ca. 389–325 v. Chr.), an. Als die Revolte schließlich kläglich scheitert, erhalten die beiden dennoch einen Generalpardon, wohl in Anerkennung ihrer militärischen Unersetzbarkeit. Als der Bruder stirbt, kann Memnon nicht nur dessen Frau Barsine (363–309 v. Chr.), die Tochter Artabazus' und spätere Geliebte Alexanders, ehelichen, sondern erhält wieder ein hohes Kommando, nicht aber den Oberbefehl im Westen – dies wohl im Hinblick auf seine früheren Loyalitätsbrüche.

Seine Stunde kommt mit dem Erscheinen der Makedonen 336 v. Chr. Memnon schlägt Parmenion, den General Philipps II. von Makedonien wiederholt, so bei Magnesia (336 v. Chr.). Als Alexander 334 v. Chr. auf den Plan tritt, ist Memnon die Bedeutung des Augenblicks bewusst: Die Perser würden nur dann eine langfristige Chance haben, wenn es gelänge, den Krieg zurück nach Makedonien und Griechenland zu tragen, die kleinasiatische Erde vor Alexander zu verwüsten, dessen Nachschublinien zu trennen und diesen entweder in Kleinasien auszuhungern oder aber zum Rückzug zu zwingen. Das persische Oberkommando entschließt sich trotz genereller Einsicht in die strategische Plausibilität nur zu einer halbherzigen Reaktion: Zwar wird Memnon, „ein Mann von ausgezeichneter Tapferkeit und Feldherrnklugheit" (Diodor, 17.7.2), zum Oberkommandierenden der Flotte ernannt, dennoch aber entschließt man sich zur Annahme der fatalen Schlacht am Granicos (334 v. Chr.), in der Memnon auf Weisung des Großkönigs einen Kampf kämpfen muss, von dessen Aussichtslosigkeit er überzeugt ist – dem ersten Fiasko im Westen, das Alexander den Weg nach (Süd-)Osten öffnet. Memnon hingegen erfüllt die in ihn gesetzten Erwartungen zur See. Er sammelt die gesamten persischen Seestreitkräfte – über dreihundert Einheiten – im Mittelmeer aus den ägyptischen, phönizisch-levantinischen und zyprischen Basen und kann damit zwar Milet nicht mehr retten, wohl aber Halikarnassos halten. Dies war vor allem im Hinblick auf den fatalen Fehler Alexanders, seine eigene Flotte aus Geldknappheit zurückzusenden, von kapitaler Bedeutung. Man sollte hierbei nicht vergessen, dass der Persienfeldzug nicht zuletzt aufgrund des offenbaren Staatsbankrotts Makedoniens mit all den damit verbundenen politischen, dynastischen und somit für Alexander persönlichen Folgen begonnen worden war. Memnons Plan ist klar: Wenn die Ägäis dauerhaft maritim in persischer Hand bliebe, würden die oben beschriebenen Konsequenzen und wiederum deren absehbaren immanenten Folgen (Aufstände in Griechenland, Zusammenbruch des Hellenischen Bundes) ein schnelles Ende des Eindringlings bewirken. Nach der Eroberung von Chios und Lesbos begann Demosthenes in Athen bereits mit den Planungen zu einem Aufstand gegen Alexander, auch Sparta rüstete zum Krieg. In diesem Moment hing das Schicksal des vermeintlich größten militärischen Genies der Antike an einem seidenen Faden, doch kam ihm das Fatum auch hier zu Hilfe. Während der Belagerung Mytilenes 333 v. Chr. starb Memnon; sein Nachfolger und Schwager Pharnabazus (ca. 370–ca. 320) konnte das Projekt zwar mit spektakulären Siegen (Eroberung und Besetzung der Inseln Samothraki, Sifnos and Andros sowie der Stadt Milet) fortsetzen, versäumte es aber nach der Eroberung von Tenedos am Hellespont von hieraus die Lebensmittelversorgung Zentralgriechenlands zu unterbrechen, was unweigerlich zu Aufständen, unter anderem in dem ohnehin makedonenfeindlichen Athen, geführt hätte. Zu diesem Zeitpunkt hatte er aber bereits den Großteil seiner Kampfbesatzungen an das persische Landheer abstellen müssen, welches 333 v. Chr. mit seiner Niederlage bei Issos den Weg in den Untergang weiter ebnete. Mit dem Tode Memnons „war auch die Sache des Dareios ins Mark getroffen" (Diodor, 17.29.4).

Der Erfolg bei Halikarnassos, das Memnon gegen eine makedonische Übermacht lange hatte halten können, hatte die Verwundbarkeit der makedonischen Strategie ebenso sprechend belegt wie das Lauern der maritimen Gefahr im Rücken. Letztlich dachten aber der Großkönig und sein Generalstab – wie übrigens auch Alexander! – eben nicht maritim, das heißt geostrategisch, sondern optierten für die klassische Feldschlacht und damit für das Desaster.

Von diesem war aber Alexander selbst auch nach der Einnahme Persiens und der daraus resultierenden Sanierung seines Haushalts mittels Einverleibung des Staatsschatzes der Achämeniden nicht gefeit. Sein Anspruch als Nachfolger der Großkönige und der damit einhergehenden Unterdrückung aller Konkurrenz führte ihn über Afghanistan bis hinein nach Indien – so lange, bis seine erprobten und bewährten Truppen aus Gründen, deren Erläuterung hier zu weit führen würde, schließlich meuterten. Hier sollte sich nun Nearchos von Kreta bewähren, ein Jugendfreund Alexanders. Sie hatten gemeinsam die schulische Ausbildung durchlebt, was auf eine hohe Stellung von Nearchos' Vater Androtimos schließen lässt, der zuvor nach Makedonien übergesiedelt war. Wie Memnon war auch Nearchos aufgrund einer Verwicklung in Aufstände gegen Philipp II. kurzzeitig verbannt gewesen, dann aber 336 v. Chr. mit dem Regierungsantritt Alexanders zurückgerufen worden. Als Satrap für Lykien und Pamphylien war er ab 334 v. Chr. für die Verwaltung der eroberten persisch-kleinasiatischen Seedistrikte verantwortlich, die er gegen die versickernden Attacken Pharnabazus' verteidigte. 329 v. Chr. organisierte er den Marsch griechischer Söldner gen Osten als Nachschubarmee für Alexanders asiatische Pläne, danach diente er – nicht ungewöhnlich – als Infanteriekommandant. Mit der Weigerung der Truppen weiterzuziehen stand Nearchos vor der Aufgabe seines Lebens: Er musste den Rückmarsch eines Teils der Einheiten auf dem Wasserwege sicherstellen, zuerst auf dem Indus, wozu eine Flotte gebaut wurde, dann von Patala (heute: Bahmanabad) aus über das Meer. Ein Viertel der Armee, ca. 20.000 Mann, galt es zu transportieren, dies in unbekannten Wassern. Nearchos hat über diese Reise einen heute im Original verlorenen, in Auszügen aber gut überlieferten Bericht, die *Indikê*, verfasst, deren Angaben sich aber nicht immer geographisch verifizieren lassen. Sicher scheint nur, dass es gelang, trotz anhaltender witterungsbedingter Widrigkeiten (man hatte Zeit, Kraft und Richtung der Monsunstürme offenbar falsch berechnet beziehungsweise diese unterschätzt) unter zahlreichen Landgängen langsam nach Westen zu gelangen. Dies muss nicht überraschen – die Schiffe waren aufgrund der Notwendigkeit einer Verteidigung gegen Überfälle (von Land und See) sicher als Kampfeinheiten konzipiert und konnten von daher nicht dauerhaft in See bleiben; außerdem galt es das Versorgungsproblem zu lösen, vor allem die großen Mengen an Trinkwasser für eine derartige Anzahl von Menschen zu beschaffen. Wiewohl sich Nearchos sicher auf Vorgängererlebnisse stützen konnte, darunter ein ähnliches Unterfangen, das von Skylax von Karyanda um 515 v. Chr. im Auftrag des persischen Großkönigs Dareios I., des Großen, durchgeführt worden war, und wohl auch persische Ortskundige, eventuell sogar Seeleute an Bord hatte, schmälert dies nicht seine Verdienste. Nearchos gelang sogar unterwegs ein Treffen mit dem Haupther unter Alexander in Harmozeia (heute: Mînâb), wobei unklar bleibt, ob dies geplant oder ein glücklicher Umstand war. Jedenfalls brachte der Kreter die ihm anvertrauten Männer zurück nach Persien, eine Leistung, für die er ein goldenes Diadem und das zweifelhafte Vorrecht erhielt, bei einer der von Alexander aus ethnisch-politischen Motiven veranlassten Großhochzeiten mit einheimischen Aristokratinnen sich eine Braut zu erwählen. Seine Wahl fiel just auf eine Tochter jener Barsine, welche zuvor die Frau Memnons und dann die Geliebte Alexanders gewesen war. Nach dem Tode des Makedonenkönigs 323 v. Chr. nahm er Herakles, dessen Sohn aus der Verbindung mit Barsine, zu sich und versuchte dessen Thronansprüche durchzusetzen. Beide, Mutter und Sohn, wurden schließlich ermordet und die Berichte über Nearchos verlieren sich in den Wirrnissen der Diadochenkämpfe.

Im Lebensschicksal der geheimnisvollen Barsine vereinen sich die Viten der beiden bedeutendsten maritimen Gestalten der Epoche – zwei Männer, deren Erfolge in Überblicks- und Gesamtdarstellungen allenfalls einen Abschnitt oder eine Fußnote erhalten. Zu Unrecht, da auch Alexanders Taten nicht ohne das Meer gesehen werden sollten.

4. Roms Helden zur See

C. Duilius Nepos (ca. 300–240 v. Chr.) &
M. Vipsanius Agrippa (64/63–12 v. Chr.)

Rom war im ganzen Verlauf seiner Geschichte keine genuine Seemacht. Infolge seiner Expansion im Mittelmeerraum konnte es aber nicht ausbleiben, dass es sich früher oder später mit diesem Element auseinanderzusetzen hatte. Der Augenblick kam im Zuge des entscheidenden Kampfes mit der dominierenden maritimen Größe – Karthago. Der Streit war über Sizilien entbrannt, sollte bald aber das gesamte westliche *mediterraneum* miteinbeziehen. Wollte Rom hier bestehen, musste es sich nicht nur auf das Wasser wagen, sondern dort auch bestehen. Dieser gewaltige Schritt von der reinen – also politischen, strategischen und konzeptionellen – Landgröße hin zur zumal garantierten und erfolgversprechenden Seepräsenz bleibt verbunden mit einem Mann – C. Duilius.

Wie sein Name anzeigt, entstammte er keiner der alteingesessenen Familien, sondern war ein Aufsteiger, ein *homo novus* aus der plebejischen *gens Duilia*. Deren erster Konsul war Kaeso Duilius 336 v. Chr. gewesen; im Jahre 260 v. Chr. bekleidete die Familie mit eben Gaius Duilius dieses Amt zum zweiten Male. War der erste Vertreter nur durch einige Kolonisierungsmaßnahmen hervorgetreten, fiel das zweite Konsulat genau in die Zeit des oben beschriebenen Konflikts mit Karthago, welcher 264 v. Chr. (Erster Punischer Krieg) ausgebrochen war. Die Republik hatte hierzu den Bau einer gewaltigen Flotte, quasi aus dem Nichts, bewerkstelligt, 150 Einheiten von Fünf- und Dreiruderern in zwei Monaten. Doch dieser offensichtliche Beweis römischen Unternehmungsgeistes kontrastierte aufs schärfste mit der tatsächlichen Qualifikation der Mannschaften – hier nahm man meist Legionäre und Freiwillige als Besatzung und Ruderer – und vor allem der Kommandanten. Wie fatal dieser Mangel an Erfahrung sein konnte, bewies Duilius' konsularischer Kollege des Jahres 260 v. Chr., Gn. Cornelius Scipio. Im

Bemühen, den wichtigen Hafen Lipara auf den gleichnamigen Inseln für Rom zu sichern, lief er ohne Sicherheitsvorkehrungen dort ein, unmittelbar in eine von dem karthagischen Befehlshaber Hannibal Gisco (ca. 300–260 v. Chr.) schlau gelegte Falle. Die kampferprobte punische Marine versperrte die Hafenausfahrt und unter der brandneuen römischen Flotte brach Panik aus; die Mannschaften desertierten kopflos und Scipio wurde gefangen genommen. Dieser Vorfall sollte ihm den wenig rühmlichen Beinamen «Asina» (Esel in weiblicher Form …) einbringen, Roms maritime Ambitionen beförderte er keinesfalls.

Die gesamte Verantwortung lag nun bei Duilius, dem zuvor die Landstreitkräfte unterstanden hatten. Wiederum raffte sich Rom sehr schnell auf – wohl einer der charakteristischsten Wesenszüge seiner politischen Mentalität –, sammelte die verbliebenen Seeverbände, organisierte deren Verwaltung neu und entsandte Duilius, die Schmach von Lipara zu sühnen. Zu Hilfe kam den Römern dabei eine zumal für den Augenblick epochale Erfindung: die schwenkbare Enterbrücke («corvus», Rabe). Ihr geistiger Vater ist unbekannt, ihr Prinzip war simpel: An einem ca. 7 m hohen und 30 cm im Durchmesser starken Mast auf dem Vorderdeck der Galeeren mittels einer drehbaren Aufhängung angebracht, bestand er aus einem 11 m langen und 120 cm breiten Laufsteg mit Seitenbefestigungen, modernen Gangways nicht unähnlich, und war im Ruhezustand mit einem Seil an besagtem Mast hochgezogen. An seiner Unterseite trug der *corvus* einen metallenen Dorn, welcher sich, war die Vorrichtung einmal im Kampf ausgeschwenkt und schlagartig fallengelassen, durch das Eigengewicht in das Deck des gegnerischen Schiffes bohren konnte und dort auch fest verankert blieb. Somit entstand eine Laufbrücke für die an den Landkrieg gewohnte Besatzung, welche nun relativ einfach auf die feindliche Einheit übersetzen konnte. Dies verwandelte den Seekrieg zumindest teilweise in ein Landgefecht.

Mit Maschinen allein aber gewinnt man keine Kriege. Duilius erwies sich in hohem Maße auch als der strategisch-taktischen Situation des Augenblicks gewachsen. Nachdem man den Feind in der Gegend von Mylæ (nördlich von Sizilien) ausgemacht hatte, stach Duilius mit seiner gesamten Flotte in See und traf bald auf die Karthager. Diese, wiederum unter dem Kommando Hannibal Giscos und 130 Einheiten stark, „hielten direkt auf den Feind zu, sogar ohne feste Angriffsformation und im losen Verband, als ob sie auf eine Beute niederstürzten, welche ihnen offenbar sicher war". Zwar löste der *corvus* Verwunderung aus, doch obsiegte die Angriffslust.

„Aber als es zum Zusammenstoß kam, wurden die Schiffe ohne Ausnahme von den Maschinen festgehalten, die römischen Mannschaften enterten darauf und griffen Mann gegen Mann an. Einige Karthager wurden niedergemacht, andere ergaben sich aus Bestürzung, die Schlacht war zum Landkampf geworden. So wurden die ersten dreißig Einheiten genommen, mitsamt der Besatzung, einschließlich des Flaggschiffs, und Hannibal selbst konnte sich nur wie durch ein Wunder in einem Beiboot retten. Die verbleibende karthagische Streitmacht kam zum Angriff heran, aber als sie des Schicksals der ersten Welle gewahr wurde, drehte sie bei, um den Einschlägen des *corvus* auszuweichen. Auf ihre Wendigkeit vertrauend umkreisten sie den Feind in der Hoffnung, diesen längsseits oder achtern zu treffen. Aber als die Raben in alle Richtungen ausschwangen, so dass alle, die in ihre Reichweite kamen, notwendigerweise getroffen wurden, drehten sie schließlich ab und flohen in Panik über diese neue Erfahrung und unter dem Verlust von 50 Einheiten" (Polybios, Historien, 1,23).

Duilius hatte nicht nur die römische Ehre wiederhergestellt und den Tag für Rom entschieden – der Sieg bei Mylæ bedeutete zudem den definitiven Eintritt der Republik in die maritime Welt. Der Krieg war damit noch lange nicht entschieden, doch Karthago hatte in seinem ureigenen Element einen Rückschlag erlitten, der den weiteren Verlauf des noch über 110 Jahre andauernden Konflikts nachhaltig prägen sollte. In den folgenden Gefechten bei Sulci, Tindaris und Ecnomus behauptete sich Rom nicht zuletzt dank des *corvus*, doch legten dessen offenbare Nachteile (die stark eingeschränkte Manövrierbarkeit des Schiffes) und die Abnützung des Überraschungseffektes – der immerhin über vier Schlachten gegen *die* maritime Größe der Zeit angehalten hatte – es nahe, ihn schließlich aufzugeben. Das letzte und entscheidende Treffen bei den Ägatischen Inseln (241 v. Chr.) gewann Rom auch ohne ihn – und hatte sich damit als Seemacht im westlichen Mittelmeer etabliert.

Duilius selbst legte vorschriftsmäßig sein Amt zum Jahresende nieder, wurde aber in Anerkennung seiner wahrhaft säkularen Verdienste 258 v. Chr. zum Censor gewählt – eine für einen *homo novus* unerhörte Auszeichnung. Unmittelbar nach der Schlacht bei Mylæ hatte ihm der Senat einen Triumph bewilligt, in welchem anstelle der sonst üblichen Beutestücke die Rammsporne der eroberten karthagischen Schiffe mitgeführt und danach in einer Siegessäule – der in Resten noch heute auf dem Forum erhaltenen *Rostra* (*Columna Rostrata*) – verewigt wurden.

Fast zweihundert Jahre nach der Durchsetzung gegenüber dem alten Erzrivalen Karthago, als nahezu das gesamte Mittelmeer – mit der Ausnahme des ptolemäischen Ägypten – zum *mare nostrum* geworden war, beschäftigten Rom Zwistigkeiten ganz anderer Art. Nach dem Tode Cæsars 44 v. Chr. drohte das Reich wiederum ins Chaos zu versinken. Der Feind stand diesmal nicht mehr an den Grenzen, sondern fand sich im Inneren des Imperiums. Konnten die Cæsarmörder durch ein entschlossenes Handeln seiner Anhänger, Familiaren und engsten Gefolgsleute, bald und in der Schlacht bei Philippi definitiv unschädlich gemacht werden, so bröckelte im Folgenden das von Anfang an nur zweckorientierte Bündnis der beiden maßgeblichen Erben des Diktators, Marcus Antonius (86?–30 v. Chr.) und Octavian (63 v. Chr.–14 n. Chr.). Während der Erste für sich in Anspruch nahm, die cæsarische Politik in dessen Sinne weiter zu vertreten, empfahl sich Letzterer als sein Adoptivsohn. Eine vorübergehende Teilung des Reiches in Einfluss- und Interessensphären – grob gesagt, der griechischsprachige Osten für Antonius, der lateinische Westen für Octavian –, erwies sich als von nur geringer Tragfähigkeit. Die Affäre Antonius' mit der einstigen Geliebten Cæsars, Königin Cleopatras VII. von Ägypten (69–30 v. Chr.), lieferte der Propagandamaschinerie Octavians den willkommenen und seit langem gesuchten Vorwand, jenen zum Staatsfeind und zur öffentlichen Gefahr zu deklarieren. Was folgte, war der lange Weg zum Prinzipat, der faktischen Alleinregierung eines der beiden Kontrahenten, ein Konflikt, welcher am 2. September des Jahres 31 v. Chr. in der Seeschlacht bei Actium gipfelte. Der Propagandakrieg, eine Folge gegenseitiger Verunglimpfungen und Beschuldigungen, sollte nun dem offenen Kampf weichen. Antonius hatte, nach seiner öffentlichen Scheidung von Octavians Schwester Octavia, eine große maritime Streitmacht aus allen östlichen Gebieten, einschließlich eines bedeutenden ägyptischen Kontingents, bei Ephesus zusammengezogen, während Octavian schließlich durch Senatsbeschluss seinen Gegenspieler zum öffentlichen Feind Roms hatte erklären lassen.

Maßgeblicher Stratege des militärisch sehr mäßig begabten Adoptivsohns Cæsars war dabei M. Vipsanius Agrippa (64/63–12 v. Chr.), der diesem bereits das wichtige Methoni in Griechenland gewonnen hatte. Nun aber galt es, der Herausforderung Antonius' auf dem Meere zu begegnen, und Agrippa bewerkstelligte diesen Wechsel der Elemente ebenso erstaunlich schnell wie einst Duilius.

Aus einer wenig prominenten römischen Familie stammend, war Agrippa als Jugendfreund Octavians an dessen Seite groß und, von Cæsar geschätzt und gefördert, nach dessen Ermordung zum maßgeblichen Berater des jungen Octavian geworden. Sein Einsatz für die Verbesserung der Lebensbedingungen in Rom im Amte des Ädilen (33 v. Chr.) war legendär (Bau von Aquädukten, Ausbau der

Kanalisation, Errichtung öffentlicher Bäder und Gärten); dieses Talent zur Organisation sowie seine früheren militärischen Erfolge waren es wohl, welche Octavian bewogen, ihm in der entscheidenden Schlacht von Actium den Oberbefehl zu übertragen.

Deren Ausgangslage stellte sich für die beiden denkbar ungünstig dar: Nicht nur verfügte Antonius über eine erdrückende numerische Überlegenheit (500 gegenüber 270 Einheiten), auch waren dessen Schiffe größer (bis zu 300 t), besser bewaffnet und schwerer gepanzert (mit Eisenschutz gegen mögliches Rammen und Bronzeplatten am Bug). Einmal getroffen, konnte diese Stärke aber zur Schwäche werden, da die so zersplitterten Schiffe quasi manövrierunfähig wurden. Darauf und auf die größere Wendigkeit seiner Einheiten zielte Agrippas Strategie. Hinzu kam seine perfekte Geheimdienstorganisation, welche noch vor der Schlacht die Kampfpläne des Gegners einem Überläufer entlocken konnte. Trotzdem blieb der Kampf zunächst für über einen halben Tag unentschieden. Agrippa vermied geschickt jeden Frontalangriff des haushoch überlegenen Gegners und wartete auf seine Gelegenheit. Diese kam, als der Wind sich zu seinen Gunsten drehte und Antonius daher gezwungen war, seine Schlachtlinie auf die gesamte Front aufzuteilen. Cleopatra, als Oberbefehlshaberin ihres Geschwaders ebenfalls anwesend, sah dies als Fanal und befahl den Rückzug ihrer Schiffe. Dies deuteten Antonius' Einheiten ebenfalls als Entscheidung und beim Herannahen der feindlichen Flotte bei gleichzeitigem Rückzug des größten verbündeten Kontingents breitete sich Panik aus. Antonius floh Hals über Kopf zu seiner Geliebten, Agrippa stieß nach und ließ den Tag zu einem Triumph seiner Sache werden: Alle zurückgebliebenen Schiffe der antoninischen Armada wurden versenkt oder gekapert, die Strategie des Stadtplaners war aufgegangen.

Der Tag von Actium entschied das Schicksal des Römischen Reiches und der gesamten Weltgeschichte in einem nur schwer vorstellbaren und noch schwerer zu übertreibenden Ausmaß. Die Sache Antonius' und Cleopatras war verloren, eine Eigenständigkeit des griechischen Ostens für die kommenden vierhundert Jahre obsolet. Actium und seine Folgen trieben das berühmteste Liebespaar der Geschichte in den Selbstmord und machten aus Octavian Augustus, den Weltenherrscher.

Agrippas Verhältnis zu Augustus sollte kurzzeitig getrübt werden, als er in dessen Intrigenspiel verwickelt wurde, doch die Erfolge seiner zweimaligen Statthalterschaft in den östlichen Provinzen (23 und 17 v. Chr.) ließen ihn nur noch berühmter werden. Augustus finanzierte die Erziehung aller Kinder des Agrippa, der 21 v. Chr. sein Schwiegersohn geworden war. Nach nochmaligem erfolgrei-

chem Einsatz in mehreren Krisengebieten (Krim und Donauregion) starb der große Soldat und Organisator 13 v. Chr. Augustus ließ seinen Leichnam in seinem
eigenen Mausoleum beisetzen – eine vielleicht nicht zu große Ehre für jenen
Mann, der ihm das Imperium gewonnen hatte.

Beide, Duilius wie Agrippa, sind in den Annalen der Seefahrt als die Sieger eines
jeweils einzigen Tages verzeichnet, beide waren keine genuinen Seeleute; ob sie
jemals danach wieder ihren Fuß auf ein Schiff setzten (außer zu Transportzwe-
cken), ist mehr denn fraglich. Diese beiden Tage aber hatten das Mittelmeer zum
mare nostrum werden lassen.

5. Dem Westen entgegen

Saint Brendan of Clonfert
(Bréanainn of Clonfert) (ca. 484–577) &
Leif Eriksson (Leifur Eiríksson (ca. 975–1020)

1492 – Columbus entdeckt Amerika. Dieser Konnex scheint bei allen Zeitgenossen, trotz angeblich rückläufiger historischer Bildung, unverrückbar verankert. Doch war der Genuese in spanischen Diensten tatsächlich der erste Europäer auf dem amerikanischen Festland? Bei der Beantwortung dieser Frage scheint der Betrachter zunächst an die Grenze von Mythos und Belegbarkeit, von Legende und Fakten zu stoßen. Die Namen zweier Seefahrer stehen hier an prominenter Stelle im Raum, deren Diskrepanz nicht größer sein könnte: zum einen ein irischer Mönch des 6. Jahrhunderts, von dessen tatsächlichen Reisen und Entdeckungen so gut wie nichts bekannt ist; zum anderen ein skandinavischer Stammesfürst des 11. Jahrhunderts, dessen Leistungen mittlerweile auch archäologisch abgesichert scheinen.

Beginnen wir mit dem heiligen Manne. Gemäß kultisch-liturgischer Tradition wurde Brendan of Clonfert (irisch: Naomh Breandán) 484 zu Fenit Tralee im südirischen Kerry geboren. Nach einer Erziehung in mehreren frommen Einrichtungen wurde er 512 durch den Hl. Erc zum Priester geweiht, jenen Erc, der einst St. Patrick noch selbst gesehen hatte. Bis 530 scheint der von Brendan unternommene, in den Quellen als «Seana Cill» (alte Kirche) bezeichnete Bau eines Klosters zu Füßen des Mount Brandon abgeschlossen gewesen zu sein. Bisher also ein Leben ganz in der Tradition des altirischen Mönchtums.

Aus dessen Rahmen trat Brendan definitiv durch jene Unternehmung heraus, welche ihm nicht nur säkularen Ruhm, sondern auch die Berechtigung einbrachte, sich auf diesen Seiten wiederzufinden. Am 22. März eines nicht näher bezeichneten Jahres (530?) begann Brendan von seinem Kloster an der äußersten irischen Westküste aus seine Reise auf der Suche nach dem Paradies im Westen, laut Überlieferung in Begleitung von sechzig Gefährten, in welchen man wohl seinem Konvent zugehörige Mitbrüder sehen kann. Was sich auf dieser Reise alles ereignete, kann man ausführlich in den beiden großen Reise- beziehungsweise Lebensberichten des Heiligen nachlesen, der wohl gegen 750 verfassten *Vita Sancti Brendani* und der deutlich späteren (980?) *Navigatio Sancti Brendani Abbatis*. Das große Problem hierbei ist also nicht ein Mangel an Quellen – wiewohl echte zeitgenössische Dokumente des 6. Jahrhunderts nur in geringer Anzahl existieren –, sondern deren historische Einordnung. Viele Details mögen der theologischen, biblischen und eventuell auch eschatologischen Reflexion angehören: Wenn etwa Brendan am Ostermorgen die Heilige Messe auf dem Rücken eines Wales zelebriert (eine der berühmtesten Episoden der Reise), so handelt es sich hierbei zweifellos um eine allegorische Analogie zur Jonas-Überlieferung, welche selbst von der klassischen Exegetik vorausdeutend auf die dreitägige Grabesruhe Christi gesehen wird – bringt der Diener Gottes also das Opfer gerade am Ostertag *auf* dem Wale dar, so ist dies als Sinnbild der Auferstehung zu deuten, jener des Erlösers, der den Todesrachen (von Calvaria und Felsengrab respektive des Walinneren) überwunden hat. Gleiches gilt für die Vision zu Anfang der Reise, in welcher Brendan von der Spitze seines Klosterberges in Richtung Westen das neue Land erblickte, wie einst Moses das Land der Verheißung, Kanaan, geschaut hatte.

Für unseren Betreff der Durchdringung und Bewältigung/Ordnung maritimer Räume durch Individuen essenziell aber bleibt die daraus resultierende, die rein kartographisch-materielle Ebene weit übersteigende grundlegende Sicht auf das «Land jenseits des Meeres». Zwar war schon der frühen Kirche bewusst, dass der Herr einst aus dem Osten wiederkehren würde, man denke nur an die Ostung der Kirchen und die damit verbundene Gebetshaltung *ad orientem*. Der Westen hingegen galt als Land des Sonnenuntergangs, der Verheißung der letzten Tage, aber auch als die große Unbekannte der Endzeit. Brendan scheint hier, zeitlich interessanterweise sehr nahe am endgültigen Um- beziehungsweise Aufbruch der christlichen Welt in eine östliche und westliche Sphäre, am Anfang einer Tradition zu stehen, deren Wirkmächtigkeit gar nicht hoch genug eingeschätzt werden kann: vom erwarteten endzeitlichen König jenseits der Wasser bis hin zur Etablierung einer eigenen westlichen Sphäre genuin britischer Prägung. Zwar würde noch einige Zeit vergehen, bis Papst Urban II. am Ende des 11. Jahrhunderts den Erzbischof von Canterbury als *papa alterius orbis*, also geistliches Oberhaupt eines eigenen Erdkreises, bezeichnete und implizit anerkannte. Doch sollte man nicht vergessen, dass zu diesem Zeitpunkt auch die Brendan-Rezeption und der damit in Verbindung stehende Kult auf ihrem Höhepunkt waren, ohne damit einen expliziten Konnex zwischen der sicher in vielen Dingen – vor allem durch die Erfahrungen vom 14. bis 21. Jahrhundert – antagonistischen englischen und irischen Geschichte konstruieren zu wollen. Bedeutsam aber bleibt jene Konzeption des Westens als eigenständige Größe, einschließlich der dazwischenliegenden Wasser. Vom Paradies des Brendan war es sicher ein langer Weg zur Sicht des englischen Königs als eines *Lord Paramount of the West* im ebenbürtigen Kaiserrange (man bedenke, dass etwa die englischen Regalia schon lange vor der Proklamation Königin Victorias zur *Empress of India* 1876 das Etikett «imperial» trugen) und ein noch längerer hin zum biblisch-heilsgeschichtlichen Selbstverständnis der neuen Lande im Westen als «gelobtes Land» der unmittelbar göttlichen Verheißung, wie es uns aus den Schriften der Gründerväter der Vereinigten Staaten und den zahlreichen Apologeten des «Manifest Destiny» im 19. Jahrhundert entgegentritt. Lange vor dem Aufkeimen der englisch-irischen und englisch-amerikanischen Gegensätze aber hatte Brendan hierfür die Perspektive gewiesen und den Weg bereitet.

Dieser gewaltigen geistesgeschichtlichen Dimension steht in krasser Diskrepanz unser tatsächliches Wissen über die Reise des irischen Mönches gegenüber. Viele Orte haben fleißige Forscher vieler Jahrhunderte durch Quellenkritik, Rückschlüsse, Vermutungen und Berechnungen versucht hiermit zu verbinden beziehungsweise darin zu identifizieren. An prominentester Stelle rangieren hier die Färöerinseln, Island, die Antillen, die Azoren und Kanaren sowie Grönland und die Nordostküste des amerikanischen Kontinents. Nachweisbar ist hiervon so gut wie nichts; zwar gilt eine irische Siedlungstätigkeit auf Island im 8. Jahrhundert mittlerweile als gesichert, doch inwieweit Brendan damit in Zusammenhang gebracht werden kann und muss, sei dahingestellt. Nautisch und navigatorisch darf man dabei die Angaben der beiden Hauptquellen wiederum nicht wörtlich nehmen. Die darin erhaltenen Zeitangaben etwa sind eindeutig von biblisch-eschatologischem Charakter, so die berühmten sechs Tage bis zum Erreichen der «Neuen Welt», welche eindeutig das Schöpfungswerk der Genesis reflektieren. Man sollte also nicht versuchen – wie leider oft geschehen –, nach jenen Orten im Atlantik zu suchen, welche mit den schiffstechnischen Möglichkeiten des 6. Jahrhunderts, falls diese überhaupt rekonstruiert werden können, in dieser Frist zu erreichen wären. Geratener scheint es, hierin zum einen eben die theologischen Komponenten zu erkennen, zum anderen aber die Überlieferung als eine Sammlung „von

Informationen über die Länder westlich von Island [zu sehen], welche von den Berichten der Nordmänner aus dem Nordatlantik herrührten (oder aber, falls Island direkt erwähnt wird, von jenen irischen Mönchen, welche Island beim Herannahen der Nordmänner 870 fluchtartig verließen)" (Oleson, Brendan, 2000).

Diese letzte Erkenntnis verbindet den frommen Mann aus Irland maritim mit jener anderen Gestalt der frühen Westfahrer: Leif Eriksson (altnordisch: Leifr Eiríksson; isländisch: Leifur Eiríksson; norwegisch: Leiv Eiriksson). Um 970 wurde er als Sohn Eriks des Roten (950–1003), des Begründers der ersten Wikingersiedlung auf Grönland und blutsverwandten Nachkommen Naddodds (9. Jh.), der als erster Nordmann auf den Färöern und schließlich als Erster auf Island gesiedelt hatte, geboren. Beide Expansionsbewegungen waren juristischen Zwischenfällen und einem daraus resultierenden Zwangsexil der Protagonisten geschuldet gewesen; nicht so jene Leifs. 999 brach er mit einer unbestimmten Anzahl an Gefährten und Schiffen auf, um nach Norwegen zu reisen, wo er, nach einigen Irrfahrten, auch anlangte und den christlichen Glauben annahm. Folgt man den Überlieferungen, so wurde Erik quasi als Missionar nach Grönland zurückgesandt, um dort das Werk des Glaubens zu befördern. Auf der Rückreise kamen sie aber wiederum vom Kurs ab und landeten schließlich in jenem *Vinland* an der nordamerikanischen Küste.

Wahrscheinlicher klingt der Bericht der «Grænlendinga saga» (Saga von den Grönländern), nach welchem Leif, nachdem er diesen Bericht gehört hatte, den alten Nordfahrer Bjarni Herjólfsson (10. Jh.) aufsuchte, der darin seine eigene Amerikafahrt 985 beschrieben hatte. Nach einem offenbar überzeugenden Gespräch entschloss sich Leif, Bjarnis Schiff, mit welchem dieser die Fahrt unternommen hatte, zu kaufen sowie dessen Crew anzuheuern. So ausgerüstet stach er in See, wobei er die Route seines Vorgängers in der Gegenrichtung nachfuhr, und landete schließlich in dem von ihm so benannten «Flachfelsen-Land» (Helluland), wohl auf der Nordkanada vorgelagerten Baffininsel (Baffin Island). Ein zweiter Landfall führte ihn ins «Waldland» (Markland), wohl das heutige Labrador. Schließlich, nach weiteren zwei Tagen Fahrt, landete er im «Weinland» (Vinland) auf dem amerikanischen Kontinent, wo er vor seiner Rückreise eine kleine Kolonie (genannt «Leifsbudir», Leifs Hütte) von Gefährten zurückließ. Der – trotz der Vorleistungen Bjarni Herjólfssons – unglaubliche Erfolg dieser Reise trug Leif den Beinamen «Leif der Glückliche» ein.

Lange Zeit reihte man diese Erzählungen in die Welt der nordischen Heldensagen ein und erkannte ihnen damit implizit jede historische Realität ab. In den

1960er Jahren aber gelang es dem norwegischen Archäologenehepaar Helge und Anne Stine Ingstad nach umfangreichen Ausgrabungen das kanadische L'Anse aux Meadows (frz. L'Anse-aux-Méduses) in Neufundland als Leifsbudir zu identifizieren; heute besteht dort ein großes museal-zugängliches archäologisches Freiluftgelände. Ob L'Anse aux Meadows wirklich der Hauptsitz der Nordmännerkolonie oder nur ein Ableger – vermutet wurde sogar eine regelrechte Schiffswerftanlage – gewesen war, ist zweitrangig; die Wikingerpräsenz in Nordamerika zu Beginn des 11. Jahrhunderts kann nicht mehr in Zweifel gezogen werden.

Neben der archäologischen Beweisführung gibt es noch zahlreiche weitere Belege für die tatsächliche Anwesenheit der Wikinger in der Neuen Welt. Die Zentralfigur hierfür ist Snorri Thorfinnsson (ca. 1004–1090), der erste in Amerika geborene Europäer. Er wurde nicht nur eine der bedeutendsten Persönlichkeiten bei der Missionierung Islands; seine mittlerweile stark angenommene zentrale Übermittlungsfunktion der Reiseberichte macht ihn zu einem der Gewährsmänner der Grönland-Saga. Hinzu kommen weitere Wikingerfunde in Amerika, darunter der berühmte «Maine Penny», welcher 1957 in einer Indianersiedlung in Naskeag Point (Brooklin, Maine) gefunden wurde. Es handelt sich dabei um eine norwegische Silbermünze aus der Regierungszeit von König Olaf Kyrre (1067–1093). Dies belegt die Permanenz europäischer Kontakte nach Nordamerika, zumal bis zum Ende des 11. Jahrhunderts; andere Hinweise legen diese, wenigstens in Form von Handelsverbindungen, noch bis ins 14. oder gar 15. Jahrhundert nahe.

Wie dem auch sei – für den maritimhistorischen Betrachter gilt es mehrere wesentliche Punkte der obigen Erzählung festzuhalten.

Im Gegensatz zu Brendan stehen bei Leif handfeste Angaben im Mittelpunkt: Er verfügte über einen offenbar kodifizierten Reisebericht eines Vorgängers, das heißt, maritimes Wissen war fester Bestandteil persönlichen Handelns. Zudem kaufte er ein besonderes Schiff (jenes des Vorgängers) und übernahm dessen Besatzung, was auf eine hohe Spezialisierung des maritimen Alltags rückschließen lässt; mit ‚normalen‘ Schiffen und Mannschaften war die Fahrt offenbar nicht zu unternehmen. Doch das Erstaunlichste und Bemerkenswerteste bleibt die Tatsache der seefahrerischen Leistung an sich: Leif und seine Nachfolger (egal, über wie lange Zeit) hatten die Überseekolonie und ihre Heimat immer wieder gefunden! Bedenkt man, welch große Schwierigkeiten noch die europäischen Marinen des 18. Jahrhunderts mitunter hatten, selbst genau kartographierte Punkte zu ‚treffen‘ (mangels eines genauen Mittels zur Längengradberechnung), so ist dies mehr denn beachtlich. Dieser Punkt verweist aber die anderen Komponenten einzelner Überlieferungen ins Reich des nunmehr wirklich Legendarischen im landläufigen (falschen!) Sinne des Wortes: Durch bloßes zufälliges Abkommen vom Kurs konnte eine derartige Kontinuität nicht gewährleistet werden, da diese Zufallserfahrung nicht wiederholbar ist.

Und damit kommen wir wieder zu Brendan zurück. Woher wusste denn Leifs Vorgänger Snorri von dem Land im Westen? Wenn seine Ankunft dort das Ergebnis eines maritimen Zufalls gewesen war – wie war er dann imstande, den Weg dorthin so genau zu beschreiben, dass andere die Fahrt wiederholen konnten? Welche Nachrichten und Informationen hatten die irischen Mönche auf Island und im nordatlantischen Raum allgemein hinterlassen?

Die Antwort auf diese Fragen werden wir wohl nie finden. Was bleibt, ist die Suche nach einem fernen Land, dessen Attraktivität sich dem rein Rational-Materiellen entzieht. Die Suche nach dem Unbekannten sowie nach sicheren Verbindungen dorthin weist immer auch eine Blickrichtung in das Heilsgeschichtlich-Eschatologische auf, im christlichen Kontext verbindet sie sich mit dem Auftrag, die Lehre „bis an die Grenzen der Erde" (Ap 1,18) zu tragen – also gegebenenfalls auch in neue Welten hinein.

Zum anderen – und von daher – lebt der Geist des «westlichen Imperiums» bis heute von dieser letztlich religiösen Komponente des Traumes von einem Idealland im Westen. Der irische Mönch und Heilige sowie der erste christliche Missionar der Nordmänner stehen am Anfang seiner Verwirklichung.

6. Seehelden der Republik Genua

Benedetto I. Zaccaria (1235–1307) & Andrea Doria (1466–1560)

Unter den großen maritimen Seerepubliken der Apenninhalbinsel nimmt Genua nicht den ersten Rang im historischen Bewusstsein ein. Zu lange haben sich, durch spätromantische Wahrnehmung nicht unbeeinflusst, Hauptaugenmerk und Betrachtungswinkel der internationalen Historikergilde auf Venedig konzentriert. Ob Senats- und Dukalverfassung, Handelspolitik, Seereich, Flottenwesen etc. – immer stand die Markusrepublik quasi monopolartig im Mittelpunkt der Aufmerksamkeit. Ihr alter und oft erfolgreicher Rivale Genua hingegen, der keinen Evangelistenleib, keinen Marco Polo, keinen Vivaldi oder Galuppi und keinen Thomas Mann in seinen Mauern gesehen hatte, schien daneben mindestens zur Zweitrangigkeit zu verblassen. Dennoch hat Venedig keinen klassischen Seehelden im Sinne unserer Anthologie hervorgebracht, Genua schon. Zwei davon sind es wert, genauer betrachtet zu werden.

Der Erste symbolisiert jenes Amalgam von diplomatischer, merkantiler und maritimer Betätigung, welche für diese Art von *condottiere marittimo* kennzeichnend werden und bleiben sollte. In die Umbruchzeit der ersten Hälfte des 13. Jahrhunderts geboren, wurde Benedetto Zaccaria zunächst Kaufmann, ganz im Rahmen der familiären Tradition. 1051 hatte Genua, obwohl nominell Glied des ‚Römisch-Deutschen Reiches‘, ganz Ligurien seiner politischen Einflusssphäre unterworfen, im Zuge des Ersten Kreuzzuges Gebiete in Syrien dazuerhalten und 1261 schließlich die wichtige kleinasiatische Stadt Izmir erworben. Dies bedeutete Handelsbeziehungen in bislang unbekanntem Ausmaß und dies wiederum die Möglichkeit zu bisher unbekanntem Reichtum. Allein, die Herrlichkeit dauerte nicht lange; die Rückeroberungen Saladins ließen die Levantebesitzungen schrumpfen, die Wiederherstellung des Römischen Reiches von

Byzanz unter Michael VIII. Palaiologos (reg. 1259–1282) durch die Wiedereroberung Konstantinopels 1261 setzte den lateinischen Besitzungen im Osten einen echten Widerpart entgegen. Es erstaunt folglich nicht, Benedetto in seiner ersten diplomatischen Mission 1264 am hellespontinischen Kaiserhofe anzutreffen. Zu viel stand für Genua auf dem Spiel, zumal just die Venezianer, welche einst den Untergang Byzanz' 1204 herbeigeführt hatten, schon wieder Kontakte mit demselben geknüpft hatten. Nach elfjährigen (!) Verhandlungen war es dem Genuesen und seinem Bruder Manuele geglückt, auch für ihre Heimatstadt günstige Bedingungen festzuschreiben. Michael VIII. scheint ihn dabei so sehr schätzen gelernt zu haben, dass er ihm in der Folge die Verwaltung der kaiserlichen Minen in Phokaia übertrug. Benedetto beutete nicht nur die Gruben aus, sondern legte daneben noch Musterplantagen für Obst und Gemüse an, was ihm nicht nur Ansehen und Bewunderung, sondern auch erheblichen persönlichen Reichtum einbrachte. Durch ein Netz von politischen und geschäftlichen Beziehungen gestärkt, empfahl er sich immer mehr für den diplomatischen Dienst. 1282 sehen wir ihn am Hofe Peters III. von Aragon, welchen er zur Forstsetzung des Krieges gegen die Anjou in Sizilien bewegen konnte.

Im gleichen Jahr aber gewann das westliche Mittelmeer erheblich an politischer Bedeutung, was nicht zuletzt an den erwähnten Erfolgen Genuas im Osten lag. Der Erzrivale Pisa konnte diesen erneuten Aufstieg nicht verkraften und versuchte daher im Herzen der genuesischen Interessen, quasi unmittelbar vor Genuas Haustüre, Widerstand zu schüren. Dies gelang auf Korsika, dessen einheimische Handels- und Adelselite wieder einmal ihren Freiheitswillen und Unmut gegen die als Fremdherrschaft gesehene ligurische Verwaltung akzentuierte. Zu ihrer Unterstützung sandte Pisa 1284 73 Galeeren nach Korsika, unter anderem unter Ugolino della Gherardesca (ca. 1220–1289), dem bis hin zu Dantes «Comedia» (vertont unter anderem von Donizetti 1828) und Chaucers «Canterbury Tales» ein beachtliches literarisch-künstlerisches Nachleben beschieden sein sollte. Genua konterte seinerseits mit einem Einfall in das unter pisanischer Herrschaft stehende Sardinien und ernannte hierzu, etwas erstaunlich vielleicht, Benedetto zum zweiten Oberbefehlshaber seiner Armada neben Oberto Doria († 1295), dies, obwohl jener bislang keine großen maritimen Erfolge oder Erfahrungen, vor allem in militärischer Hinsicht, aufweisen konnte. Nachdem ein Teil des pisanischen Kontingents bereits an einer genuesischen Handelsflotte gescheitert war, galt es nunmehr, das Gros der pisanischen Einheiten aus dem Hafen des sardinischen Porto Torres – dies sollte gemeinsam mit Sassari als Vergeltungsschlag für die Einmischung Pisas auf Korsika erobert werden – zu locken und zum Kampf zu stellen. Man griff hierzu zu einer List, welche mit tödlicher Exaktheit wirkte: Während ein erstes Geschwader unter Doria sich vor der Hafeneinfahrt präsentierte, wartete ein zweites unter Zaccaria entfernt und durch die Äquatorialkrümmung für die Pisaner nicht sichtbar auf See. Als Letztere, ihres offenbaren Erfolges aufgrund der vermeintlichen Überlegenheit sicher, sich gegen Doria wandten, erschien Zaccaria im rechten Flügel der Pisaner und fügte diesen eine so verheerende Niederlage zu, dass die Republik sich von diesem Desaster nie mehr erholen sollte; Ugolino konnte mit nur wenigen Einheiten entkommen, die Seestellung Pisas war zerschlagen.

Dieser Tag von Meloria (6. August 1284) markierte den Aufstieg Zaccarias zu einem der berühmtesten Admirale der Zeit. Deren Gebräuchen folgend, stand er danach im Dienst aller großen Seeanrainerfürsten des Mittelmeers: Unter anderem kämpfte er erfolgreich für Sancho IV. von Kastilien gegen die Berberfürsten von Marokko und für den römischen Kaiser Andronikos II. Palaiologos (reg. 1282–1332), den Nachfolger Michaels VIII., gegen die in der Gegend von Phokaia marodierenden Venezianer. 1302 schließlich ernannte ihn Philippe IV. von Frankreich zum Oberkommandierenden der französischen Seestreitkräfte im Mittelmeer, nachdem er diesem zuvor bereits an der Kanalküste gegen die Engländer und Flamen gedient hatte. 1304 eroberte er die Insel Chios an der kleinasiatischen Ägäisküste, die bislang ein muslimisches Piratennest gewesen war, im gleichen Jahre noch Samos und Cos. Es wirft ein bezeichnendes Licht auf das hohe Renommee des Genuesen, dass der byzantinische Kaiser nunmehr ihn, obwohl in französischen Diensten stehend, mit diesen Inseln faktisch belehnte. Die letzten drei Jahre seines Lebens gehörten der Verwaltung dieser Ländereien, 1307 starb Benedetto I. Zaccaria als einer der größten Seemänner, Politiker und Diplomaten seiner Zeit. Ob seine Frau tatsächlich eine Cousine des römischen Kaisers gewesen ist, wie mitunter behauptet, muss dahingestellt bleiben – träfe es zu, wäre es ein weiterer Beweis für die internationale Wertschätzung jenes in seiner Zeit so berühmten, heute aber nahezu vergessenen Seefahrers.

In vielerlei Hinsicht überschneiden sich die Lebensspuren Zaccarias mit denen seines ungleich berühmteren Landsmannes Andrea Doria. Wie dieser stand auch der 1466 geborene Doria im politischen und strategischen Spannungsfeld seiner Zeit. Im großen Kampf der Häuser Valois-Angoulême und Habsburg um die Vorherrschaft in Italien stand er zunächst in französischen Diensten. 1522 hatten die Kaiserlichen Genua erobert, Doria aber vertrieb diese als Generalkapitän François' Ier vor Marseille (1524). Von der französischen Italienpolitik enttäuscht, wechselte er nach Ablauf seines Dienstvertrags 1528 ins kaiserliche Lager, befahl seinem Neffen Filippino vor Neapel den hochverräterischen Frontwechsel gegen François, kehrte mit seiner Flotte nach Genua zurück und stellte dort die Republik unter kaiserlicher Oberregierung wieder her. Für Carl V. wurde er in der Folgezeit zum wichtigsten Architekten seiner Mittelmeerpolitik. Den Türken konnte Koroni und Patras entrissen werden, 1535 verdankte der Kaiser Doria die Eroberung von Tunis.

Damit aber hatte er seinen Zenit überschritten. Das Treffen bei Preveza (1538) geriet ihm als Kommandierenden der Flotte der von Papst Paul III. zustande gebrachten Heiligen Liga gegen die Türken unter Barbarossa Hayreddin Pasha (1478–1546) zum Fiasko und zementierte die osmanische Seehoheit im Mittelmeer bis zum Tage von Lepanto 1571. Gleiches gilt für das Unternehmen Carls V. gegen Algier 1541, welches den Erfolg von Tunis 1535 nicht wiederholen konnte. Es folgten unruhige Jahre in Genua, in denen Doria bei zahlreichen Adelsaufständen und Verschwörungen (am berühmtesten jene von Schiller verewigte des Fiesco) eine herausragende Rolle spielte; auch widerstand er erfolgreich seinem alten Dienstherrn Carl V. in dessen Bemühen, eine spanische Garnison nach Genua zu verlegen. 1550 rief man den alten Seehelden nochmals auf das Meer, wieder ging es gegen die Barbareskenpiraten Nordafrikas, wieder ohne Erfolg: 1552 verlor Doria die Schlacht bei Ponza gegen eine verbündete französisch-osmanische Flotte, Frankreich besetzte daraufhin Korsika (1555). Doria übergab das Kommando nun an seinen Großneffen Giovanni Andrea Doria (1539–1606), welcher erst an der Seite Don Juans bei Lepanto einen durchschlagenden Erfolg erzielen konnte.

Aufgrund der Fülle von Ereignissen im Leben des Genuesen fällt eine abschließende Würdigung schwer. Stolz, zum Teil stur bis zur Verblendung, im Grunde ein maritimer Glücksjäger von fürstlichem Geblüt, wechselte Doria auch für den Maßstab seiner Zeit eklatant die Fronten, wirklich treu ergeben blieb er nur seiner Heimatstadt, die ihm für das Eingreifen gegen Frankreich 1528 den Titel «Liberator & Pater Patriæ», *Befreier und Vater des Vaterlandes* verlieh, deren oberste Regierung, das Dogenamt, er aber wiederholt ablehnte. Die harmonische Vereinigung von Handel, Politik und Seefahrt, die seinem Landsmann Zaccaria 250 Jahre zuvor geglückt war, blieb ihm verwehrt. Dabei sollte man aber gerechterweise bedenken, dass Doria zur Zeit seiner letzten Kommandos bereits hoch in den Achtzigern (!) stand und wohl auch körperlich vielen Belastungen nicht mehr gewachsen war. Zu Beginn seiner internationalen Laufbahn 1523 zählte er 57 Jahre,

1535, auf dem Höhepunkt seines Ruhmes, deren 69 – wäre er damals verstorben oder gar vor Tunis gefallen, gälte er sicher mit Don Juan als größter Admiral des 16. Jahrhunderts.

Trotzdem hat Angelo Bronzino (1503–1572) um 1545 den alternden Doria als Meeresgott Neptun verewigt – eine Ehrung für einen Mann, der zu lange mit dem Ruhm gelebt hatte, den er zeitlebens aufzubauen sich bemüht hatte. 1560 starb Doria mit 93 Jahren zu Genua und hatte damit alle seine großen Zeitgenossen überlebt. Sechs italienische Kriegsschiffe und ein Passagierdampfer trugen in der Folge seinen Namen – das Schicksal des Letzteren, der mondänen *SS Andrea Doria* (gebaut 1951, 29.000 BRT), die 1956 nach einer Kollision vor New York sank, wirft im Rückblick ein bezeichnendes Licht auf den Namensgeber.

7. Umstrittene Entdecker im Rampenlicht

Zheng He (1371–1433) &
Cristoforo Columbo (1451–1506)

Seefahrer, darauf wurde bereits in der Einleitung hingewiesen, heißt nicht zwangsläufig Entdecker. Dennoch kommt eine Sammlung wie die vorliegende nicht umhin, die prominentesten Vertreter der letzteren Gattung mitaufzunehmen. Zu diesen gehören ohne Zweifel zwei Persönlichkeiten, welche in ihrer jeweiligen Sphäre, wiewohl zeitlich versetzt – dies sowohl in Bezug auf ihre Lebensdaten wie auch ihre posthume Würdigung –, zu den bekanntesten maritimen Helden zählen: Zheng He und Columbus.

Der Erste der beiden hat eine seltsame Rezeptionsgeschichte. Bis zu Anfang des 20. Jahrhunderts wurden Berichte über sein Leben, sofern sie überhaupt bekannt waren, als phantastisch und unwesentlich angesehen; heute gilt er als der vielleicht größte chinesische Seefahrer aller Zeiten. Dabei ist das Etikett „chinesisch" durchaus erläuterungsbedürftig. Zwar in China als Ma He (馬和) 1371 in die ethnische Gruppe der Hui geboren, war er aber – wie die Mehrheit seines Volkes – muslimischen Glaubens und ein Nachfahre des Persers Sayyid Ajjal Shams al-Din Omar al-Bukhari (1211–1279), des ersten Gouverneurs von Yunnan unter der Regierung der Mongolen. Ma Hes Kindheit fiel in eine entscheidende Umbruchzeit der chinesischen Geschichte. Anhänger der Ming drangen in das Reich ein, eroberten unter anderem Yunnan und verschleppten den Knaben in die Gefangenschaft (wohl 1381). Hier wurde er dann 1385 mit über 380 anderen kastriert, was den Gepflogenheiten der damaligen Kriegsführung entsprach. Trotz dieser unschönen Behandlung eröffnete ihm die Begegnung mit den Invasoren den Weg zum Aufstieg. Aufgrund seiner Begabungen als Page an den Hof des Zhu Di, des Fürsten von Yan überstellt, kam er hier mit dem zehn Jahre älteren Prinzen in engsten Kontakt und begleitete diesen auf seinen Eroberungszügen. In dessen Dienst erhielt er nicht nur eine erstklassige schulische und akademische Ausbildung, sondern erwarb sich überdies den Ehrentitel Ma Sanbao (三寶, drei Juwelen), welcher die Wertschätzung des Fürsten widerspiegelte. Nach zahlreichen inneren Kämpfen und weiteren Eroberungszügen fiel am 13. Juli 1402 die Hauptstadt Nanjing und Zhu Di wurde vier Tage später erster Kaiser der sogenannten Zweiten Ming-Dynastie. Ab 1403 unterstrich die Errichtung der neuen Hauptstadt Peking (Beijing, 1420 abgeschlossen) die Ambitionen des nunmehr als Yongle bezeichneten neuen Souveräns.

Yongle legte nun in der Tat genuin imperiale Ideen an den Tag: Die kaiserliche Einflusssphäre sollte die gesamte bekannte Welt umfassen. Dafür galt es, diese über die Wasser hinaus präsent werden zu lassen. Yongles erste Wahl hierfür fiel auf Ma He, welcher mittlerweile den Ehrennamen Zheng He (鄭和) erhalten, seinem Jugendfreund zahlreiche militärische und administrative Dienste erwiesen und leitende Ministerialstellen bekleidet hatte. Wie bei vergleichbaren europäischen Viten ist hier auffallend, dass die mangelhafte, ja nicht existente maritime Erfahrung des Eunuchenministers offenbar keinerlei Hinderungsgrund darstellte.

Dies erscheint umso beachtlicher im Hinblick auf die von nun an von ihm vollbrachten Leistungen.

1405 trat Zheng He seine erste Reise in den Indischen Ozean an, um dort die kaiserlichen Ansprüche zu untermauern, Tributzahlungen einzufordern und Handelsbeziehungen zu knüpfen beziehungsweise auszubauen und zu stabilisieren. 317 Schiffe mit insgesamt 28.000 Mann Besatzung machten sich auf den Weg nach Brunei, Thailand und Südostasien, weiter nach Indien, an das Horn von Afrika und bis hinein nach Arabien. Zwar konnte sich Zheng He dafür auf eine lange Erfahrung chinesischer Vorgänger(reisen) stützen, welche auch in den kaiserlichen Archiven ihren kartographischen Niederschlag gefunden hatten; eine Expedition dieses Ausmaßes aber war bislang unerhört. Diplomatische Missionen wechselten ab mit der Ausräucherung notorischer Piratenstützpunkte, Verbindungen wurden ausgebaut bis weit ins Landesinnere hinein. Ein detaillierter Reisebereicht, verfasst durch Zhengs Dolmetscher Ma Huan (馬歡, ca. 1380–1460) und 1416/1433 als «Generalüberblick über die ozeanischen Gestade» (瀛涯勝覽) veröffentlicht, hielt die Einzelereignisse minutiös fest, darunter die Präsenz der zahlreichen chinesischen Auslandsenklaven und -gemeinden, so etwa auf Malakka. Bis zum Tode Yongles 1424 unternahm Zheng He sechs weitere Reisen, welche seinem Geschwader den Beinamen «Schatzflotte» eintrugen; mit dem Tode des Kaisers aber war das imperiale Interesse an dieser Art von maritimer Präsenzwirkung erloschen. Nur noch einmal stach der Admiral in See, von 1430 bis 1433 führte in sein Weg nach Sumatra und Ceylon – aber diese Reise sollte die letzte sein. Auf dieser Expedition verstarb der große Navigator; die Tatsache, dass sein Ehrengrab in China leer ist, legt nahe, dass er auf See bestattet wurde.

Die Zahl der Hinterlassenschaften Zhengs ist unübersehbar. Von Erinnerungsorten und (wieder)aufgefundenen Zeugnissen vor Ort, darunter die Galle-Inschrift in Sri Lanka, bis hin zu überseeischen Artefakten in chinesischen Sammlungen reicht ihr Spektrum. Dennoch – bei aller Gesichertheit der Unternehmungen an sich, die heute niemand mehr ernsthaft infrage stellen kann – knüpfen sich eine Reihe von Fragen an die Leistungen Zheng Hes. Diese betreffen zum einen die genauen Routen, sodann seine Schiffe und Ausrüstung sowie schließlich die zahlreichen und in den letzten Jahren ausufernden Spekulationen um eventuelle weitere Fahrten.

Beginnen wir mit den Schiffen. Hierzu wurden in der Vergangenheit oft phantastische Angaben gemacht, doch die Realität ist immer noch beeindruckend genug. Zwar hatten die verwendeten Einheiten sicher nicht die Größe und Ausmaße eines modernen Flugzeugträgers, aber mit 127 m Länge und 52 m Breite waren die Giganten unter ihnen, eben die «Schatz-Schiffe» (Bǎo Chuán, 宝船), doch respekteinflößend. Als Sieben- bis Neunmaster konzipiert, boten sie nicht nur immensen Frachtraum, sondern auch Platz für die über 500-köpfige Crew. Sollten die Angaben stimmen – und gefundene Werftanlagen in China sprechen dafür –, so untermauert dies die Angaben Marco Polos, welcher bereits von chinesischen Schiffen für bis zu 1.000 Mann Passagiere/Besatzung gesprochen hatte. Im weltweiten Vergleich befinden wir uns hier in Dimensionen, wie sie bei den europäischen Marinen kurz vor dem Ausbruch des Ersten Weltkriegs für die Vor-Dreadnought-Einheiten galten (vgl. den Schweren Kreuzer *SMS Scharnhorst*, Flaggschiff des Kaiserlichen Ostasiengeschwaders; in Dienst gestellt 1907, 1914 bei den Falklands gegen die Royal Navy gesunken; Länge: 144 m, Breite: 21,6 m; max. 830 Mann Besatzung).

Diese erstaunliche Feststellung entdebt uns aber nicht der Beobachtung der Unterschiede. Natürlich handelte es sich bei den chinesischen Einheiten um Holzschiffe, ihre genaue Tonnage kann nicht mehr exakt berechnet werden. Sicher ist, dass es sich fast ausschließlich um Segelschiffe handelte. Eine wesentliche Frage aber betrifft die Navigationseigenschaften, dies vor allem angesichts des für Hochseebedingungen mehr denn ungünstigen Länge-Breite-Verhältnisses (2,44 – *Scharnhorst*: 6,67!). Dies gilt auch für kleinere Einheiten, etwa die Truppentransporter (Bīng Chuán, 兵船; Sechsmaster, Länge: 67 m, Breite: 25 m, Verhältnis: 2,68). Wie aus den erwähnten Werftanlagen wohl zurückgeschlossen werden kann, folgte zudem die Bauweise dem «Dschunken-Prinzip», also mit erheblich reduziertem Tiefgang. Dem stehen aber Quellenaussagen gegenüber, wonach etwa die Schatz-Schiffe bis zu vier Decks aufgewiesen haben sollen – muss man sich diese alle oder deren drei über der Wasserlinie vorstellen?

Wie dem auch sei, die Berichte Ma Huans erwähnen nichts von aufsehenerregenden Verlusten, weder im Gefecht (erklärbar, obwohl die Angaben über Bewaffnung unzureichend sind) noch im Sturm.

Wenden wir uns den beiden anderen, inhaltlich verknüpften, Fragen zu. Warum befuhren die Schiffe immer (mehr oder minder) dieselbe Route, warum segelten sie nicht etwa nach Europa oder Amerika? Dies mag sich zum Teil aus den erklärten Zielen des Unternehmens beantworten, galt es doch, die kaiserlichen Ansprüche in den *bereits bekannten* Gegenden der Welt durchzusetzen. Doch gehörte hierzu zweifellos auch Europa. Verbindungen Chinas nach Konstantinopel etwa gelten als gesichert und Marco Polo – sollte er tatsächlich in Fernostasien gewesen sein – sowie die Franziskanermissionare des 14. Jahrhunderts, deren Anwesenheit belegt ist, hatten ohne Zweifel den Horizont erweitert. Andererseits müssen Berichte über chinesische Schiffe des 15. Jahrhunderts östlich des Kaps der Guten Hoffnung eindeutig als Fehlinterpretationen beziehungsweise Wunschvorstellungen moderner Kulturwissenschaftler gelten. Hatte Zheng He die technischen Beschränktheiten seiner Einheiten richtig erkannt? Wollte er den Weg ohne Anlaufstellen, Wasserreservoirs, Landeplätze etc. nicht wagen? Wohl hatte er schlicht hierzu keinen Auftrag, ebenso wenig wie für Fahrten in die andere Richtung. Die ostpazifischen Gewässer wurden – dies ist eine Hypothese – wohl als japanischer Hoheitsraum wahrgenommen (Einfälle japanischer Freibeuter [Wokou, わこう] auch in chinesische Gewässer waren häufig), andere Routen kamen offenbar nicht in Frage. Vielleicht hatten die Chinesen auch über ihre diversen Kulturbeziehungen Kenntnis von den ptolemäischen Karten (nach Claudius Ptolemæus, 100–168 n. Chr.) erhalten, welche den Indischen Ozean sehr genau verzeichneten, Afrika aber als mit der Antarktis verbunden und folglich nicht umschiffbar darstellten (vgl. die in etwa zeitgenössische Reichenbach-Karte von 1467).

Zheng Hes Ruhm tun diese Einschränkungen und Nachfragen jedenfalls keinen Abbruch. Als Planer, Organisator und Kommandant der unbestreitbar größten maritimen Unternehmung des weltweiten «Mittelalters» nimmt er zu Recht einen Sonderplatz in den Annalen der Seefahrt ein – ein Ruhm, der sich allerdings sehr spät entfaltete. Dies lag vor allem an den ganz anders gelagerten Interessen der nachfolgenden Kaiser, seiner persönlichen Verbindung zu Yongle und wohl auch an seinem Bekenntnis und seinem spezifischen Geschlecht. All dies empfahl ihn den kommenden Generationen (offizieller) Geschichtsschreiber wenig. Erst 1903 begann die Wiederentdeckung seiner Taten; heute ist der «Marinetag» Chinas (中国航海日), der 11. Mai, oft propagandistisch im Sinne des Regimes dem Andenken des großen Seefahrers gewidmet.

Wie anders Columbus. Jedes Kind, zumal im Westen, kennt ihn – oder meint, ihn zu kennen. Das Leben des Genueser Abenteurers und Kapitäns scheint zu bekannt, um hier noch einmal in allen Einzelheiten nachgezeichnet zu werden. Beschränken wir uns daher auf das Wesentliche und weniger Bekannte.

Irgendwann um das Jahr 1450 in Genua als Sohn eines Tuch- und Wollhändlers geboren, behauptete Cristoforo später, er sei seit seinem zehnten Lebensjahr zur See gefahren. Sicher ist eine Reise zum Kennenlernen der familiären Geschäftspraktiken und -beziehungen 1473, welche ihn, ganz Genueser Traditionen folgend, in die Ägäis führte. Drei Jahre später finden wir ihn in ähnlicher Tätigkeit auf einer Fahrt über Lissabon zu den britischen Inseln, wo er zu Bristol und Galway anlandete. In den 1480er Jahren erstreckten sich seine nunmehr eigenen Geschäftsbeziehungen bis an die nordafrikanische Atlantikküste, eine Fahrt bis São Jorge da Mina (heute: Elmina in Ghana) scheint gesichert. Dieser kommerzielle Erfolg überdeckte aber einen Mangel: Columbus hatte niemals eine richtige, weder schulisch-akademische noch maritime Ausbildung erhalten; seine familiären Beziehungen bleiben im Dunkel. Seine Frau und Mutter seines Sohnes Diego (1479–1526), die ehemalige Stiftsdame Filipa Moniz Perestrelo (ca. 1455–ca. 1484) und Tochter des Hafengouverneurs und Seefahrers von Porto Santo, die er wohl aufgrund ihrer guten Beziehungen zum portugiesischen Königshause ehelichte, hatte er gegen 1480 verlassen, ab 1487 lebte er mit seiner Mätresse Doña Beatriz Enriquez de Arana (1467–1536). Sein gesamtes Wissen, verschiedene Sprachen sowie astronomische, navigatorische und geographische Kenntnisse, hatte er sich als Autodidakt angeeignet.

Im Zuge dieses Selbststudiums beschlich ihn wohl irgendwann die fixe Idee, den Seeweg nach Asien in Richtung Westen zu suchen. Aus erhaltenen Dokumenten kennen wir seine Berechnungen auf Grundlage der zeitgenössisch vorhandenen Angaben: Columbus kalkulierte anhand der zur Verfügung stehenden Karten den Weg nach Japan und spiegelte diesen quasi in die andere Richtung. Die dabei zugrundeliegende Erkenntnis, dass die Erde tatsächlich eine wie auch immer geformte kugelähnliche Gestalt besaß, war weder die seine noch besonders originell. Die wichtigsten Denker der abendländischen Tradition, darunter Ambrosius von Mailand, Boethius, Aurelius Augustinus, Cassiodor, Isidor von Sevilla, Beda Venerabilis, Rabanus Maurus, Gerbert d'Aurillac (Papst Silvester II.), Hermann der Lahme, Hildegard von Bingen, Petrus Abaelardus, Albertus Magnus, Thomas von

Aquin, Berthold von Regensburg, Meister Eckehart, Enea Silvio Piccolomini (Papst Pius II.) sowie Marco Polo, Dante Alighieri, Christine de Pizan, Geoffrey Chaucer und Martin Behaim, hatten dies – entgegen einem weit verbreiteten, konfessionell-ideologisch gefärbtem Vorurteil – vertreten. Auf den zahlreichen figürlichen Galerien der großen gotischen Kathedralen, vor allem in Frankreich, tritt uns Christus stets als Allherrscher mit einer Welt*kugel* in der Hand entgegen, nirgendwo hält er eine Untertasse. Gleiches gilt für die Regalien der europäischen Monarchien, in denen sich immer – falls im Zeremoniell enthalten – ein Reichs-*apfel*, also eine Kugel, findet, nirgends eine Scheibe.

Dieses Wissen wandte Columbus mit Geschick an und wenn er auch in Bezug auf die Längengradverhältnisse meilenweit (im wahrsten Sinne des Wortes) danebenlag, so konnte doch seine wohl durch Geschäftsbeziehungen erworbene Kenntnis der atlantischen Fallwinde einiges korrigieren. Sein späterer Erfolg ist vor allem der konsequenten Berücksichtigung dieser Luftströmungen und ihrer nautischen Konsequenzen geschuldet; diese Praxis bestimmte die Atlantikfahrten bis weit in das 19. Jahrhundert hinein.

Nun galt es nur noch einen Patron für das waghalsige Unternehmen zu finden. Als Erstes wandte er sich damit an König D. João II. von Portugal (reg. 1477/1481–1495), einhergehend mit dem wie stets nicht ganz bescheidenen Gesuch, zugleich zum «Großadmiral der Ozeane» erhoben zu werden. Doch die Erfolge des Portugiesen Bartolomeu Dias (1451–1500), welcher soeben das Kap der Guten Hoffnung umrundet und den Seeweg in den Indischen Ozean eröffnet hatte, ließen João ebenso dankend ablehnen wie nach ihm die Republiken Genua und Venedig sowie Henry VII. von England. Somit verblieb nur mehr das jüngst vereinigte Königreich von Kastilien und Aragon, dessen Monarchen Isabella (1451–1504) und Ferdinand (1452–1516) zum Ruhme ihrer neu glänzenden Krone Anschluss an die immer intensiver werdende europäische Expansionsbewegung – vor allem seitens des Rivalen Portugal – suchten. Diese versprachen ihm in den Kapitulationen von Santa Fe (17. April 1492) nicht nur finanzielle Unterstützung, sondern auch die Gewährung des ihm zuvor in Portugal verweigerten Titels, *falls* er sein Vorhaben tatsächlich verwirklichen konnte.

Am 3. August 1492 stach Columbus mit der Karacke «Santa Maria» sowie den beiden Karavellen «Pinta» und «Niña» in See. Nach einem Zwischenaufenthalt auf den Kanaren begann die Reise ins Ungewisse, welche mit der Sichtung von Land am 12. Oktober beendet wurde. Nach Erkundung der ersten Inseln gelangte er später nach Kuba und Haiti. Unter Zurücklassung der beiden Kleinschiffe, aber gestärkt durch seinen Erfolg, kehrte er am 15. März 1493 nach Spanien zurück.

Drei weitere Reisen sollten, nunmehr wesentlich großzügiger ausgestattet, folgen. Zu diesem Zeitpunkt hatte sich Columbus aber bereits zahlreiche Feinde gemacht. Dies mochte zu einem gewissen Teil an der natürlichen Neigung des Menschen zu Neid und Missgunst liegen, zu einem erheblich größeren aber sicher an ihm selbst. Für ihn stand, neben seinem persönlichen Ruhm, der Reichtum im Mittelpunkt seines Interesses. Dies fand seinen Niederschlag in den seit der ersten Reise etablierten und ihm als Gouverneur unterstellten Kolonien. Sein Umgang mit den Einheimischen, deren Versklavung ihm am gewinnträchtigsten schien, erregte bei Gefährten, Klerus und Monarchen Aufsehen und Missbilligung, vor allem, da er alle Anstalten, diese zu missionieren und zu taufen, strikt ablehnte. Konkurrenten und Andersdenkende hatte er wiederholt einfach auspeitschen und auch hinrichten lassen. 1500 wurde ihm daher ein Nachfolger aufgezwungen, dessen Untersuchungen ergaben, dass selbst jene, die Columbus schätzten, die stattgefundenen Gräueltaten eingestehen mussten. Er wurde in Ketten nach Spanien zurückgebracht und erst nach langen Verhandlungen wieder auf freien Fuß gesetzt, um seine vierte und letzte Reise zu unternehmen. Seine Eingaben um eine zehnprozentige Beteiligung an allen Einnahmen aus den überseeischen Gebieten lehnte die Krone unter Verweis auf seine Absetzung als Gouverneur ab.

Am 20. Mai 1506 starb eine der schillerndsten und eigenartigsten Gestalten der Seefahrt zu Valladolid. Zu diesem Zeitpunkt hatten die Fahrten Amerigo Vespuccis (1454–1512) bereits ans Licht gebracht, dass der Genuese nicht einen Teil Asiens, sondern einen neuen Kontinent angesteuert hatte.

Wie schon weiter oben erwähnt, war Columbus also weder der Entdecker einer «Neuen Welt» noch der Bestimmer eines neuen Kontinents – dieser sollte nach Vespucci benannt werden. Sein Beitrag zur Seefahrts- und Nautikgeschichte blieb beschränkt. Es war an sich schon erstaunlich, dass er nach den Ergebnissen der ersten Fahrt, auf welcher er immerhin zwei von drei Schiffen und einen Großteil seiner Besatzungen verloren hatte, überhaupt weiterhin gefördert wurde.

Sicherlich ist es ein unschöner Zug der neueren Kulturwissenschaften, alle nur erdenklichen «großen Männer» von ihrem vermeintlichen Podest zu stoßen; dieser Tendenz soll hier nicht das Wort geredet werden. Die Bedeutung des Columbus liegt in seiner Wirkungsgeschichte. Für Spanien begann damit der Aufstieg zur Weltgröße, zu jenem Reich der bald nachfolgenden Habsburger, in dem die Sonne nicht unterging – ganz egal, ob deren Glanz nun in Asien oder Amerika sich spiegelte. Er hatte es verstanden und vollbracht, das goldene Ei tischgerecht zu präsentieren. Aber – und das sollte man nicht vergessen – auch dies musste gewagt werden, und er hat es getan.

8. Neue Wege

D. Vasco da Gama (1460–1524)
& Jacques Cartier (1491–1557)

Nach unserem Blick auf die ersten, jedoch in vielerlei Hinsicht mit einem Fragezeichen verbundenen Entdecker des 15. und 16. Jahrhunderts sei dieser Abschnitt zwei Persönlichkeiten gewidmet, deren Leistungen relativ klar zutage treten und deren historische Wirkmächtigkeit – jeder in seiner Sphäre – nicht in Abrede zu stellen ist: Vasco da Gama und Jacques Cartier.

Über die Jugend des Ersten ist so gut wie nichts bekannt, nicht einmal das Geburtsdatum. Fest steht, dass er als dritter von fünf Söhnen eines mit lokalen Verwaltungsaufgaben betrauten Adeligen durchaus über die Mittel verfügte, sich nicht nur ein wichtiges Netz an sozialen Kontakten aufzubauen, sondern wohl auch eine seinem Stand entsprechende Ausbildung zu erhalten. Ein Studium wohl an der Universität zu Evora ist wahrscheinlich, nicht belegt werden kann jedoch eine Ausbildung bei dem jüdischen Gelehrten und Mathematiker Abraão ben Samuel Zacuto (1452–1515), dem Königlichen Astronomen D. Joãos II. Für die Söhne nobler Familien stellten die mit dem um 1500 erweiterten geographischen Horizont verbundenen Möglichkeiten eine wesentliche Erweiterung ihrer Lebensperspektiven dar; ein entsprechendes Studium der dafür notwendigen Fächer liegt daher nahe.

Diese Erweiterung betraf zum einen die Seefahrt an sich, zum anderen natürlich auch den sich daraus ergebenden merkantilen Anreiz. Lag der Ostasienhandel bis 1500 fast ausschließlich in den Händen der großen italienischen Republiken, so sollte sich das spätestens ab der bereits angesprochenen Umrundung des Kaps der Guten Hoffnung durch Bartolomeu Dias 1488 grundlegend ändern. Portugal hatte sich zu diesem Zeitpunkt sukzessive die Westküste Afrikas von den Kapverden über Ghana erschlossen, nun galt es, diese Dynamik in den Pazifik hineinzutragen.

Dies war der Motor jener Reise, die Vasco da Gama am 8. Juli 1497 mit vier Schiffen und einer Gesamtbesatzung von 170 Mann antrat. Was genau ihm das Kommando hierüber verschafft hatte, muss dahingestellt bleiben; die guten Beziehungen der Familie, nicht zuletzt über den Santiago-Ritterorden (*Ordem Militar de Sant'Iago da Espada*), welchem er 1480 beigetreten war, spielten sicher eine entscheidende Rolle.

Nach einem Zwischenstopp an der heutigen Sierra Leone nahm da Gama Südwestkurs auf das offene Meer unter Ausnützung der Westwindzone und langte erst Anfang November wieder an der afrikanischen Küste an. Zu diesem Zeitpunkt hatte die kleine Flotte 6.000 Seemeilen zurückgelegt – die bis dato längste Seefahrt ohne Landsicht, die jemals von einem Europäer unternommen worden war. Am 16. Dezember wurde das Kap umrundet und da Gama begab sich über Mozambique, wo er sich aus Furcht vor religiösen Repressalien als Muslim vorstellte und sogar eine Audienz beim Sultan erhielt, bis auf die Höhe des heutigen Kenia nach Mombasa. Seine dort durchgeführten maritimen Aktionen, welche stark an Piraterie gemahnten, brachten ihn in Konflikt mit den lokalen Autoritäten, denen er sich durch ein geschicktes Bündnis mit den Herren des nördlicher gelegenen Malindi entzog. Dieses Lavieren mag seltsam erscheinen, doch sollte man bedenken, dass da Gama die erste christliche Flottille überhaupt in diesen Gewässern befehligte und von daher einiges an List angebracht schien. Am 20. Mai 1498 erreichte er Kalkutta – die Frage ist nur, wie? Wenn da Gama den Seeweg von Afrika nach Indien tatsächlich selbst ‚entdeckt' haben sollte, wäre das eine beachtliche Leistung, trotz der bereits vorhandenen, freilich lückenhaften Kenntnisse über den Indischen Ozean (man muss auch hier wieder bedenken, dass die Längengradbestimmung ungeheuer kompliziert war und folglich Ausgangs- und Zielpunkt oft nur hypothetisch gegeben werden konnten). Zahlreiche Quellen sprechen aber von einheimischen Lotsen, darunter angeblich sogar der berühmte Ahmad ibn Mājid (1421–1500), deren kartographische Werke damals die Summe der lokal relevanten Nautik darstellten.

In Kalkutta offenbarten sich die Beschränkungen der Unternehmung. Die vier armseligen Schiffe und die mehr denn bescheidenen Huldigungsgaben an den örtlichen Souverän beeindruckten wenig, das erstrebte Recht auf Gründung einer eigenen Handelsniederlassung wurde nicht gewährt und da Gamas Reaktion, daraufhin einige Soldaten und Fischer zu entführen, erwies sich als wenig hilfreich und ihren Urheber eher als Räuber und Plünderer denn als königlichen Abgesandten. Man musste also die Heimreise antreten, die durch geänderte meteorologische und strömungsdynamische Bedingungen empfindlich gestört wurde. Hatte man auf der Hinreise für die Strecke Malindi–Kalkutta 23 Tage benötigt, so waren es jetzt deren 133. Am 7. Januar 1499 in Malindi angekommen, war das Geschwader nicht wiederzuerkennen. Hunger, Sturm und Auszehrung hatten schreckliche Ernte gehalten, es galt die verbliebenen Mannschaften umzuverteilen. Von nun an gestaltete sich das Unternehmen wieder günstiger: Am 20. März wurde das Kap umschifft, am 25. März landete man an der westafrikanischen Küste. Die nun den direkten Kurs begünstigenden Strömungen vereinfachten den Rest, am 10. Juli lief das erste der Schiffe in Lissabon ein und verkündete den Erfolg der Mission.

Dieses Etikett mag für die erste Reise durchaus ambivalent in Bezug auf ihren unmittelbaren Auftrag gewesen sein; da Gama hatte vor Ort so gut wie nichts erreicht und sich eher in ein schlechtes Licht gesetzt. Doch – und das war entscheidend – die Route nach Indien war gefunden und eröffnet, unzählige Nachfolger, darunter da Gama selbst in weiteren Reisen, sollten davon profitieren. Dieses Wort scheint angebracht, trugen diese Flotten, welche in den regulären «Armadas da Índia» gipfeln sollten, doch ein völlig anderes Aussehen. Schon da Gamas zweite Flotte hatte mit ihren fünfzehn schwer bewaffneten Galeonen nichts mehr mit der ersten gemein. Mit Vasco da Gama hatte sich Portugal in Asien etabliert und den Weg auch für andere Völker, vor allem die Niederländer, gewiesen – mit all den daraus resultierenden bekannten Folgen.

Die Belohnung des Seefahrers selbst, der 1524 zu Cochin in Südindien auf seiner dritten Fahrt an Malaria sterben sollte, mit einem erblichen Lehen und Hochadelsprädikat sowie mit dem Titel eines «Almirante dos mares de Arabia, Persia, India e de todo o Oriente» erscheint dafür nicht zu hoch – „todo o Oriente" war zum maritimen Einflussbereich Europas geworden.

Die Erfolge der Spanier und Portugiesen ließen die Welt plötzlich klein erscheinen für all die anderen Nationen Europas. Zwar konnten die italienischen Republiken, allen voran Venedig, ihre Stellung im internationalen Handelsgeschäft entgegen einem weit verbreiteten Irrtum durchaus behaupten, die aufstrebenden Kronen Englands und Frankreichs hingegen drohten leer auszugehen. Als man durch diverse Teilungsverträge um 1500 die Welt gar noch in eine portugiesische und eine spanische Einflusssphäre teilte, schien dies besiegelt. Verständlich, dass die nördlichen Monarchien sich nun verstärkt um jene Gebiete bemühten, welchen die Iberer bislang eine geringere Aufmerksamkeit gewidmet hatten. Dies betraf vor allem Nordamerika und damit verbunden die Suche nach der legendären Nordwestpassage, also dem Seeweg nach Asien von Norden her. Diese zu finden gelang erst Ende des 19. Jahrhunderts, die Nebenprodukte dieses Prozesses aber sollten zum säkularen Aufstieg des amerikanischen Nordens führen.

Unter den vielen Gestalten auf diesem Weg ragt jene des Jacques Cartier heraus. Vieles verbindet den Sohn Saint-Malos biographisch mit da Gama: von der Unsicherheit bezüglich Geburtsdatum und Ausbildung über die drei durchgeführten Reisen bis hin zur unübersehbaren Wirkungsgeschichte. Bevor wir uns allerdings diesen Details zuwenden, sollte man wesentliche Unterschiede festhalten. Für das Frankreich des frühen 16. Jahrhunderts waren die nordamerikanischen Gebiete keineswegs *terra incognita*. Nicht nur die Vorgängerfahrten Jehan Denis' aus Honfleur (Verifizierung der Küste Neufundlands 1506) und Thomas Auberts, ausgerüstet von dem führenden Kopf der nordfranzösischen Amerikareeder, Jehan Ango (1480–1551) aus Dieppe (Entdeckung der Mündung des Sankt-Lorenz-Stroms 1508), sowie Giovanni da Verrazzanos (ca. 1485–1528) im Auftrage François' Ier (Erkundung der gesamten Ostküste Nordamerikas bis zum heutigen New York, damals «Nouvelle Angoulême», 1524) hatten hier Pionierarbeit geleistet. Normannische und bretonische Fischer waren zudem seit einem Jahrhundert auf der Suche nach neuen Stockfischvorkommen – der beliebtesten Fastenspeise Europas in der Zeit – an die Küste der «Terre Neuve» gelangt und dort wohl auch an Land gegangen, dies schon zum Zwecke der Trocknung und Zubereitung des gefangenen Fisches, der ja haltbar nach Europa gebracht werden musste.

Als 1532 die Krone Portugals begann, militärisch gegen die französischen Fischer vor Brasilien vorzugehen, gewannen die nördlichen Gewässer erneut an Bedeutung. 1534 wurde Jacques Cartier, wohl auf seine eigene Bewerbung hin, von François Ier mit der näheren Erkundung derselben beauftragt. Mit nur zwei kleinen Schiffen und einer Minimalbesatzung von 61 Mann überquerte er in nur zwanzig Tagen den Nordatlantik und begann ab dem 10. Juni 1534 mit der Erkundung der Sankt-Lorenz-Mündung. Nach der Begegnung mit einigen Fischerflottillen trafen Cartier und seine Leute am 6. Juli auf die ersten Eingeborenen. Hier schon kündigte sich die gesamte Indianerpolitik der zukünftigen *Amérique française* an: Während die Mitglieder des Stammes der Micmac die Franzosen (gast)freundlich aufnahmen, traten ihnen die Irokesen mehr denn reserviert gegenüber. Doch Cartier gelang es, sich diese vom Hals zu halten, während er mit den Ersteren eine dauerhafte Freundschaft schloss, welche ihm auf seinen weiteren Reisen sehr zugutekommen sollte. Außerdem hatte er zwei junge Irokesen von der Mitreise nach Frankreich ‚überzeugt‘, diese sollten bereits in einem Jahr als Dolmetscher dienen.

Ein Jahr später war er zurück und ließ sich von Donnacona, einem Häuptling der Irokesen, nicht davon abbringen, den Saint-Laurent weiter zu erkunden, vor allem nachdem er bemerkt hatte, dass es sich hierbei tatsächlich um einen Fluss und nicht, wie zunächst angenommen, um einen Meeresarm handelte. An der Mündung eine erste französische Niederlassung zurücklassend, fuhr er den Strom aufwärts bis zu einem ‚Hochelaga' genannten Dorf, in dessen Umfeld er einige für eine größere Siedlung günstige Anhöhen ausmachte, welche er als „Königliche(r) Berg(e)" bezeichnete – das zukünftige Montreal hatte seinen Platz und seine Bestimmung gefunden. Doch das kanadische Klima erwies sich als für die Europäer völlig ungewohnt und ungeeignet, die mitgebrachten Provisionen als viel zu gering. Der erste Winter in Übersee forderte unter Cartiers Leuten zahlreiche Opfer, zumeist durch Skorbut. Doch der Bretone legte jene Dickköpfigkeit an den Tag, welche auch später zu den Hauptcharakteristika der Bewohner der «Nouvelle France» zählen sollte. Mit indianischer Unterstützung gelang es ihm, den Rest seiner Mannschaft am Leben zu erhalten, vor allem nachdem er von einem Medizinmann gelernt hatte, dass ein aus Nadelholzbäumen und ihren Früchten gewonnener Saft den Skorbut besiegen konnte. Die französische Präsenz in Übersee war langfristig gesichert.

Das von Donnacona den Franzosen vermeintlich offenbarte Geheimnis, die irokesische Legende vom Königreich von Saguenay, dem sagenhaften Goldlande im Westen, mochte vielleicht in den Augen des französischen Königs die dritte Fahrt Cartiers (1541/42) rechtfertigen, für die weitere Erschließung der Nouvelle France blieb es weitgehend obsolet. Was man dort finden konnte, waren vor allem Felle, dies aber in einem ungeahnten Ausmaße. Und so begann jenes viel zu wenig bekannte Abenteuer Französisch-Amerikas, das in seinen Elementen alle Etappen der weiteren Erschließung des nordamerikanischen Kontinents vorzeichnete. Viele Entdecker und Pioniere, von den bekannten Figuren eines Samuel de Champlain (1567–1634), der bis an die Großen Seen vordrang, oder eines Robert Cavelier de La Salle (1643–1687), der auf den Spuren des großen Missionars P. Jacques Marquette SJ (1637–1675) den Verlauf des Mississippi erkundete, bis zu den unzähligen Fallenstellern und Jägern, den legendären *coureurs de bois*, legten den Grundstein einer eigenen Zivilisation, welche, von ganz wenigen Ausnahmen abgesehen, im Einvernehmen mit der indigenen Bevölkerung – an der man schon aufgrund der riesigen territorialen Ausdehnung der so entstandenen Gebiete, vor allem aber auch aufgrund des im Gegensatz zu den anderen europäischen Nationen völlig anders gelagerten überseeischen Selbstverständnisses und Missionsgedankens nicht vorbeikam und auch nicht vorbeikommen wollte – Amerika eben nicht zu einer exklusiv spanisch-angelsächsischen Angelegenheit werden ließ.

Mit seinen zahlreichen Berichten aus Übersee («Relations») steht Cartier schließlich auch am Anfang der europäischen Nordamerikawahrnehmung und -literatur.

Seefahrer, Entdecker, Siedler, Schriftsteller und Humanist – was sollte einen Menschen mehr empfehlen zur Aufnahme in diese kleine Sammlung?

9. Seekrieg im Mittelmeer um Glaube und Reich

Don Juan de Austria (1547–1578) & Piyale Pasha (Piyale Paşa) (ca. 1515–1578)

Die in den letzten Kapiteln verfolgte europäische und außereuropäische weltweite Expansionsbewegung sollte nicht darüber hinwegtäuschen, dass der Mittelmeerraum weiterhin eine für die Geostrategie der Frühen Neuzeit entscheidende Rolle spielte. Nicht nur seine bereits erwähnte, durchaus anhaltende zentrale Bedeutung als Warenumschlagplatz trotz der neu gefundenen Alternativseewege gilt es hierbei zu berücksichtigen, sondern auch jene als Schauplatz säkularer imperialer Antagonismen seiner Anrainerstaaten. Diese betrafen sowohl den bis ins späte 18. Jahrhundert andauernden Kampf zwischen Habsburg und Frankreich als auch das Streben nach maritimer Dominanz seitens Spaniens und des Osmanischen Reiches. Nachdem die Italienkriege wie auch die osmanisch-habsburgischen Konflikte auf dem Balkan zu einem faktischen Patt-Stillstand (unter erheblichen Gebietsgewinnen für die Osmanen) geführt hatten und sporadische türkische Einfälle in Italien abgewehrt werden konnten, verlagerte sich das Geschehen zusehends auf das offene Meer hinaus und weitete die Perspektiven. Gedrängt durch ein persisch-habsburgisches Bündnis zur Entlastung der Balkanfront, blieb Frankreich, wollte es sich nicht gänzlich und dauerhaft von Habsburg umklammert wissen, nichts anderes, als eine Allianz mit dem Osmanischen Reich einzugehen («Grande Capitulation» von 1536). Auf der anderen Seite des Meeres hatten bereits Anspruch und Heraldik Carls I./V. deutlich gemacht, dass Spanien nun definitiv unter die Imperialmächte aufgestiegen und bereit war, über seine natürlichen Landesgrenzen auszugreifen – nicht nur nach Westen in die neu entdeckten amerikanischen Gebiete, sondern auch nach Südosten, was die Expeditionen gegen

Tunis 1535 und Algier 1541 belegten. Folgerichtig musste das Osmanische Reich, welches sich als Rechts- und Traditionsnachfolger des byzantinisch-römischen Imperiums begriff, versuchen, seine Hoheits- und Einflussgewässer nicht nur zu sichern, sondern nach Möglichkeit auszudehnen.

Eines der wichtigsten personellen Instrumente für dieses Vorhaben sollte Piyale Pasha (türkisch: Piyale Paşa) werden, ein wohl um 1515 geborener kroatischer Bauernsohn. 1526 in der für das altungarische Reich fatalen Schlacht bei Mohács in die Hände des Feindes gefallen, wurde er nach Konstantinopel verbracht, wo sich von jeher begabten christlichen Renegaten, welche den islamischen Glauben annahmen, weite Karrierechancen eröffneten. Nachdem seine maritimen und taktischen Fähigkeiten im Dienste unter dem berühmten Korsaren und Admiral Turgut Reis (1485–1565) offenbar geworden waren, trat er schließlich – auf dessen Empfehlung? – in die *Enderun-Akademie* ein, jene berühmte Ausbildungsstätte für zahlreiche Generationen zukünftiger Staatsdiener provinzialer Herkunft. Mit dem Titel eines *Kapıcıbaşı* (Verwaltungsfachmann) graduiert, wurde er im Anschluss zum Gouverneur von Gallipoli ernannt. Dieser rasche Aufstieg in höchste Administrationschargen muss für Piyales Fähigkeiten und Gunstbeziehungen sprechen, wiewohl diese Verwendung temporär bleiben sollte.

Nach seiner Ernennung zum Marineminister («Bahriye Beylerbeyi») wurde er 1554 mit 39 Jahren als Kapudan Pasha (türkisch: اشاپ نانتىپاک, modern: Kaptan Paşa) zum Oberkommandierenden aller osmanischen Seestreitkräfte bestellt – mit ebenjenem Auftrag, das oben skizzierte Imperialprogramm in die Tat umzusetzen. Piyale enttäuschte das Vertrauen seines Souveräns nicht: 1554 eroberte er zeitweilig Elba und Korsika und ein Jahr später kommandierte er die türkische Entsatzflotte für die durch Spanien bedrohten französischen Mittelmeerhäfen. Nicht nur gelang es, Landungsversuche zu vereiteln, auch einige strategisch zentrale spanische Inselbesitzungen konnten zeitweise besetzt werden. 1558 setzte er zu einem großangelegten Eroberungszug in Italien an, welcher ihn erfolgreich von Reggio Calabria über die Äolischen Inseln bis Amalfi, sodann hinein in den Golf von Salerno (Eroberung von Massa Lubrense, Cantone und Sorrent) führen sollte, um schließlich bei Torre del Greco zu landen. Dieser Siegeszug löste eine Panik im christlichen Europa aus und durch Bemühungen Pius' IV. kam schließlich eine der zahlreichen Heiligen Ligen mit Spanien unter seinem neuen König Philipp II. (reg. 1556–1598), Venedig, Genua, Savoyen, dem Kirchenstaat und dem Malteserorden zustande. Deren Flotte von zusammen 120 Einheiten, darunter 54 Galeeren, sammelte sich zu Messina unter dem Kommando Gianandrea

Dorias (1539–1606), des Neffen des großen Doria. Ihr sandte Suleiman I. der Prächtige (reg. 1520–1566) ein Geschwader aus 86 Schiffen unter dem Kommando von Piyale entgegen. Am 11. Mai 1560 trafen sie in der Bucht von Djerba vor der tunesischen Küste aufeinander. Piyale muss dabei die christlichen Einheiten, ähnlich wie später Nelson die Franzosen bei Abukir, vollkommen überrascht und sofort nach seinem Eintreffen einen Frontalangriff befohlen haben. So widersprüchlich sich die Quellenlage auch gestaltet (genaue Anzahl, Fehlen von Seeaufklärung seitens der Liga, eventuelle innere Spannungen in dieser), so eindeutig war das Ergebnis. Nach einem nur wenige Stunden währenden Kampf war die Ligaflotte komplett vernichtet; über 60 Schiffe waren gekapert oder versenkt worden, 18.000 Mann hatten ihr Leben gelassen. Demgegenüber erwiesen sich die osmanischen Verluste mit wahrscheinlich sieben verlorenen Galeeren und etwa 1.000 Gefallenen als moderat. Durch Entschlusskraft, strategisches Können sowie effiziente Planung und Ausbildung hatte Piyale einen der spektakulärsten Seesiege aller Zeiten errungen.

Was sich bereits bei Preveza angedeutet hatte, war nun eingetreten: Die osmanische Marine war zum unbestrittenen Herrn des Mittelmeers aufgestiegen, dem dessen westlicher Teil nun schutzlos ausgeliefert schien. Spanien allein hatte bei Djerba nicht nur unzählige Matrosen und einfache Soldaten, sondern auch 600 qualifizierte Seeleute sowie 2.400 Marinescharfschützen («Arquebusiers») verloren, welche in absehbarer Zeit nicht zu ersetzen waren.

Der nächste Schlag war vorhersehbar: 1565 begann die Belagerung von Malta, dem Stützpunkt des gleichnamigen Johanniterordens und letzte Sperrfestung in Richtung Westen. Hier aber scheiterte die osmanische Expansion am heroischen Widerstand der Ordensritter, welche, zum Teil auf sich allein gestellt, dem Feinde erhebliche Verluste zufügten (auch Turgut Reis fiel auf Malta). Dem Nimbus der osmanischen Flotte und ihres Kommandanten tat dies aber zunächst keinen Abbruch. 1566 eroberte Piyale Chios und beendete damit die jahrhundertlange genuesische Präsenz in der Ägäis; im gleichen Jahr landete er in Apulien. Als Auszeichnung für seine immensen Verdienste wurde ihm 1562 die Hand der Enkelin Suleimans, Gevherhan Sultan (1544–1580), der Tochter Selims II. (reg. 1566–1574) gegeben, 1567 wurde er als erster Marinekommandant zum Vezier ernannt – eine Ehre, der er sich bei seinem nächsten Erfolg, der Eroberung des venezianischen Zypern 1570/71, mehr als würdig erweisen sollte. Zwar war er 1568 aufgrund einer durch Intrigen lancierten Verleumdungskampagne zeitweilig bei der Hohen Pforte in Ungnade gefallen und seines Oberkommandos als Kapudan Pasha verlustig gegangen; die vor Zypern eingesetzte geniale Kombination von Flotten- und amphibischen Unternehmungen, Belagerungen und Ablenkungsmanövern, am 1. August 1571 mit der Einnahme Famagustas, des letzten venezianischen Platzes, gekrönt, sollte – fatalerweise nach dem Treffen mit der christlichen Entsatzflotte – seine Rehabilitation bewirken.

Mit dem Fall Zyperns begannen in Europa die Alarm- und Gebetsglocken wieder zu läuten. Dass für einen eventuellen Gegenschlag im Augenblick nur Spanien als Führer einer Allianz infrage kam, war allen Beteiligten theoretisch klar, da nur die iberische Krone über die nötigen Ressourcen an Schiffen, die Finanzkraft und das Personal verfügte. Aber divergierende Interessen, innenpolitische Probleme und konfessionelle Streitigkeiten erschwerten die Bildung einer neuen Liga. Die Seerepubliken, stolz auf ihren verblichenen Ruhm und eifersüchtig auf ihre Handelsinteressen (gerade bezüglich der Hohen Pforte) bedacht, der päpstliche Führungsanspruch gegenüber der spanischen Monarchie als dem Champion der katholischen Reform, schließlich auch die mitunter ein wenig taktlos-arrogant auftretende Politik des jungen Felipe II. standen dem entgegen.

Als Sinnbild für diese Zerrissenheit kann jener Mann stehen, welcher schließlich die dann doch noch zustande gekommene Liga-Flotte kommandieren sollte: Don Juan de Austria. 1547 als illegitimer Sohn Carls I./V. und einer Regensburger Bürgerstochter geboren, blieb der überaus begabte Bastard seinem königlichen Halbbruder ein Leben lang suspekt. Von Gouverneuren und Präzeptoren zunächst in Brüssel erzogen, studierte er dann in Madrid zusammen mit Don Carlos, Philipps Sohn aus erster Ehe, und Alessandro Farnese (1545–1592). 1565 trat der Achtzehnjährige sein erstes Kommando zum Entsatz von Malta an, 1568 wurde er mit 21 Jahren aufgrund seiner offensichtlichen Befähigungen zum Oberkommandierenden der spanischen Mittelmeerstreitkräfte ernannt, in welcher Funktion er sich, von älteren Offizieren noch überwacht und geleitet, in Raids gegen die Barbareskenpiraten der nordafrikanischen Küste bewährte.

Im gleichen Jahr strebten zwei Krisen Spaniens ihrem Höhepunkt entgegen: Der Wahnsinn Don Carlos' wurde immer deutlicher, ebenso seine völlige Unfähigkeit zur eventuellen Thronfolge, in Granada begannen sich die bekehrten Mauren («moriscos») mit massiver osmanischer Unterstützung zu erheben. Beides konnte das Ende der Monarchie bedeuten; ein umnachteter Kronprinz bürgte für Anarchie, das Wegfallen der granadischen Küstenregion würde ein ideales Einfallstor für osmanische Invasoren darstellen. Don Juan löste beide Probleme, indem er einerseits die Umsturzpläne seines Neffen offenlegte und andererseits die Mauren nach einem langen und komplexen Feldzug besiegte. In beiden Fällen riet er anschließend zur Milde, was jedoch durch den Gang der Ereignisse und die Haltung seines Bruders vereitelt wurde.

Zeitgleich aber wurde die Lage im Mittelmeer immer ernster. Erste Allianzgespräche ab 1569 waren an den erwähnten Prätentionen der beteiligten Größen gescheitert. Vor allem Genua und Venedig bestanden im Falle eines maritimen Unternehmens auf dessen Gesamtleitung, was für Spanien schon angesichts des tatsächlichen Kräfte- und Lastenverhältnisses innerhalb der sich neu abzeichnenden christlichen Liga unannehmbar war. Erst im Frühjahr 1571 hatte das drohende Schicksal Zyperns diese Querelen zumal für den Augenblick als sekundär erscheinen lassen; die im Mai unterzeichnete Allianz designierte Don Juan zum Befehlshaber der noch zusammenzustellenden Armada. Doch erst im Juli konnte das spanische Geschwader aufbrechen, erst Ende September sich auf der Reede von Messina mit den anderen christlichen Einheiten formieren.

Da aber auch der Fall Zyperns am 1. August die inneren Streitigkeiten der Liga und ihrer Unterführer keineswegs zum Verstummen gebracht hatte, kann ohne Übertreibung gesagt werden, dass das durch das Verhandlungsgeschick Don Juans schließlich ermöglichte gemeinsame Auslaufen der Ligaflotte durchaus eine dem letztendlichen Schlachtenerfolg gleichzusetzende Leistung darstellte.

Seitens der Hohen Pforte war man natürlich der westlichen Aktivitäten gewahr geworden, nicht zuletzt aufgrund des hochspezialisierten Spionagesystems sowie zahlreicher, vor allem venezianischer Indiskretionen – bewusst lanciert, um nach einem eventuellen Scheitern bessere Wiederanknüpfungspunkte mit den Osmanen zu finden. Diese sandten ihre Flotte von 300 Galeeren unter dem Befehl Müezzinzade Ali Paschas, dem vorübergehenden Nachfolger Piyales, der Liga entgegen; im Golf von Patras, der Stadt gegenüber, bezog sie Anfang Oktober 1571 in der symbolträchtigen Halbmondformation Stellung.

Ihr konnte Don Juan nur 207 Galeeren entgegenstellen, dazu aber sechs schwer bewaffnete Galeassen. In drei Gruppen geteilt, bildeten diese jeweils die Angriffsspitze. Die zahlreichen historischen Überlieferungen, wiewohl zum Teil apologetisch verklärt, sprechen einstimmig von der verheerenden Wirkung von deren Artillerie, welche die in Leichtbauweise gefertigten Galeeren Ali Paschas zum Teil buchstäblich pulverisierte. Dennoch tobte der Kampf unter äußerstem Einsatz auf beiden Seiten vom Mittag bis zu einem den Abbruch befehlenden Sturm am Abend. Trotz der wiederholten Rettungsinitiativen des Beis von Algier, Uluj Ali (Uluç Ali Reis, später: Kılıç Ali Paşa, 1519–1587), der als Einziger auf osmanischer Seite den Überblick behielt, offenbarte das schlussendliche Szenario einen völligen Sieg der Liga. Am Tag von Lepanto hatte die Hohe Pforte insgesamt über 20.000 Mann verloren, 50 Galeeren waren versenkt, 137 gekapert; 10.000 christliche Galeerenruderer hatten ihre Freiheit wiedererlangt. Dem standen Verluste der Liga von 7.500 Mann und 17 Schiffen gegenüber.

In Europa, auch in Frankreich, läuteten die Siegesglocken, nur in Amsterdam, wo sich die seit 1568 im Aufstand gegen Madrid befindlichen Bürger zuvor mit Halbmonden geschmückt hatten, trug man aufgrund des Erfolgs des als päpstlich-spanisch wahrgenommenen Unternehmens Trauerflor.

Was nun nottat, war ein entschiedenes weiteres Vorrücken gegen die Osmanen. Dies aber verhinderte nicht nur die fortgeschrittene Jahreszeit, welche weitere Seeaktionen wenig geraten erscheinen ließ, sondern vor allem die sofort wieder aufbrechenden Zwistigkeiten innerhalb der Liga, welche bald zerbrechen sollte.

So blieb Lepanto ein Eintagserfolg, der immerhin die osmanische Flotte ihres Nimbus beraubte. Ganz eindeutig aber liest sich die Bilanz nicht. Der Hohen Pforte und ihrem nun wieder kommandierenden Admiral Piyale gelang es innerhalb kürzester Zeit, durch ein immenses Flottenbauprogramm die Verluste zu ersetzen. 1574 wurde Tunis endgültig osmanisch, 1579 Fez und damit Gesamtmarokko; Zypern und die Ägäischen Inseln konnten behauptet werden. Zu diesem Zeitpunkt war Piyale Pasha bereits tot; er war am 21. Januar 1578 verstorben und wurde in der von ihm durch den großen Architekten Koca Mi'mâr Sinân Âǧâ (ca. 1489–1588) errichteten Piyale-Pasha-Moschee beigesetzt.

Ein gutes halbes Jahr später starb auch Don Juan de Austria zu Namur am 1. Oktober 1578 mit 31 Jahren. Sein letztes Kommando, die Befriedung der aufständischen Niederlande, hatte auch er nicht mehr zu Ende führen können; sein Tod deutete hier, ideell wie strategisch, den Verlust des Landes für Spanien an, da sich die Nachfolger weder mental noch militärisch der Herausforderung gewachsen sahen.

Langfristig weisen so die beiden hier kurz umrissenen großen maritimen Leben in den sich abzeichnenden Abstieg ihrer jeweiligen Kronen. Zwar hielten sich die Hohe Pforte und das spanische Reich, entgegen manch landläufiger Simplifizierung, bis zu beider Desintegration im 19. Jahrhundert noch lange als politische und maritime Größen von beachtlicher Potenz. Die weitere Entwicklung konnte aber nicht darüber hinwegtäuschen, dass trotz der aufsehenerregenden Seesiege des kroatischen Bauernsohnes und des kaiserlichen Bastards die Zukunft auf den Meeren den Ländern im Nordwesten des europäischen Kontinents gehören sollte.

10. Koreas Nelson

Yi Sun-shin (1545–1598)

Die verstärkte Betrachtung der an sich meist schon besser bekannten Vorgänge im europäischen Raum verführt leicht zu einer Hintanstellung anderer Sphären. Gerade im Hinblick auf maritime Persönlichkeiten wäre dies aber irreführend.

Yi Sun-s(h)in gehört eindeutig in diese Kategorie; hierzulande nahezu unbekannt, darf man ihn getrost zu den größten Admiralen und Seefahrern aller Zeiten rechnen. Seine Verdienste und Leistungen gelten im ostasiatischen Raum weit über seine Heimat Korea hinaus noch heute als Muster von Heroismus, Tapferkeit und maritimem Genie – eine Einschätzung, welche die fulminante Aufnahme der ihm gewidmeten 104-teiligen Fernsehserie «Immortal Admiral Yi Sun-sin» (Südkorea 2004/05) als bis dato erfolgreichste asiatische TV-Produktion aller Zeiten belegt.

1545 in eine Familie bedeutender Politiker in Hanseong (heute: Seoul) geboren, musste er früh die inneren Spannungen seiner Heimat erleben. Die Verbindungen seines Vaters und Großvaters zur Reformpolitik des großen neokonfuzianischen Ministers Jo Gwang-jo (1482–1519) bedeuteten für diese das öffentliche Aus. Diese Benachteiligung konnte Yi zunächst nur teilweise durch seine frühen Kontakte zu dem großen Gelehrten und späteren Oberkommandierenden der koreanischen Streitkräfte, Ryu Seong-ryong (1542–1607), ausgleichen. 1576 bestand er erst im zweiten Anlauf die Aufnahmeprüfung für die Militärlaufbahn und wurde so, mit 32 Jahren, zum ältesten Nachwuchsoffizier der koreanischen Armee. Dieser nicht gerade brillante Anfang leistete weiteren Verdächtigungen und Verleumdungen Vorschub; als seine tatsächlichen Qualitäten in den ersten Einsätzen an der Nordgrenze gegen marodierende Räuberbanden offenbar wurden, erreichte eine Intrige wohl neidischer Kollegen mit der (falschen) Anschuldigung der Feigheit vor dem Feind die völlige Degradierung Yis. Als Gemeiner wieder in den ersten Rang zurückversetzt, konnte er nur langsam über die militärische Verwaltungsschiene wieder emporsteigen, unter anderem als Leiter eines Ausbildungslagers sowie als Militärgouverneur einer unbedeutenden Provinz.

1590 aber sollte sich das Blatt entscheidend wenden: Mit der Ernennung zum Kommandanten mehrerer Marinedistrikte im Norden des Landes hatte Yi sein Element gefunden. Dieser Aufstieg aber fiel in eine Periode innerer und äußerer Bedrohungen für das Korea der späten Jurchen-Dynastie. Im Inneren durch politische Querelen und dynastische Probleme geschwächt, schien das Land kaum größeren äußeren Herausforderungen gewachsen zu sein.

1592 fielen japanische Truppen unter der dynamischen Führung des großen Toyotomi Hideyoshi (1536–1598), dem Begründer der nationalen Einheit Nippons, mit dem Ziel in Korea ein, von hier aus die Eroberung von Ming-China in die Wege zu leiten. 160.000 Mann höchst motivierter See- und Landstreitkräfte trafen zunächst auf einen völlig unvorbereiteten Gegner. Innerhalb von nur drei Monaten fielen sowohl Seoul wie auch Pyongyang und der Süden des Landes war nun fest in japanischer Hand. Den einzigen sich noch regenden koreanischen Widerstandsherd bildeten die vom Norden aus operierenden Seeeinheiten. Damit war Yis Stunde gekommen.

Am 15. Juni 1592 stellte er zusammen mit anderen Verbänden ein japanisches Geschwader vor dem Hafen von Okpo und vernichtete es, ohne dabei ein einziges eigenes Schiff zu verlieren. Dieser wie auch die darauffolgenden Erfolge Yis waren umso bemerkenswerter, als er bislang – einigen europäischen ‚Kollegen‘ durchaus vergleichbar – keinerlei maritime Gefechtserfahrung besaß. Den Höhepunkt der Kampagne des Jahres 1592 bildete der Sieg bei den Hansan-Inseln (13. August), mit dem Yi nicht nur einen großen Erfolg gegen die besser trainierten japanischen Einheiten, sondern auch gegen einige von deren prominentesten Kommandeuren verbuchen konnte. Hier kamen wohl auch zum ersten Mal jene Einheiten zum Einsatz, deren geistiger Vater Yi war und welche seine künftigen Siege ermöglichen sollten: die «Schildkröten-Schiffe». Deren Bauweise entsprach einem simplen Prinzip: Völlig gepanzert in Holz und Eisen, boten sie dem Angreifer nahezu keine ballistische Angriffsfläche, während sie diesen mit Hilfe ihrer meist überlegenen Artillerie unentwegt unter Beschuss nehmen konnten. Das erste Auftreten der ‚Panzerschiffe‘, in vielem den späteren «Monitoren» nicht unähnlich, muss auf den Gegner so verheerend und entmutigend gewirkt haben, dass diese auch langfristig damit nicht zurechtkamen. Die einfache Idee eines einzelnen Mannes hatte so den einzig verbliebenen bewaffneten Arm Koreas zu einem tödlichen Instrument des Überlebenswillens gemacht.

Es ist hier weder Platz noch Anlass, alle der insgesamt 23 (!) Seesiege Yis im Einzelnen nachzuzeichnen. Hingewiesen aber sei darauf, dass diese Erfolgsbilanz keineswegs Hand in Hand mit einer unumstrittenen Stellung innerhalb des Landes ging. Als Opfer einer infamen Spionageaffäre wurde Yi zunehmend in die Hofintrigen der Zeit hineingezogen und schließlich 1597 all seiner Funktionen, Kommandos und Ämter entkleidet, zum gemeinen Infanteristen degradiert und zum Dienst unter einem wenig talentierten General abgestellt. Vor dem Hintergrund des koreanisch-konfuzianischen Ehrenkodexes bedeutete dies die tiefstmögliche Erniedrigung. Yi jedoch nahm auch dies, unter Hinweis auf die Bedrohung des Landes und den nationalen Notstand, treu und ohne Murren auf sich.

Zur See gestalteten sich derweil die Dinge nicht nach Wunsch. Unfähige Nachfolger hatten nicht nur Yis taktisches Vorgehen abgelegt, sie hielten sich aufgrund der überlegenen Schildkröten-Schiffe und der bisherigen beeindruckenden Siegesserie für unbezwingbar – ein verheerender Irrtum. Als 1597 die zweite japanische Invasionswelle anrollte, gab Yis Nachfolger Won Gyun (1540–1597) die Taktik der Raids und Einzelgefechte auf und stellte sich mit seiner gesamten Flotte von 150 Schiffen dem Eindringling am 28. August bei Chilchonryang entgegen. Dieser hatte aber in der Zwischenzeit taktisch und strategisch dazugelernt und fügte den Koreanern eine blutige Niederlage zu; nur dreizehn Schiffe konnten entkommen. Ein Gutes aber hatte die Katastrophe: Nach ihrem Bekanntwerden am Hof wurde Yi unmittelbar zurückgerufen und rehabilitiert sowie in allen Ämtern und Würden restituiert.

Das vom Zwischenregime hinterlassene Erbe aber war desaströs – nicht nur war Koreas Unbesiegbarkeitsnimbus zur See dahin, Yi verblieben nur mehr dreizehn Einheiten mit insgesamt 200 Seeleuten zur Fortsetzung des Kampfes, darunter kein einziges Schildkröten-Schiff. Der koreanische Hof zog die Konsequenzen und befahl Yi, die Schiffe aufzulegen und die verbliebenen Mannschaften in die Landstreitkräfte zu überführen. Yis Antwort schrieb dessen Legende für alle Zeiten fest: Er habe doch immerhin noch einige einsatzbereite Schiffe und sei auch selbst noch am Leben, von daher werde kein Feind in den koreanischen Gewässern sicher sein. Diesen großen Worten mussten aber die entsprechenden Taten folgen.

Für divergierende Einzelaktionen reichten Yis Kräfte nicht mehr aus; wenn diese auch bis September 1598 auf insgesamt 1.500 Mann auf 13 Schiffen angewachsen waren, so blieb er doch den Japanern mit ihren über 130 Schiffen hoffnungslos unterlegen. Es galt also, sich äußere Vorteile, vor allem durch die Wahl des Kampfortes, zunutze zu machen. Yi fand diesen in der Straße von Myeongnyang, deren Enge nicht nur eine Umzingelung durch den numerisch haushoch überlegenen

Feind ausschloss, sondern aufgrund ihres starken und wechselnden Gezeitenstroms von über 10 Knoten die geplanten Aktionen fördern konnte. Überdies erlaubte die geringe Breite der Straße das Anbringen von Eisenseilen, welche von großer Bedeutung sein sollten.

Der 26. Oktober 1598 war ein nebliger Tag. Die koreanische Restflotte lag gut geschützt und für den Feind unsichtbar hinter den Felsen von Myeongnyang. Ein einziges Schiff, von Yi als Köder ausgesandt, erfüllte seinen Zweck und lockte die japanische Armada schnell, vom hohen Gezeitenstrom unterstützt, heran. Während die ersten Einheiten schon an den gespannten Seilen scheiterten, nahmen die koreanischen Einheiten den Rest unter effizientes Feuer, blieben aber selbst im Dunst unsichtbar. Auf die Japaner, die sich nach dem Sieg bei Chilchonryang nicht nur ihrer völligen Seehoheit, sondern auch der Vernichtung des Gegners sicher waren, wirkte dies wie ein tödlicher Schock. Dieser wurde noch gesteigert, als es Yi gelang, die Leiche des Kommandeurs der japanischen Vorhut aus dem Wasser zu fischen und dessen abgeschlagenes Haupt auf dem Hauptmast seines Flaggschiffes, jetzt deutlich sichtbar, zu platzieren. Als die Japaner die erste Panikwelle erfasste, wechselte zudem – wie von Yi vorausberechnet – der Gezeitenfluss. Nun entfalteten die schnell herankommenden flachen koreanischen Schiffe gegenüber ihren zurückgespülten Feinden mit ihren tiefen Kielschiffen ihre ganze Kampfwirkung. Durch die Enge der Straße konnte das Gros der japanischen Flotte nicht in Frontlinie zum Einsatz gebracht werden, auf die jeweils vordersten prasselte die geballte Feuerkraft der koreanischen Artillerie mit tödlicher Präzision nieder. Als 31 Schiffe so verloren gegangen waren, befahl das japanische Oberkommando den Rückzug, dessen Folgen fatal waren. Yi hatte Japan dauerhaft den Weg in das Gelbe Meer versperrt, die geplante Nachschubversorgung der japanischen Landeinheiten in Korea musste so unterbleiben. Da mittlerweile auch China – das eigentliche Ziel der Expedition – auf Seiten Koreas in den Krieg eingetreten war, waren diese dem doppelten Druck bei Ausfall der Seeunterstützung nicht gewachsen; der japanische Rückzug begann. Überdies hatte der Erfolg von Myeongnyang den Chinesen gezeigt, dass die japanische Flotte durchaus verwundbar war, und diese bauten nun ihre eigenen Einheiten stärker aus. Da Japan nicht nur die 31 zerstörten Schiffe verloren hatte, sondern außerdem noch 91 (!) weitere langfristig kampfunfähig geschossen, einer der Kommandanten getötet, der andere verwundet sowie die Mehrzahl der über Bord gegangenen Matrosen aufgrund der heftigen Strömungen einem grauenhaften Tod durch Ertrinken ausgeliefert worden waren, konnte an einen Neuaufbau der japanischen Seestärke für den Augenblick nicht gedacht werden.

Der Sieg von Myeongnyang bleibt damit für alle Zeiten in den Annalen der Seekriegsgeschichte und des seemännischen Könnens verankert. Nicht nur war es Yi gelungen, mit 13 Schiffen einem zehnfach überlegenen Feind mit über 130 Einheiten erfolgreich zu trotzen (wohl der spektakulärste jemals erfochtene Seesieg); darüber hinaus machten auch ihre Konsequenzen diese Schlacht zu einem der bedeutendsten aller maritimen Gefechte.

Noch im Dezember 1598 versuchte Japan in bewundernswerter Energieaufwallung mit den verbliebenen und einigen eiligst aus dem Mutterland herangeholten Einheiten das Blatt noch einmal zu wenden. Am 15. Dezember des Jahres trafen diese in der Straße von Noryang auf die vereinte koreanisch-chinesische Armada unter Yi. Wieder sollte sich dessen Taktik bewähren, Japan hatte wenig gelernt. Die Meerenge verhinderte eine volle Entfaltung, die alliierte Artillerie und das überlegene Manövrieren ihrer Schiffe die Kaperung. Als die japanischen Kommandeure wiederum den Kampf abbrachen und sich zurückzogen, befahl Yi, dem nun eine wesentlich schlagkräftigere Flotte zur Verfügung stand, die Verfolgung. Im Laufe derselben traf den Admiral am späten Nachmittag eine japanische Arkebusenkugel; wenige Minuten später erlag er dieser Verletzung. Seine letzten Worte an die Offiziere unterstreichen seine geistige Verwandtschaft mit Nelson: „Der Kampf befindet sich auf dem Höhepunkt! Tragt meine Kampfrüstung weiter, rührt meine Kampftrommeln weiter! Verkündet nicht meinen Tod!" (Tae Hung Ha, A Trip through Historic Korea, ²Seoul 1979, 237).

Eine abschließende Würdigung Yis erübrigt sich. Zwar hatte das offizielle Korea seiner Zeit nie viel Gefallen an dem verdächtig begabten und beliebten Admiral gefunden und ihn als Bedrohung für die dekadente und korrupte Hofgünstlingswirtschaft gesehen; dass er zweimal der Todesstrafe entging, verdankte er ausschließlich der Intervention seines Jugendfreundes Ryu Seong-ryong, alle Auszeichnungen und Ehrungen erhielt er posthum. Doch lassen wir einen Nachfahren des Feindes, den weiter unten noch näher betrachteten großen japanischen Admiral Tōgō das Schlusswort sprechen. Auf einem zu seinen Ehren gegebenen Empfang äußerte er: „Es mag vielleicht angehen, mich mit Nelson zu vergleichen, aber nicht mit Koreas Yi Sun-shin; dieser hat nicht seinesgleichen" (Hawley, Imjin War, 490).

11. Fire over England

Sir Francis Drake (1540–1596) & Charles Howard, 1st Earl of Nottingham (1536–1624)

Populäre Wahrnehmung und historische Tatsachen weichen nicht selten gehörig voneinander ab. Diese Erkenntnis ist nicht neu, kann aber anhand des englischen Seefahrers Francis Drake exemplarisch gezeigt werden. Von Errol Flynn, wenn auch unter anderem Namen, als Verteidiger von Freiheit und unabdingbaren Gerechtsamen angesichts einer tyrannischen Bedrohung idealtypisch dargestellt (*The Sea Hawk*, USA 1940), gilt Drake bis heute weithin als Inbegriff maritimen Behauptungswillens des elisabethanischen Englands, als Begründer des Mythos der britischen Identität von protestantischer Freiheit, merkantilem Genie und nationaler Größe. Dieses Bild kontrastiert aufs schärfste mit den Urteilen einiger zeitgenössischer Historiker, welche in ihm wenig mehr als einen Piraten, Sklavenhändler, Mörder und letztlich militärischen Versager sehen.

Drakes Kindheit und Jugend liegen, einschließlich seines Geburtsdatums (wohl 1540), im Dunkeln, nicht aber das familiäre Umfeld. Als Sohn eines überzeugten Protestanten calvinischer Prägung (er sollte es später vom Bauern zum Prediger bringen), der schließlich nach Kent fliehen musste, blieben ihm die konfessionell-religiösen Grundsätze seines Vaters zeitlebens Vermächtnis, jede Art von auch nur entfernt katholisch wirkender Geistigkeit ein Gräuel.

Doch sollte die Familie seinen Lebensweg auch anderweitig prägen: Durch seinen Cousin Sir John Hawkins (1532–1595), einen der führenden Seefahrer und Reeder seiner Zeit, kam Drake sehr früh in Kontakt mit der See und nahm ab seinem 23. Lebensjahr an dessen Kaperfahrten vor allem gegen spanische Besitzungen in der Karibik teil, darunter auch am berühmten Fiasko zu San Juan de Ulúa 1568. Diese Unternehmungen verstanden sich als ein – wiewohl rechtlich zweifelhaftes – Mittel zur endgültigen Etablierung Englands zur See angesichts des doch erheblichen iberischen Vorsprungs. Dass die beteiligten Kronen sich damals nicht im Kriegszustand befanden, macht die Sache pikant und erklärt die mitunter heftigen spanischen Reaktionen. Drake sollte diese Art von Abenteuer perfektionieren und zu unerhörter Rentabilität bringen.

Nach seinem diesbezüglichen ersten Erfolg im Isthmus von Panama 1573 wurde Königin Elizabeth I. (reg. 1558–1603) auf ihn aufmerksam und ermächtigte ihn 1577 zu einer Kaperfahrt an der spanischen Pazifikküste Amerikas. Nach einigen meteorologischen und disziplinarischen Widrigkeiten (darunter eine vorgebliche Meuterei der Mannschaft in Argentinien mit der anschließenden Hinrichtung seines *associate* Thomas Doughty, 1545–1578) erreichte Drake im September 1578 unter Verlust von zwei seiner drei Schiffe mit der verbleibenden *Golden Hind* den Pazifik, ohne Kap Horn gesichtet zu haben. Vor der peruanischen Küste angelangt, konnte er den Silbertransport Spaniens erheblich stören und unter anderem zwei Schiffe mit ungeheuren Schätzen aufbringen. Am 17. Juni 1579 landete er in Nordkalifornien, der heutigen «Drake's Bay», nahm das Land als «Nova Albion» für England in Besitz und gründete eine kleine Kolonie. Wie weit Drake dann, eventuell auf der Suche nach der Nordwestpassage in umgekehrter Richtung, nach Norden gelangte, ist nicht sicher, die Mehrzahl der Analysen geht von einem nördlichsten Punkt in der Gegend der heutigen Oregon Dunes (43° 43′ N/124° 10′ W) aus. Von dort aus begab sich Drake, wohl aus Furcht vor den mittlerweile alarmierten Spaniern, in den Pazifik hinein, erreichte über die Molukken Indonesien, überstand einige Gefechte mit den Portugiesen und setzte seinen Weg Richtung Westen um das Kap der Guten Hoffnung herum fort, bevor er am 22. Juli 1580 Sierra Leone erreichte und am 26. September nach Plymouth zurückkehrte. Hier galt er sofort als Nationalheld, war ihm doch als erstem Engländer eine Weltumsegelung geglückt. Die Begeisterung entzündete sich von Anfang an am Prestigegewinn sowie der ungewöhnlich reichen Beute (allein der Anteil der Krone daran – die Hälfte – überstieg deren reguläre Jahreseinnahmen für 1580!); der Verlust von insgesamt ca. 120 Mann Besatzung und den meisten seiner Schiffe fiel demgegenüber weniger ins Gewicht. Elizabeth erhob Drake in den Adelsstand (sein Wappen trug die stolze und ideologisch wichtige Umschrift *Divino Auxilio* – durch göttliche Hilfe), 1581 wurde er Bürgermeister von Plymouth und Parlamentsmitglied.

1585 brach schließlich, durch die Unternehmungen Drakes und seinesgleichen nicht wenig provoziert, der offene Krieg zwischen Spanien und England aus. 1586 unternahm Drake, nun als offizieller Kaperfahrer, weitere Raids gegen die südamerikanischen Besitzungen und wurde für Spanien zum Synonym für die englische Bedrohung und Anmaßung (dort nahm man seinen Namen in der spanischen Form *drago*, Drachen als Omen) und Philipp II. beschloss als Gegenmaßnahme die berühmte Invasion Englands im Jahre 1588.

Die Geschichte der Armada mit allen ihren Implikationen kann hier nicht nacherzählt werden, beschränken wir uns darauf zu erwähnen, dass Drake als Vizeadmiral wichtige, aber nicht unbedingt kriegsentscheidende Initiativen beisteuerte, darunter eventuell – aber nicht gesichert – den Einsatz der berühmten Brander vor Gravelines, welche einige Einheiten der Spanier zerstörten und deren Strategie über den Haufen warfen. Man sollte in diesem Zusammenhang nicht vergessen, dass England zu dieser Zeit über nahezu keinerlei reguläre Marine verfügte und die Schiffe der freiwilligen Kaperfahrer auch hier das Gros der Flotte bildeten.

Deren heldenhafter Kampf kann und soll auch nicht in Abrede gestellt werden, wiewohl die Folgen der Armadaexpedition im Zuge einer englandzentrierten und englisch motivierten Mythenbildung oft übertrieben wurden. Das Gegenteil kann für Drakes versuchte Gegenmaßnahme des Folgejahres 1589 behauptet werden. Von der Königin gemeinsam mit Sir John Norreys (1547–1597) beauftragt, die verbliebenen spanischen Einheiten zu stellen, die portugiesischen Aufständischen (Portugal war seit 1580 und bis 1640 offiziell Teil Spaniens) zu unterstützen und schließlich die Azoren zu erobern, geriet dieses Unternehmen zu einem der größten – und aufgrund der gelenkten Mythologisierung gemeinhin ‚vergessenen‘ – Fiaskos der englischen Marinegeschichte. Zwar konnten einige wenige Einheiten vor La Coruña genommen werden, in den folgenden Aktionen gegen das Festland, vor allem bei der versuchten Landung vor Lissabon, aber verlor Drake insgesamt 12.000 (!) Mann und 20 Schiffe. Diese Niederlage sollte nicht die letzte bleiben: Nahezu alle Unternehmungen der kommenden Jahre waren zum Scheitern verurteilt, zum Teil arteten sie in weitere Desaster aus. Hierzu zählen die vergeblichen Versuche einer Einnahme von Las Palmas und San Juan de Puerto Rico ebenso wie die vernichtende Niederlage in der Schlacht von San Juan (alle 1595). Das spanische Reich war eben nicht jenes lächerliche bigotte Gebilde an Inkompetenz, Korruption und Feigheit, das uns so mancher Zelluloidstreifen bis heute suggerieren möchte.

Drake selbst sollte nie mehr nach England zurückkehren; im Januar 1596 erlag er zu Portobelo in Panama der Ruhr und wurde auf dem Meere bestattet.

Das in Aussicht gestellte Gesamturteil über einen der wohl berühmtesten Seehelden aller Zeiten gestaltet sich folglich schwierig. Einerseits zählen seine maritimen Leistungen, allen voran die Weltumsegelung der Jahre 1577–1580, zweifellos zu den größten derartigen Erfolgen aller Zeiten; ebenso ist sein ehrlicher Einsatz für Krone, Glaube und Heimat unbestreitbar. Auf der anderen Seite kann man aber nicht übersehen, dass Drake im Grunde ein profitorientierter Seeunternehmer war, dessen Haupteinnahmequelle der Handel mit Sklaven (lukrative Ladung auf dem Hinweg seiner Westindienfahrten) und – meist auch nach damaligem Seerecht widerrechtliche – Plünderungen bildeten. Zudem waren menschliche Bedenken, vor allem im Umgang mit einer Besatzung, welche ihn gleichwohl verehrte und ihm zumeist bedingungslos folgte, für ihn zweitrangig; insgesamt dürfte er wohl, vorsichtig geschätzt, für den vorzeitigen Tod von bis zu 14.000 Engländern verantwortlich sein – mehr als die spanischen Verluste der angeblich so dilettantisch durchgeführten Armada-Unternehmung.

Hinzu kommt der bekannte, bereits erwähnte Fall seines Freundes und Gefährten Thomas Doughty, dessen Konkurrenz Drake dadurch ausschaltete, dass er ihn kurzerhand der Hexerei und Magie sowie der versuchten Meuterei (in dieser Reihenfolge) bezichtigte und den ‚Angeklagten' nach einem improvisierten Verfahren hinrichten ließ. Den Beweis der hierfür notwendigen geistlichen wie juristischen Autorität namens der Königin konnte er niemals erbringen, die Zeugen wurden später befördert beziehungsweise aus der Mannschaft entfernt, der gegen dieses Verfahren predigende Schiffsgeistliche in Ketten gelegt und von Drake persönlich exkommuniziert (!). Was mittlerweile als unzweifelhafter Fall von ‚Justiz'-Mord gelten muss, belegt Drakes Selbstwahrnehmung aufs beste: Zeitlebens verstand er sich als unmittelbarer Arm Gottes, eine Einschätzung, die, so ernsthaft und integer sie persönlich auch gewesen sein mag und wohl auch war, alle negativen Nebenerscheinungen und Konsequenzen mit einschloss.

Dem posthumen Ruhm Drakes stand dies allerdings nicht im Wege, es beförderte ihn vielmehr und wurde in mehr denn einer Hinsicht traditionsstiftend für die Royal Navy. Als Produkt der elisabethanischen Propaganda und Selbstverklärung sollte sie zum idealen Verteidiger jenes Amalgams aus nationaler Größe, religiöser Selbständigkeit und merkantilem Liberalismus mit all seinen Implikationen werden. Dies hat sie, bei aller Zweifelhaftigkeit des moralischen Fundaments, genial und brillant erfüllt und der Seegeschichte viele ihrer größten Persönlichkeiten, berühmte wie unbekannte, beschert, Admirale und Offiziere, aber auch Mannschaften. Der Mythos des «wooden wall», der Idee des Themistokles in zeitlich passender Renaissancerezeption entlehnt, verbunden mit der Selbstsicherheit der «protestant winds», hatte seinen Ursprung in der Epoche Elizabeths und Drakes und fand in ihnen seine leuchtenden Vorbilder.

Dies ist der Weg des Ruhmes – ein Weg, auf welchem andere, tatsächlich vielleicht viel wichtigere Gestalten notwendigerweise verblassen. Wiewohl hier nicht der Raum ist, ihrer aller zu gedenken, sei doch wenigstens kurz an Charles Howard, 1st Earl of Nottingham (1536–1624), erinnert. Als Lord High Admiral der englischen Krone von 1585 bis 1619 organisierte er nicht nur unter zum Teil schier unglaublichen Hindernissen den Widerstand gegen die bevorstehende spanische Invasion 1588, sondern befehligte überdies die englische Flotte in den entscheidenden Tagen im Ärmelkanal. Seiner Aufbauarbeit und seinem Organisationstalent war es zu danken, dass England überhaupt in den Stand einer wiewohl oft improvisierten und unzureichenden Verteidigungsbereitschaft gelangen konnte. Howard hatte erkannt, dass die rudimentäre englische Armee niemals hinreichen würde, die spanischen Tercios aufzuhalten, und daher die Entscheidung zu Wasser gesucht werden musste. In seinen Berichten und Korrespondenzen scheint auch das wahre Bild der Armadaschlacht auf, nämlich das einer englischen Flotte, die nach dem Treffen bar jeder weiteren Munition und am Ende ihrer Kräfte war, deren Besatzungen in den Hafenstädten vor sich hinsiechten: „Krankheit und Tod breiten sich wunderbar hier unter uns aus; und es ist ein furchtbarer Anblick, dabei zusehen zu müssen, wie die Männer, für die hier keine Aufnahmemöglichkeit besteht, in den Straßen verrecken. (…) Alles was ich bekommen kann, sind Scheunen und Hütten und ich kann an Linderung nur wenig leisten. Es würde jedermanns Herz brechen, alle jene, welche so tapfer gedient, hier so elend sterben zu sehen" (Laughton, State Papers, II, 96).

Damit aber erschafft man keine Legenden, auch nicht in exemplarischem Dienst und mustergültiger Verwaltungsarbeit. Dabei war es Howard, dessen Kunstpolitik und Mäzenatentum maßgeblich nicht nur zur Ausprägung der elisabethanischen Idee beitrugen, sondern diese auch nach 1603 in die neue Zeit der Stuart-Dynastie hinüberretteten. Dennoch wird über Howard wohl nie ein Heldenepos gedreht oder ein Roman geschrieben werden. Hierfür bieten sich der draufgängerische Freibeuter und die jungfräuliche Königin in weitaus höherem Maße an.

12. Gegner im Ärmelkanal

Rupert, 1ˢᵗ Duke of Cumberland (1619–1682)
& Michiel Adriaenszoon de Ruyter (1607–1676)

Kaum sechzig Jahre nach den erfolgversprechenden Ansätzen unter Elizabeth I. standen die englische Nation und mit ihr die Marine ab den 1640er
Jahren vor den größten Herausforderungen ihrer Geschichte. Politisch-konfessio-
nelle Gründe hatten zu einer Revolte der republikanisch-calvinisch orientierten,
von der Finanzwelt unterstützten Opposition unter Oliver Cromwell geführt, welche das Land schließlich in den Bürgerkrieg treiben sollte. Die Wunden, welche
die Ermordung König Charles' I. 1649 und die Errichtung der Republik (*Common-
wealth of England*) unter dem de facto als Monarch agierenden Cromwell geschlagen hatten, waren in der Phase der Restauration unter der Stuart-Dynastie 1660
erst oberflächlich verheilt, als eine weitere Bedrohung in Form eines aus der
Cromwell-Ära geerbten Handelskonflikts mit den seit 1648 unabhängigen Niederlanden über England hereinbrach, welcher schließlich in einen langjährigen Krieg
ausartete.

Diese jahrzehntelangen Kämpfe sahen, auf beiden Seiten des Kanals, zwei der
bedeutendsten Seefahrer ihrer Zeit an den zentralen Schauplätzen der Auseinan-
dersetzung – Prince Rupert und Michiel Adriaenszoon de Ruyter.

Anders als bei vielen der hier bisher porträtierten Seefahrer liegen Kindheit und
Jugend Ruperts keineswegs im Dunkeln oder waren gar wenig verheißend – im
Gegenteil. 1619 in die Familie des Pfälzer Kurfürsten Friedrich V. geboren, gehörte der junge Wittelsbacher zur führenden Aristokratie des Deutschen Reiches, der
aufwendige und gelehrte familiäre Hof zu Heidelberg zu dessen geistigen und
kulturellen Zentren. Jedoch sollte sein Leben nicht in diesen von maritimen Schauplätzen so weit entfernten Bahnen verlaufen. Durch das vorschnelle Engagement

des Vaters in den Böhmischen Unruhen, im Geburtsjahr Ruperts 1619 durch die Annahme der Königskrone besiegelt, geriet die Familie in den Strudel der Ereignisse des beginnenden sogenannten «Dreißigjährigen Krieges», eines kontinentalen, mitunter weltweiten Konflikts, welcher tatsächlich das Jahrhundert von 1560 bis 1660 umspannte. Dem kaiserlichen Gegner aus dem Hause Habsburg nicht gewachsen, musste Friedrich nach der Niederlage am Weißen Berg 1620 fluchtartig das Land verlassen und im Ausland Schutz suchen, seiner Ländereien ging er durch die Verhängung der Reichsacht verlustig. Für die Familie begann ein Exil, welches sie in die Niederlande und häufig an den Hof von Ruperts Großvater, James' I., und ab 1625 an den seines Onkels, Charles' I., nach England führte. Mehr als seine Geschwister fühlte Rupert sich zu Land und Krone hingezogen und reiste immer häufiger über den Ärmelkanal. Nach einigen Waffentaten im Namen seines Vaters auf dem kontinentalen Kriegsschauplatz trat er schließlich in den beginnenden 1640er Jahren in den Dienst seines Onkels, als die Situation in England den Ausbruch eines Bürgerkrieges unvermeidlich erscheinen ließ.

Als verwegener und talentierter Reitergeneral machte er hier in zahlreichen Kommandos auf sich aufmerksam, konnte aber die letztendliche Niederlage der Royalisten nicht verhindern. Zum zweiten Male exiliert, begann er zwischen Den Haag und Frankreich ein Netz von Gleichgesinnten zu knüpfen, mit dem Ziel, den Thron für seine Familie zurückzugewinnen.

Die erste Gelegenheit hierfür und zugleich der erste Kontakt Ruperts mit dem Meer ergaben sich 1648, als Teile der Commonwealth-Flotte meuterten und sich dem Kommando seines Cousins James, des Herzogs von York (dem späteren König James II., reg. ab 1685) als Admiral unterstellten. Alsbald selbst Kommandierender der verbleibenden Einheiten, gedachte Rupert nun einen Kaperkrieg gegen die parlamentarische Handelsflotte zu führen und begab sich hierzu in die Biskaya. Von Portugal unterstützt gelang es, etliche Prisen zu nehmen, doch galt es, mit lediglich sechs Schiffen den überlegenen Geschwadern des verfolgenden Admirals Robert Blake (1598–1657) zu entgehen. Von zahlreichen Stürmen bedrängt und der Flotte der Königsmörder gehetzt, vermochte Rupert immerhin, weitere Schiffe aufzubringen und 1651 den Atlantik zu überqueren, was, ganz auf sich allein gestellt und ohne bisherige maritime Erfahrung, eine beachtliche Leistung bedeutete. Nach dem Verkauf des ‚Erlöses' begab sich Rupert zunächst wieder nach Deutschland, wo seine Familie – in Gestalt seines Bruders Carl Ludwig – wieder restituiert worden war. Doch innerfamiliäre Spannungen, in der Pfalz wie innerhalb der Stuart-Exilanten, ließen keine Perspektiven erkennen. Erst die 1660 erfolgte Restauration seines Cousins Charles II. in England sollte diese aufzeigen: Rupert erhielt nicht nur eine hohe Apanage in Anerkennung seiner Verdienste, sondern als nunmehriger *Duke of Cumberland* auch Sitz und Stimme im Oberhaus. Das Meer aber sah ihn erst 1665 wieder, als der Zweite Englisch-Niederländische Seekrieg ausbrach und Rupert das Kommando über eines der drei Kanalgeschwader erhielt. In der Schlacht von Lowestoft (13. Juni 1665) brachte sein wagemutiges Durchbrechen der holländischen Kiellinie den Sieg; der Erfolg in der «St. James's Day Battle» am 25. Juli 1666 konnte zwischenzeitliche Rückschläge wettmachen, den spektakulären Einbruch des niederländischen Überfalls auf Chatham («Raid on the Medway», Juni 1667) aber nicht ausschließen.

Der in der Folge geschlossene Friede konnte nur vorübergehender Natur sein, im Jahre 1672 brachen die Kriegshandlungen erneut aus. Hierfür hatte Rupert, welcher zuvor schon auf dem Gebiet des Mezzotinto-Druckes als Erfinder und Innovator hervorgetreten war, ein eigenes neues Schiffsgeschütz, die «Rupertinoe», entwickelt, welches aufgrund eines speziellen Guss- und Bohrverfahrens den herkömmlichen Kanonen haushoch überlegen, leider aber auch dreimal so teuer in der Herstellung war. Zum Teil aus eigenen Mitteln hatte er die Ausrüstung dreier seiner Schiffe hiermit finanziert, kriegsentscheidend konnten sie nicht werden. Ressentiments gegenüber dem französischen Verbündeten und taktisch-logistische Schwierigkeiten innerhalb der Navy, gepaart mit Intrigen am Hof, verhinderten einen endgültigen englischen Erfolg, etablierten aber dauerhaft Ruperts Ruf als eines der wenigen objektiven und verlässlichen Kommandeure, was ihm schließlich als *General at Sea and Land* das faktische Oberkommando eintrug.

Nach dem Friedensschluss 1674 setzte sich der Pfälzer verstärkt für den Ausbau der überseeischen Besitzungen ein. Schon 1670 hatte er den Grundstein für die neue Londoner Börse gelegt, seine Bemühungen um die Entsendung der entscheidenden Expeditionen 1667 bildeten die Grundlage für die spätere «Hudson Bay Company» und damit für die weitere Geschichte Britisch Canadas.

Seine wissenschaftlichen Aktivitäten als aktives Mitglied der Royal Society erstreckten sich von der Ballistik (siehe oben) über die Glasgewinnung (Einführung der «Bologneser Träne»/«Prince Rupert's Drop» 1661 in England) bis zur angewandten Geometrie (Entdeckung des «Prince Rupert's Cube»-Prinzips aufgrund einer Anregung des Prinzen) und zur Metallurgie («Prince's Metal»: Messinglegierung mit 75 % Kupfer- und 25 % Zinkanteil, von Rupert selbst entdeckt).

Als echt barocker *uomo universale* steht der ruhelose Wittelsbacher zu Recht in der Ruhmeshalle illustrer Persönlichkeiten seiner Zeit; seine maritimen Leistungen zählen auf dem Meere zu deren beachtlichsten, zu Lande aber hinsichtlich der

Normierung der Ausbildungs-, Exerzier- und Feuerregularien zu den Grundpfeilern der Royal Navy. Sicher hätte Rupert, der am 29. November 1682 einer Brustfellentzündung erlag, auch noch größere Spuren auf See hinterlassen, wäre sein Gegner dort, in den Jahren nach 1660, nicht einer der größten Admirale aller Zeiten gewesen.

Michiel Adriaenszoon de Ruyters Leben wies zunächst überhaupt keine Analogien zur Vita des hochgeborenen Prinzen auf. Als Sohn eines Bierträgers 1607 in Vlissingen (Zeeland) geboren, blieb ihm wie so vielen armen Jungen der Zeit als berufliche Perspektive nur der See- oder Waffendienst. Mit elf Jahren bereits als Schiffsjunge auf See, verdingte er sich später als Musketier im Kampf gegen die Spanier. 1623 aber sehen wir ihn als Geschäftsträger eines niederländischen Handelshauses in Irland sowie als Offizier der Handelsmarine an Bord eines Frachtschiffes im Mittelmeer. Dieses Agglomerat verschiedenster Berufe war keineswegs zeituntypisch, im Gegenteil. Bald sollte es ihm gelingen, die diversen Erfahrungen in dem zu bündeln, was seine eigentliche Berufung werden sollte: Kommandant zur See. Als solcher trat er erstmals 1637 in Erscheinung, als er ein Patrouillenschiff für die heimatlichen Konvois gegen Übergriffe der normannischen und bretonischen Freibeuter befehligte; zuvor hatte er auch einige Walfangoperationen geleitet. Seine ersten echten Kampfeinsätze aber fielen mit dem Ausbruch des portugiesischen Freiheitskampfes gegen Spanien 1640 zusammen. Hier gelang es ihm unter anderem, in der (ersten) Schlacht beim Kap St. Vincent (4. November 1641) ein vereintes spanisches und Dünkirchener Geschwader zu stellen und zu besiegen. Mit seinem ersten eigenen Schiff, der *Salamander*, unternahm er sodann zahlreiche Fahrten an die nordafrikanische Barbareskenküste, welche – als Handelsunternehmungen getarnt – vornehmlich der Befreiung, das heißt dem Loskauf christlicher Sklaven dienten, den de Ruyter aus eigener Tasche aus seinen Handelserträgen finanzierte. Spätestens zu diesem Zeitpunkt hatte er sich innerhalb der niederländischen Seefahrerschaft mit ihren insgesamt sieben Admiralitäten den Ruf eines christlichen, ehrlichen und tapferen Kapitäns erworben, welcher sich für ein höheres Kommando empfahl.

Im Ersten Englisch-Niederländischen Seekrieg noch als Subalterner an den meisten Gefechten beteiligt, wurde ihm 1654 von der Amsterdamer Admiralität der Titel eines Vizeadmirals übertragen. In dieser Eigenschaft befehligte er die Handelsgeleitzüge ins Mittelmeer, welche der konstanten englischen Bedrohung, vor allem durch Cromwells besten Admiral, Robert Blake, zu trotzen hatten. Ein anderer Krisenherd sah ihn im Baltikum, wo er niederländisch-dänische Handelsinteressen erfolgreich gegen schwedische Übergriffsversuche verteidigte (Entsatz von Danzig, 27. Juli 1656; Sundschlacht, 8. November 1658).

Dem Ausbruch des zweiten Konflikts mit England 1665 kam de Ruyter mit einer Expedition gegen die englischen Seestreitkräfte an der westafrikanischen Küste zuvor. Nach der Wiedereroberung der dortigen Kolonien kreuzte er den Atlantik, störte nachhaltig den englischen Seeverkehr in der Karibik und stellte die Versorgung der dortigen zentralen niederländischen Besitzung Sint Eustatius sicher. Zurück in heimatlichen Gewässern, brachten ihm seine guten Beziehungen zur zentralen Figur der niederländischen Politik, Jan de Witt (1625–1672), die Bestallung zum Oberkommandierenden der vereinten niederländischen Seestreitkräfte am 11. August 1665 ein. In dieser Eigenschaft traf er nun zum ersten Male auf seinen großen Gegner Prince Rupert, gegen den er die Vier-Tage-Schlacht (Juni 1666) knapp gewann, das bereits angesprochene Treffen am St.-Jakobs-Tag 1666 aber verlor. Diese Schlappe konnte der aufsehenerregendste Erfolg de Ruyters bald wettmachen. In einer gut geplanten und mit unerhörter Kaltblütigkeit durchgeführten Expedition zur englischen Küste gelang es ihm nicht nur bis an die Themsemündung heranzukommen, sondern sogar den Fluss fast bis nach London hinaufzusegeln. Dort traf er große Teile der englischen Flotte im Zustand völliger Überraschung an und konnte so unter anderem das Flaggschiff, die *HMS Royal Charles*, erobern. Insgesamt verloren die Engländer hier mehr Einheiten als in allen vorangegangenen Seeunternehmungen zusammen; der «Raid of Medway» stellt bis heute die vernichtendste Niederlage der Royal Navy in ihrer gesamten Geschichte dar – eine Demütigung, welche dadurch noch erhöht wurde, dass die *HMS Royal Charles* und andere Beuteschiffe öffentlich in den Niederlanden ausgestellt wurden. Der folgende Friedensschluss war ein unmittelbarer Ausfluss dieses Erfolges.

Wie schon erwähnt, war dieser von kurzer Dauer. England konnte die erlittene Demütigung nicht hinnehmen und plante eine gewaltige Vergeltungsaktion, diesmal im Verbund mit der aufstrebenden Marine des jungen Louis XIV. Auch hier sollte de Ruyter zum Retter seiner Heimat werden. In der «Battle of Solebay» (7. Juni 1672) konnte er die alliierte Strategie durchkreuzen, der Doppelsieg bei Schooneveld (28. Mai 1673) und Texel (21. August 1673) vereitelte nicht nur die alliierten Landepläne in den Niederlanden, sondern entschied den Krieg zur See.

Damit aber endete die Siegesserie de Ruyters. Weder der Versuch, die karibischen Besitzungen Frankreichs zu erobern, noch die Unterstützungsversuche für das nunmehr verbündete Spanien gegen eine französische Invasion in Süditalien brachten den gewünschten Erfolg. Vor Agosta wurde er am 22. April 1676 tödlich verwundet. Das darauf abgehaltene Staatsbegräbnis, angeblich die größte Staatszeremonie der niederländischen Geschichte, wurde auch zum Abgesang auf die niederländische Seemacht. Zwar konnte de Ruyters Nachfolger Cornelis Tromp (1629–1691) noch den Anschein niederländischer Seeautorität aufrechterhalten, seine eigentlichen Erfolge aber erzielte er bereits als dänischer Admiral. Die Ermordung Jan de Witts 1672 sowie das Auftreten Wilhelms von Oranien als *Stadhouder* wiesen in eine andere Richtung – eine Orientierung, welche 1689 mit der Usurpation des englischen Throns durch Wilhelm zum Abschluss gebracht wurde.

Damit waren die Ambitionen Ruperts und de Ruyters gescheitert. Während England in zunehmend liberaler Ausrichtung seinem großen 18. Jahrhundert entgegengehen sollte, waren die Tage niederländischer Seeherrlichkeit, trotz Bewahrung der pazifischen Besitzungen bis in das 20. Jahrhundert hinein, gezählt. Im Rückblick wirkt der englisch-niederländische Kampf daher oft verzerrt als die Begegnung eines Giganten mit einer zweitrangigen Größe, als Neuauflage des Zweikampfes von David und Goliath. Der «Raid on Medway», Schooneveld und Texel sprachen eine andere Sprache – die eines Kampfes mit offenem Ausgang.

13. Im Strahl der Sonne

Jean Bart (1650–1702) & Anne Hilarion de Costentin, Comte de Tourville (1642–1701)

Angesichts des sich nun abzeichnenden Aufstiegs der Royal Navy ist man gerne geneigt, diesen als unumgänglich, ja quasi als *fatum* zu sehen. Sosehr Mentalität, Propaganda, politisches Wollen und wirtschaftliche Verflechtungen diesen auch unterstützten, so scheint es doch andererseits nur gerecht, auch die Seehelden jener Monarchie zu betrachten, welche nunmehr in jeder Hinsicht das Gegenstück zu England darstellte – das Frankreich Louis' XIV.

Die französische Marinegeschichte stellt in mancherlei Hinsicht ein seltsames Paradox dar. Mit der größten Küstenlinie aller europäischen Länder ausgestattet (zumal nach dem Erreichen der nationalen Einheit und der Ausprägung des klassischen «Fünfecks» im 16. Jahrhundert), wäre Frankreich eigentlich eine Führungsrolle innerhalb der gesamtmaritimen Landschaft zugekommen. Dem aber standen massive mentale, strukturelle und politische Widrigkeiten entgegen. Bis ins 15. Jahrhundert hatten die nördlichen Küstenregionen unter flämisch-englischem Einfluss gestanden, war die Bretagne unabhängig und der Süden, abgesehen von der nur punktuell wirksamen Gründung Aigues Mortes durch Louis IX., maritim wenig in den königlichen Orbit eingebunden gewesen. Zudem fehlte der Gesamtpolitik ein maritimes Bewusstsein, dessen Ausprägung durch die Religionskriege des 16. Jahrhunderts weiterhin erschwert worden war; Gleiches gilt für die überseeischen Besitzungen, über deren Rolle für die Gesamtmonarchie die schönen Erfolge eines Cartier und de Champlain nicht hinwegtäuschen konnten. Dies sollte sich erst unter Kardinal de Richelieu (1585–1642) ändern, der zum ersten Mal die Idee einer französischen Flotte zu verwirklichen suchte und dabei auf die politischen Allianzen der Zeit, vor allem mit den Niederlanden (Mannschaften, Ingenieure, Fachkräfte) und Schweden (Holzlieferungen, Geschütze, Kanoniere), zurückgreifen konnte. Innere Unruhen zur Mitte des 17. Jahrhunderts ließen das maritime Werk des großen Ministers jedoch verfallen, ein wirklicher Neuanfang konnte erst unter dessen geistigem Nachfolger Colbert (1619–1683) gewagt werden. Colbert, als ‚Generalmanager' des Anspruchs Louis' XIV., Frankreich endgültig der habsburgischen Umklammerung und Vormachtstellung zu entziehen, bezog das Flottenprogramm in seine Großkonzeption französischer *grandeur* und *gloire* mit ein – allein, es bedurfte hierfür der ausführenden Persönlichkeiten.

Aus dieser Reihe illustrer Seefahrer seien hier zwei bezeichnende Beispiele herausgegriffen: Jean Bart und Anne Hilarion de Costentin, Comte de Tourville.

Vieles an Jean Bart war zunächst wenig französisch. 1650 in eine Familie Dünkirchener Korsaren hineingeboren, blieb das Flämische zeitlebens seine Muttersprache. Ererbte Loyalitäten gehörten hier der Krone Spaniens, dem «natürlichen Oberherrn» der spanischen Niederlande; einer der vielen berühmten Vorfahren Barts, der Urgroßvater Michel Jacobsen (1560–1632), sollte es bis zum Vizeadmiral Philipps IV. bringen. 1662 aber war Dünkirchen endgültig französisch geworden, an die Stelle Madrids trat jetzt Versailles. 1666 verbündete sich Frankreich mit den Niederlanden gegen England, Jean erlebte seine ersten Einsätze auf See, de Ruyter vertraute ihm sein erstes Kommando, die kleine Brigantine *Le Canard Doré*, an (1667). Der Bündniswechsel von 1672 überraschte Bart in Vlissingen; in einem tollkühnen Versuch gelang ihm der Ausbruch nach Frankreich. Immer noch im Dienste seiner heimischen Korsaren konnte er 1677 mit einer kleinen Flottille von sechs Schiffen einen wesentlich größeren niederländischen Verband stellen und erobern. Erst der erneute Friedensschluss mit den Niederlanden 1678 ließ Zeit für neue Orientierungen. Auf Empfehlung Vaubans (1633–1707) trat Bart nun in die Königliche Marine ein und setzte den Krieg gegen England im Mittelmeer mit spektakulären Einzelerfolgen fort. Immer in der Minderzahl, gelang es ihm mit seinen punktuellen Attacken, mehrere gegnerische Einheiten zu nehmen. 1686 zum Fregattenkapitän ernannt, geriet Bart 1689 nach Ausbruch des großen europäischen Krieges (im Deutschen unzulänglich mit «Pfälzer Erbfolgekrieg» umschrieben, besser die französische Benennung: «Guerre de la Ligue d'Augsbourg») zunächst in englische Gefangenschaft. Frankreich sah sich einer Koalition aus England, dem Reich, Spanien, den Niederlanden, Savoyen und Schweden gegenüber; die maritime Herausforderung wurde offenbar. Nunmehr Kapitän zur See wurde Bart schnell bewusst, dass die im Augenblick günstigste Strategie in einem nachhaltigen Stören der alliierten Handelslinien lag (Eingabe an den Hof vom Sommer 1691). Nach einem waghalsigen Durchbrechen der Blockade von Dünkirchen (mit nur sieben Schiffen gegen eine ganze englische

Flotte) trug Bart den Kaperkrieg bis Norwegen und an die schottische Küste hinauf. Diese Abenteuer machten ihn zu einem echten ‚Star‘ der Zeit, Geschichten über ihn kursierten in ganz Frankreich, 1692 lud ihn der König nach Versailles. Mit seinem Schiff, der *Le Glorieux*, diente er unter Tourville in vielen der großen Gefechte, erzielte aber weiterhin aufsehenerregende Einzelerfolge. So brachte er 1693 bei Faro mit seinem einzigen Schiff einen niederländischen Konvoi von sechs Einheiten auf und zerstörte ihn, im gleichen Jahr geleitete er mit lediglich fünf Fregatten einen französischen Nachschubkonvoi mit Getreidelieferungen durch die englische Blockade und zerstörte dabei auch noch einen gegnerischen Konvoi mit Munitionslieferungen. 1694 aber wurde die alliierte Blockade immer drückender und Louis XIV. sah sich veranlasst, angesichts des steigenden Getreidepreises eine norwegische Ladung von insgesamt 110 Getreideschiffen anzukaufen. Diese mussten aber erst sicher in die französischen Häfen gelangen. Als Bart vor Texel auf den Konvoi traf, musste er feststellen, dass dieser bereits von den Niederländern erobert worden war. Trotz einer wiederum erdrückenden numerischen Überlegenheit des Gegners entschloss er sich sofort zum Angriff, und es gelang ihm dabei nicht nur, die überlebenswichtige Ladung zurückzugewinnen, sondern auch noch den holländischen Admiral gefangen zu nehmen. Nach erfolgter Rückkehr erhielt Bart hierfür als einer der Ersten den 1693 gestifteten *Ordre de Saint Louis*, eine Medaillenprägung hielt das Ereignis für die Nachwelt fest und Bart wurde in den Adelsstand erhoben (1694). Als einziger nicht mit der königlichen Familie Verwandter erhielt er überdies das Recht, seinem Wappen die Königslilie hinzuzufügen – verdiente Auszeichnungen für jenen Mann, dessen Einsatz das Land vor dem Hunger gerettet hatte. 1695 organisierte er erfolgreich die Verteidigung von Saint-Malo, der Basis der meisten Korsaren im Kanal. Sein größter Erfolg im offenen Gefecht aber erwartete Bart am 17. Juni 1696, als es ihm gelang, einen für England bestimmten niederländischen Konvoi von 112 Handels- und fünf Kriegsschiffen vor der Doggerbank abzufangen und dabei 1.200 Gefangene zu machen.

Dass es Frankreich gelang, im Frieden von Rijswijk 1697 seinen Besitzstand „gegen eine Welt von Feinden“ (Benno Hubensteiner) zu bewahren, hatte es nicht im geringsten Maße dem Dünkirchener Korsaren zu verdanken. Sein immer noch blumengeschmücktes Grab in der dortigen Kirche Saint-Eloi, in welches er nach seinem Tode am 27. April 1702 bei Ausbruch des nächsten großen Weltenbrandes gelegt wurde, kündet noch heute einer zunehmend tristen Umgebung, was Initiative, Mut und Einsatzbereitschaft eines einzigen Mannes mit seinen kleinen Schiffen gegen schier unbezwingbar überlegene Gegner auszurichten im Stande waren.

Doch bei allen Leistungen der Korsaren muss man sich ein Hauptmerkmal ihrer Aktionen stets vor Augen halten – die Beschränktheit ihrer Wirkmächtigkeit. So heldenhaft ihre Taten auch gewesen sein mögen, so ersetzten sie doch niemals die Schlagkraft einer echten Flotte. Diese in genau derselben Zeit und unter den gleichen politischen und strategischen Bedingungen zu führen war Anne Hilarion de Costentin, Comte de Tourville anvertraut, dessen Lebensstationen und Handlungen sich mehr denn einmal mit jenen Barts überschnitten.

In eines der großen normannischen Adelsgeschlechter 1642 geboren, wurde Tourville bereits mit vier Jahren in den Malteserorden aufgenommen, was seiner noblen Herkunft und einem eigenen päpstlichen Privileg zu verdanken war. Der *Ordre de Malte* stellte damals nicht nur die erste Anlaufstelle für zahlreiche französische Adelssprösslinge dar. Aufgrund des Fehlens einer französischen Marineakademie bildete er darüber hinaus die Ausbildungsstätte der *Royale* bis weit ins 18. Jahrhundert hinein; der quasi perpetuierte Kaperkrieg gegen Türken und Barbaresken im Mittelmeer verschaffte dem Orden daneben ein unerschöpfliches Betätigungsfeld. Bei Tourville verhielt es sich nicht anders: Das Aufbringen einer osmanischen Galeere 1661 markierte den Beginn seiner maritimen Laufbahn. Mit seinem Gefährten und Ordensbruder Dominique de Monchy, Chevalier d'Hocquincourt (ca. 1635–1665), wurde er mit nur einem Ordensschiff zum Schrecken der nordafrikanischen Piraten: 1665 schlugen sie in einem neunstündigen Gefecht sechs algerische Einheiten in die Flucht und zwangen 36 (!) zur Verstärkung herangekommene Galeeren zur Umkehr, nachdem auf diesen über 500 Mann gefallen waren. Die Republik Venedig ließ zu Ehren dieser Waffentat eine Medaille mit der Umschrift „Dem unbesiegbaren Beschützer des Seehandels, dem Schrecken der Türken" schlagen (La Roncière, Histoire, V, 273). 1666 erhielt Tourville mit nur 24 Jahren, davon aber immerhin vier im Seekrieg, das Kapitänspatent der Königlichen Marine. Stationen sozialen Aufstiegs in Versailles und erneute Unternehmungen gegen die Sklavenstaaten in Nordafrika wechselten sich bis 1672 ab, als der Krieg gegen die Niederlande ausbrach. Trotz der bereits erwähnten Misserfolge gegen de Ruyter brachten ihm hier seine erwiesene Tapferkeit und höfische Beziehungen 1675 die Bestallung zum Geschwaderchef ein. Nach dem Tode de Ruyters konnte er in der Schlacht vor Palermo (2. Juni 1676) seinen ersten eigenständigen Seesieg gegen die spanisch-niederländische Allianz verbuchen. 1679 aber traf ihn mit dem Verlust von zweien seiner Schiffe, der *Le Sans-Pareil* und *Le Conquérant*, in einem Sturm ein herber Rückschlag, 800 Matrosen verloren ihr Leben. Der Karriere Tourvilles tat dies aber keinen Abbruch; nachdem er beweisen konnte, dass der Verlust in erster Linie dem schlechten Zustand der Schiffe geschuldet war, und in diesem Zusammenhang maßgebliche Vorschläge zur Verbesserung des Flottenunterhalts unterbreitete, wurde er mit Patentbrief vom 1. Januar 1682 zum *Lieutenant général des armées navales du Roi* ernannt. In dieser Eigenschaft traf ihn 1688 der Ausbruch des Großen Krieges, 1689 wurde er zum Oberkommandierenden der französischen Seestreitkräfte im Kanal ernannt – ein Kommando, in welchem er den eklatantesten Seesieg der gesamten französischen Marinegeschichte für sich verbuchen konnte: Am 10. Juli 1690 gelang ihm der völlige Triumph über eine verbündete niederländisch-englische Armada in der Schlacht von Beachy Head («Bataille du cap Béveziers»). Die Alliierten verloren 17 ihrer Einheiten, 4.000 Mann und das gesamte Nachschubmaterial; das Schicksal Irlands und damit der britischen Inseln schien besiegelt, die Restauration der Stuarts in greifbare Nähe gerückt. Zum ersten und einzigen Male in der gesamten Geschichte der Neuzeit stand der Kanal unter ausschließlich französischer Seehoheit; ein beherztes Eingreifen beziehungsweise Nachsetzen hätten hier den Gang der Ereignisse auf Jahrhunderte hinaus ändern können. *Hätten* – die Hypothese ist bekanntermaßen kein tragfähiges Element historischer Analyse. Sei es aus übermäßiger Vorsicht, sei es aufgrund des bereits etablierten Nimbus der Navy oder fehlender Befehle – die Verfolgung des Feindes unterblieb und wurde auch nach dem unentschiedenen Ausgang der Schlacht von Barfleur und La Hogue (29. Mai bis 4. Juni 1692) nicht wieder aufgenommen. Zwar hatte Tourville auch dieses Treffen nicht verloren, aber der Überlegenheitsmoment war dahin und sollte auch nicht wiederkehren.

Immerhin konnte Tourville seinen guten Ruf in der Schlacht vor Lagos (27. Juni 1693) wiederherstellen, in der er einen kompletten englisch-niederländischen Konvoi aufbrachte und dessen 20 Begleitschiffe ausschaltete. Der hier erzielte Gewinn betrug 30 Millionen *livres tournois*, was einen Börsenkrach in London hervorrief und einen Gesamtschaden von geschätzten 60 Millionen Pfund mit sich brachte – die höchste finanzielle Einbuße, welche England je zur See hinnehmen musste.

Es war dies der letzte Sieg Tourvilles. Am 23. Mai 1701 verstarb er zu Paris und erhielt – eine gerechtfertigte Auszeichnung – seine letzte Ruhestätte zu Saint-Eustache daselbst, nur wenige Schritte vom Grab des großen Colbert entfernt, dessen neu geschaffene Marine er auf den Höhepunkt ihres Erfolges geführt hatte. Dem ansonsten alles andere als zuverlässigen und unparteiischen Chronisten Saint-Simon sei hier für ein Mal das Schlusswort erteilt: „Tourville besaß alle maritimen Eigenschaften in Vollendung – von jener des Schiffszimmermanns bis hin zu der eines exzellenten Admirals" (Mémoires de Saint-Simon, II (1700–1703), Ed. Paris 1856, Ndr. 2011, 193).

14. Die Erforscher der Südsee

James Cook, FRS (1728–1779) & Louis-Antoine, Comte de Bougainville (1729–1811)

Die soeben betrachteten Kämpfe im Ärmelkanal eröffneten die große Zeit der Seekriegsführung des Segelschiffzeitalters, welches bis in die Mitte des 19. Jahrhunderts eine Reihe illustrer maritimer Persönlichkeiten sehen sollte, auf die angesichts des begrenzten Umfangs des vorliegenden Bändchens nicht näher eingegangen werden kann. Und vielleicht ist auf den letzten Seiten ohnehin schon genug Blut geflossen. Die See bildete ja keineswegs nur die Szenerie für militärische Bravour, sondern spielte im 18. Jahrhundert auch als Vehikel der Erweiterung menschlicher Kenntnisse von der Erde eine zentrale Rolle. Untrennbar hiermit verbunden bleiben die Namen der beiden größten Seekartographen und Entdecker ihrer Zeit: James Cook und Louis-Antoine, Comte de Bougainville.

Der Erstere kann als Idealbeispiel maritimer Lehrausbildung dienen. 1728 in eine arme vielköpfige Familie in Yorkshire geboren, hatte Cook das Glück, seine Schulausbildung vom Dienstherrn des Vaters bezahlt zu bekommen. Nach einer vorübergehenden Handelslehre begab er sich mit siebzehn Jahren auf eigene Faust zu Verwandten des Lehrherrn nach Whitby, um dort das Seehandwerk zu erlernen. Nach einigen Jahren im Küstenhandel schaffte er 1752 die Aufnahmeprüfung in die Handelsmarine und diente zunächst im Baltikum. Kurz vor Übernahme seines ersten eigenen Kommandos aber entschloss er sich 1755, in die Royal Navy zu wechseln, was einen völligen Neustart vom untersten Ende der Dienstleiter bedeutete. Dieser Schritt, am Vorabend des Siebenjährigen Krieges (1756–1763) unternommen, kann nur als Versuch gewertet werden, der Beengung der vorhergehenden Verhältnisse zu entrinnen. Die Navy befand sich in einer Phase der Wiederaufrüstung, nachdem in Nordamerika 1754 bereits die ersten Kampfhandlungen mit Frankreich ausgebrochen waren, und bot daher Perspektiven für interessantere Auslandseinsätze. Daran sollte für Cook nunmehr auch kein Mangel mehr bestehen. Zunächst als «master's mate», bald aber als «Master» (Schiffsführer ohne Offiziersrang) erhielt er seine ersten eigenen Kommandos, unter anderem 1758 im Zuge der Eroberung der französischen Sperrfestung Louisbourg vor der kanadischen Küste. Seine eigentliche Bestimmung aber fand Cook 1759, als ihm die Vermessung der Kriegsschauplätze, vor allem des unteren Saint Lawrence River übertragen wurde. Diese Karten erwiesen sich als so exakt, dass das britische Oberkommando auf ihrer Basis die weiteren Operationen zu Land planen konnte, welche schließlich in der entscheidenden Schlacht auf den Abraham-Feldern (Battle of the Plains of Abraham, 13. September 1759) ihre Krönung finden und die französische Stellung in Amerika nachhaltig erschüttern sollten. Nach diesem Erfolg widmete sich Cook 1760–1767 der Vermessung der neufundländischen Küste, da absehbar war, dass diese bald in englische Oberhoheit übergehen würde. Das Ergebnis, unter erstmaliger konsequenter Anwendung des geometrischen Triangularprinzips, sollte nicht nur bis weit ins 20. Jahrhundert Verwendung finden, sondern etablierte Cook selbst als einen der führenden Kartographen seiner Zeit.

Dieser Ruhm war es auch, der die Royal Society 1766 bewog, Cook zum Leiter einer Expedition zu ernennen, welche erstmalig den Venustransit im Pazifik bestimmen sollte. Am 26. August 1768 brach er zu seiner ersten großen Forschungsreise auf. Am 13. April 1769 auf Tahiti angekommen, wurden hier die Messungen durchgeführt und abgeschlossen. Jetzt erst konnte Cook den versiegelten Brief der Admiralität mit dem zweiten Teil seines Auftrags öffnen – die Südsee nach Spuren und Hinweisen jener *Terra Australis* zu durchkämmen, deren Existenz oft behauptet worden, aber unbewiesen war. Über Neuseeland, dessen Küste Cook ebenfalls vermaß, gelangte er weiter südwärts, um am 19. April 1770 als erster nachweisbarer Europäer die Südostküste Australiens zu erreichen. Am 29. April kam es zum ersten Landgang und zur ersten Begegnung mit den Aborigines. Die Strandung seines Schiffes, der Bark *HMS Endeavour* (1764–1775, 368 t), verursachte eine Verzögerung durch nötige Reparaturarbeiten, schließlich konnte die Reise aber fortgesetzt und am 22. August 1770 Possession Island, nördlich von Queensland, erreicht werden. Wie zuvor nahm Cook die entdeckten Gebiete für die britische Krone in Besitz, vermaß die Küsten und dokumentierte einen Teil von Fauna und Flora. Über Batavia (Jakarta), das Kap der Guten Hoffnung und St. Helena heimkehrend, erreichte die *Endeavour* am 12. Juli 1771 wieder die Heimat. Durch seinen Erfolg wurde Cook über Nacht zum englischen Nationalhelden, eine Tatsache, die die sofortige Drucklegung seiner Reisetagebücher zur Folge hatte.

1772 beauftragte ihn die Kommission der Royal Society zu einer zweiten Reise, welche nun unzweifelhaft die Existenz eines weiteren Südkontinents losgelöst von der Antarktis beweisen sollte. Zwar hatte Cook durch seine Umsegelung Neuseelands belegt, dass es sich hierbei um eine Insel handelte, für Australien stand dieser Nachweis aber noch aus. Mit nunmehr zwei Schiffen brach Cook auf, erreichte am 1. August 1772 Madeira und am 30. Oktober die Table Bay in Südafrika. Auf Südostkurs überquerte er am 17. Januar 1773 als Erster den Südlichen Polarkreis und erreichte nach einem Jahr Erkundungsfahrt am 31. Januar 1774 eine Position von 71° 10′ S, kurz vor der Sichtung der Antarktis. Hier aber drehte er aus Sicherheitsgründen bei, nahm Kurs auf Neuseeland, landete auf dem Weg aber noch auf Friendly Islands, Easter Island, Norfolk Island, Neukaledonien und Vanuatu. Diese Route konnte nun definitiv die Existenz der *Terra Australis* in das Reich des Mythischen verbannen und die Existenz Australiens als eines eigenständigen Kontinents festschreiben. Am 30. Juli 1775 wieder in Portsmouth angelangt, wurde Cook mit Ehrungen überschüttet, in die Royal Society aufgenommen, zum Commander befördert und im Oberhaus als „first navigator in Europe" willkommen geheißen. Doch Cook wollte sich weder damit noch mit einer angebotenen großzügigen Pension zufriedengeben. Es trieb ihn, auf einer dritten Reise endlich die berühmte Nordwestpassage zu finden und damit das letzte große maritime Rätsel zu lösen. Offiziell wurde diese Fahrt als Rückführung der auf den ersten beiden Reisen an Bord genommenen Eingeborenen dargestellt, tatsächlich aber plante Cook eine Route über Kap Horn und Tahiti nach Norden, entlang der amerikanischen Westküste, um von dort aus zurück in den Atlantik zu stoßen.

Nachdem er den vorgeblichen Zweck seiner Reise erfüllt hatte, gelangte er im Januar 1778 als erster Europäer nach Hawaii und benannte die Inseln nach dem damaligen First Lord of Admiralty, John Montagu, 4th Earl of Sandwich (1718–1792) «Sandwich Islands». Auf Ostkurs gelangte er zunächst nach Nordkalifornien, sodann zur Oregon-Küste, bei 44° 46′ N, 124° 04′ W nur wenig von Drakes einstigem Landeplatz entfernt. Durch einen Sturm abgetrieben, ankerten die beiden Schiffe darauf im März und April 1778 in der Nootka-Bucht der heutigen Vancouver Island an der äußersten Nordwestecke des modernen Kanada. Aufgrund des jahrzehntelangen Umgangs mit russischen Pelzjägern erwiesen sich die dortigen Einwohner allerdings als anspruchsvoller als ihre pazifischen Pendants und Cooks Vorräte begannen zur Neige zu gehen. Als das Wetter günstiger wurde, setzte er die Fahrt nach Norden fort, vermaß die gesamte Küste bis zur Beringstraße und entdeckte dabei die nach ihm benannte Enge des *Cook Inlet* im südlichen Alaska. Wiewohl sich die Beringstraße als unpassierbar erwies, hatte Cook doch auf einer einzigen Fahrt mehr von der amerikanischen Westküste kartographisch festgehalten als all seine Vorgänger zusammen; die Lücken der russischen, französischen und englischen Karten waren damit endgültig gefüllt.

Wieder nach Hawaii zurückgekehrt, wurde Cook zwar zunächst wie eine göttliche Lichtgestalt behandelt, dann kam es aber zusehends zu Auseinandersetzungen mit der heimischen Bevölkerung. Unter bislang noch nicht ganz geklärten Umständen fand er dabei am 14. Februar 1779 den Tod. Was die Crew den Eingeborenen an Überresten entreißen konnte, wurde dann auf See bestattet.

Wiewohl die Jugend Bougainvilles in keiner Weise der Cooks vergleichbar ist, so gehören die beiden doch der gleichen Generation an. 1729, ein Jahr nach Cook, in Paris geboren, waren dem Sohn eines wohlhabenden adligen Notars viele Türen geöffnet. Nach Besuch eines akademischen *collège* studierte er die Rechte und Mathematik, vernahm bald aber wie sein englischer Zeitgenosse immer stärker den Ruf der Ferne. 1754 durch familiäre Beziehungen zum Botschaftssekretär in London ernannt, spricht seine 1756 – als der Krieg zwischen den beiden Ländern schon ausgebrochen war – erfolgte Berufung zum Mitglied der Royal Society auch ohne Ansehung seines sozialen Netzwerks für eine frühe wissenschaftliche Begabung.

1756 wurde er aber just auf jenen Kriegsschauplatz entsandt, auf welchem das weitere Schicksal der beiden Kronen ausgefochten werden sollte: Als Generalstabschef von Louis Joseph de Montcalm-Gozon, Marquis de Saint-Véran (1712– 1759), des Oberkommandierenden der französischen Truppen in Französisch-Amerika, kam ihm eine Schlüsselstellung innerhalb des Konflikts zu. Er nahm dort an allen spektakulären und unerwarteten Siegen der Franzosen teil (Oswego 1756, Fort William Henry 1757 und Fort Carillon 1758) und befehligte schließlich nach der bereits angesprochenen Niederlage auf den Abraham-Feldern 1759 und dem Tode Montcalms den Rückzug nach Montreal. Nach einem erneuten Sieg über eine englische Armee 1760 war es letztlich das Herannahen der englischen Marine auf dem Saint Lawrence River, welche jeden weiteren Widerstand sinnlos machte; näher dürften sich die Lebenswege Cooks und Bougainvilles niemals mehr gekommen sein.

Nach der durch ihn erklärten Kapitulation wurde er an den Rhein entsandt, wo er weiter mit Bravour diente. Aufgrund seiner überseeischen und mathematischen Erfahrungen ernannte ihn Louis XV. 1763, im Jahr des Friedensschlusses, zum Fregattenkapitän und übertrug ihm die Aufgabe, auf den Malwinen im Südatlantik eine Kolonie zu gründen. Das Unternehmen, mit nur zwei Schiffen durchgeführt, gelang und nur die Protestnoten des verwandten Bourbonenhofes zu Madrid bewirkten 1768 die Übergabe der Inseln an Spanien, welche 1770 schon an Großbritannien abgetreten werden mussten, um in «Falklands» umbenannt zu werden.

Diese Expedition hatte aber einen zweiten Auftrag: im Namen des Königs und begleitet von zahlreichen Wissenschaftlern den Südatlantik zu erkunden und eine Weltumsegelung durchzuführen. Bougainville durchquerte die Magellanstraße, erforschte den Tuamotu-Archipel, landete in Tahiti und auf weiteren Inseln (Samoa, Neue Hebriden), segelte durch die Salomon-Inseln und fand schließlich das nach ihm selbst benannte Eiland (Bougainville Island, heute *Autonomous Region of Bougainville* in Papua-Neuguinea). Am 16. Mai 1769 langte er wieder in Saint-Malo an; von den 300 Mann Besatzung hatte er nur 16 verloren – ein Rekord der Zeit, welcher für sein Organisations- und Leitungstalent ebenso sprach wie für seine Umsicht hinsichtlich der Nahrungs- und medizinischen Versorgung.

Die Veröffentlichung seines Logbuchs unter dem Titel „Le voyage autour du monde, par la frégate *La Boudeuse*, et la flûte *L'Étoile*" (Paris 1771) machte ihn nicht nur weltberühmt, sondern stellte auch eine erste umfassende wissenschaftliche Beschreibung der befahrenen Gegenden dar. Darüber hinaus hatte das Buch eine enorme anthropologisch-philosophische Wirkungsgeschichte, begründete es doch den Mythos des «guten Wilden», welcher in seiner paradiesischen Idylle ein unbekümmertes und sorgenfreies Leben führte. Schon die anonym erschienene Fortsetzung der ‚Voyage' durch Denis Diderot (*Supplément au voyage de Bougainville, ou dialogue entre A et B sur l'inconvénient d'attacher des idées morales à certaines actions physiques qui n'en comportent pas,* Paris 1772) machte dies in ihrer beißenden Kritik der europäischen Zustände, des christlichen Glaubens und der ‚zivilisierten' Gesellschaft deutlich. Von daher ist Bougainvilles Bedeutung für die Geistesgeschichte der Revolutionszeit nicht hoch genug zu bewerten.

Ein politischer Schritt in diese Richtung war ohne Zweifel der Kampf der Vereinigten Staaten um ihre Unabhängigkeit, in den Frankreich 1779 aktiv als Verbündeter der Aufständischen eingriff. Hier erhielt Bougainville sein nächstes Kommando, welches ihn unter anderem an der Schlacht in der Chesapeake Bay (5. September 1781), die schließlich zur Kapitulation der britischen Truppen unter Lord Cornwallis bei Yorktown führte, teilnehmen ließ. In der Schlacht bei Les Saintes (9.–12. April 1782) gelang es ihm, trotz der Vernichtung zahlreicher französischer Einheiten und des Ausbruch eines Sturms ein Geschwader von acht Schiffen unversehrt in den holländischen Stützpunkt Sint Eustatius zu führen, was ihm die Ernennung zum Geschwaderchef und – nach seinem Wechsel zu den

Landstreitkräften – zum königlichen *Maréchal de camp* eintrug. 1783 kehrte er als Zivilist nach Paris zurück, wurde 1787 Mitglied der Königlichen Akademie der Wissenschaften und überlebte Revolution wie *terreur* unbeschadet auf seinem Schloss in der Normandie. Unmittelbar nach der Wiederherstellung der öffentlichen Ordnung und Sicherheit ernannte ihn der Erste Konsul Bonaparte 1799 zum Senator auf Lebenszeit und 1804 zum Offizier der Ehrenlegion. 1808 wurde er von Napoleon in den Grafenstand erhoben. Am 31. August 1811 verstarb Comte de Bougainville in Paris. Als posthume Ehrung kann nicht nur die Benennung einer Pflanze, der Wunderblume «Bougainvillea», nach ihm verstanden werden, sondern auch die Tatsache, dass bis heute zwölf französische Schiffe seinen Namen trugen.

Beide, Cook wie Bougainville, waren prägende Gestalten der Umbruchszeit von 1760 bis 1820. Mit ihren Entdeckungen, Reisen und Berichten erweiterten sie das menschliche Wissen in bis dato nicht gekannter Weise und Geschwindigkeit. Als Kommandanten und Expeditionsleiter verfügten beide über eine ungewöhnliche Qualifikation, dies paarte sich mit seltener wissenschaftlicher Begabung. Sicher waren die unmittelbaren Erträge Cooks denen seines französischen Gegenparts überlegen, doch sollte man die erwähnte ideengeschichtliche Bedeutung des Letzteren dabei nicht übersehen.

All diese Reisen und Entdeckungen wären aber ohne die geniale und bahnbrechende Erfindung des Zimmermanns John Harrison (1696–1776) unmöglich gewesen, dem es 1761 gelungen war, eine erste seegängige mechanische Uhr herzustellen, die erstmals die exakte Längengradberechnung und damit die exakte Positionsbestimmung auf See erlaubte. Ohne sie wären Cooks Karten und Bougainvilles Berichte undenkbar gewesen, vor allem auch nicht nachvollziehbar und damit nicht von dauerhaftem Wert. Auch Harrison sollte also fairerweise genannt werden, wenn es gilt, über diese faszinierende Epoche der wiewohl nicht wenig ambivalenten Globalisierung unserer Erde zu berichten.

15. Mit Schwert und Feder – die Etablierung der U.S. Navy

Stephen Decatur, Jr. (1779–1820) & Alfred Thayer Mahan (1840–1914)

Im Rückblick sind in der Seefahrtsgeschichte selbstredend eine Menge an Umbrüchen festzustellen; eine der erstaunlichsten Entwicklungen ist sicherlich die Etablierung der Vereinigten Staaten als bis heute führende Seemacht der Welt. Aus der Fülle an Persönlichkeiten, welche diese Genese nachhaltig prägten, seien zwei herausgegriffen, die in ihrem so unterschiedlichen Wirken dennoch exemplarisch für das Ganze stehen können: Stephen Decatur, Jr. und Alfred Thayer Mahan.

Als Stephen Decatur am 5. Januar 1779 in Maryland als Sohn eines Handelskapitäns geboren wurde, befand sich der Kampf um die Unabhängigkeit der nordamerikanischen Kolonien auf dem Höhepunkt, die britische Besatzungspolitik zwang die Familie gar zeitweilig zur Übersiedlung nach Philadelphia. 1775 bereits hatte der Kongress die Gründung einer eigenen Marine zur Verteidigung und Durchsetzung seiner Interessen beschlossen, George Washington sollte zum führenden Advokaten dieser Initiative werden. Decatur aber hatte andere Probleme. Mit acht Jahren an Keuchhusten erkrankt, schien nach den medizinischen Kenntnissen der Zeit eine Atlantiküberquerung das beste Heilmittel. Diese Fahrt an Bord eines väterlichen Schiffes – der Krieg war mittlerweile beendet und die Unabhängigkeit erreicht – sollte Decaturs Liebe zur See wecken. Den Versuchen seiner Familie, aus ihm einen Geistlichen zu machen, trotzend, setzte er nach rudimentären Universitätsstudien seinen Eintritt in die entstehende U.S. Navy durch und erhielt 1797 seine Bestallung zum Midshipman auf der neu gebauten Fregatte *USS United States*. Aufgrund seiner Beziehungen gelang es dem Vater überdies, seinem Sohn einen Privatlehrer für Nautik und Navigation mit an Bord zu geben, der dessen Kenntnisse vervollständigte.

Die weitere Karriere Decaturs liest sich wie ein Geschichtsbuch der frühen U.S. Navy. Seine ersten Erfahrungen im Kommando sammelte er im sogenannten «Quasi War» mit dem spätrevolutionären und frühbonapartistischen Frankreich (1800–1805), seinen ersten Kampfeinsatz aber absolvierte er gegen einen ganz anderen Gegner.

Seit Jahrhunderten hatten die Barbareskenpiraten Nordafrikas – nominell Untertanen des Sultans zu Konstantinopel, aber von diesem ebenso gefürchtet – das Mittelmeer unsicher gemacht, Schiffe geplündert und vor allem durch den Handel mit weißen Sklaven ein Vermögen verdient. Alle Versuche, dies zu unterbinden, waren, von Carl I./V. bis zu britischen Vorstößen Anfang des 19. Jahrhunderts, gescheitert, nicht zuletzt deshalb, weil andere Kriegsschauplätze Vorrang und damit die Ressourcen gebunden hatten. Die jungen USA aber wollten sich diese Angriffe auf ihre staatliche und wirtschaftliche Souveränität nicht länger gefallen lassen und so beschloss Präsident Jefferson, die bisher üblichen demütigenden Tributzahlungen an die Piratenstaaten nicht länger zu entrichten, was am 13. Mai 1801 zum offenen Krieg führte. Als First Lieutenant an Bord der *USS Essex* war Decatur Teil des ersten hierzu ins Mittelmeer entsandten US-Geschwaders unter dem Kommando von Commodore Richard Dale (1756–1826). Zunächst gestaltete sich das Unternehmen günstig für die Amerikaner, doch am 31. Oktober 1803 lief die *USS Philadelphia* vor Tripolis auf Grund und es bestand die Gefahr, dass dieses Schiff nunmehr von den Algeriern übernommen und gegen die Navy eingesetzt würde. Dies galt es unter allen Umständen zu verhindern. Decatur gelang es, mit einer soeben erbeuteten und in *USS Intrepid* umbenannten Prise mit einer Crew aus lauter Freiwilligen an das gestrandete Schiff heranzukommen, wozu er unter einem Vorwand die Erlaubnis des algerischen Kommandanten erhalten hatte. In einer Spontanaktion überfiel er die feindliche Besatzung, befreite die gefangenen Amerikaner und versenkte – dies alles vor den Augen und Kanonenmündungen der Festung von Tripolis – mit einem gezielten Kielschuss die unglückliche Einheit, welche alsbald in Flammen aufging. Der Erfolg dieses Überfallkommandos machte Decatur über Nacht zum Helden, kein Geringerer als Nelson bezeichnete die Aktion als „die verwegenste und tollkühnste Unternehmung unseres Zeitalters (the most bold and daring act of our Age)" (zit. nach: Tucker, Decatur, 57) und Papst Pius VII. erklärte, die junge U.S. Navy hätte durch ihr Vorgehen mehr gegen diese barbarischen Feinde des Christentums erreicht als all die großen und altehrwürdigen Nationen Europas in den vergangenen Jahrhunderten zusammen. Durch den

Erfolg gestärkt, nahm die Navy nun einen regelrechten Kampf gegen die Kanonen-
boote des Feindes auf und entschloss sich zu einem Bombardement von Tripolis. In
diesem Kampf konnte sich Decatur wiederum auszeichnen, zusätzlich motiviert
durch den auf feige Weise herbeigeführten Tod seines jüngeren Bruders: Ein alge-
rischer Kapitän hatte eine Kapitulation fingiert und diesen dann von hinten er-
schossen. Decaturs Kampf, der mit der völligen Vernichtung seines Opponenten
endete, sollte als legendäre Tat in die Annalen der U.S. Navy eingehen; der Kampf
um Tripolis aber zeitigte das erwünschte Resultat: Am 4. Juni 1805 kapitulierte die
Stadt und ihr Lokalfürst unterzeichnete den diktierten Friedensvertrag.

In der Zwischenzeit war Decatur zum Kapitän befördert und zum Kommandanten der *USS Constitution* ernannt worden, nach Ende des Krieges und erfolgter
Heirat erhielt er die Oberaufsicht über die Schiffsneubauten in Connecticut und,
1807, über den *Norfolk Naval Shipyard*. Weitere Kapitänsposten auf neuen Fregatten folgten, während sich am Horizont die Gewitterwolken eines drohenden Konflikts mit Großbritannien abzeichneten.

Neben einer restriktiven Handelspolitik seitens der Briten lag der Grund hierfür
vor allem in dem von der Royal Navy im Zuge der Napoleonischen Kriege bean-
spruchten Recht zur Durchsuchung aller Schiffe egal welcher Flagge nach Deser-
teuren und Konterbande auf hoher See. Da zahlreiche Matrosen das harte Kriegs-
leben unter dem Union Jack gerne gegen den angenehmeren Dienst unter dem
Sternenbanner eingetauscht hatten, entbehrte dies nicht eines gewissen Konflikt-
potentials. Die Situation wurde durch ideologische Prämissen eines Teils der amerikanischen Politiker noch verschärft, welche nunmehr die Gelegenheit gekom-
men sahen, die Briten gänzlich aus Nordamerika zu vertreiben und so den
Subkontinent zu einen. Am 18. Juni 1812 erklärten die USA dem Königreich den
Krieg und Decatur gelang im Oktober mit der wieder von ihm befehligten *USS
United States* der Coup, die britische Fregatte *HMS Macedonian* aufzubringen.
Trotz solcher spektakulären Einzelerfolge machte sich in der Folge die britische
Blockade der amerikanischen Ostküste immer schmerzlicher bemerkbar und alle
Versuche auch Decaturs, diese zu durchbrechen, scheiterten. In einem letzten ver-
zweifelten Versuch hierzu geriet er nach heldenhaftem Kampf 1814 in englische
Gefangenschaft (bis 1815), doch wurde der Frieden auf Grundlage des *status quo
ante* noch 1814 geschlossen.

Von der englischen Bedrohung befreit, konnte die Navy nun die Angelegenheit
im Mittelmeer zu einem endgültigen Abschluss bringen. Dort waren sofort nach
Abzug der Amerikaner die alten Schikanen wieder aufgelebt, am 2. März 1815
erklärte der Kongress erneut den Kriegszustand.

Nunmehr zum Kommodore befördert, wurde Decatur mit seiner *USS Guerriere* ausersehen, das Ultimatum zur Kapitulation dem Dey von Algier zu überbringen. Am 15. Juni war er vor Gibraltar, am 17. traf er auf die feindliche Fregatte *Mashouda* und eroberte diese nach kurzem Gefecht, wobei 400 Gefangene gemacht wurden. Ihres Flaggschiffs beraubt, vermochte die algerische Marine den Amerikanern nicht mehr viel entgegenzusetzen und das plötzliche Auftauchen des US-Geschwaders unter Decatur vor Tripolis löste eine Panik aus. Nach harten Verhandlungen willigte der Dey schließlich in alle Forderungen ein und wurde verpflichtet, diese auch fürderhin einzuhalten, was auch geschah. So hatte tatsächlich der Schiffersohn aus Maryland ein nicht nur maritimes Problem dauerhaft gelöst, gegen welches die traditionsreichen Marinen Europas über Jahrhunderte nichts auszurichten vermocht hatten.

Decatur wäre sicher ein weiterer Aufstieg in der Marine seines Landes beschieden gewesen, hätte er nicht die wohl aus einer etwas seltsamen Ritterlichkeitsethik der Zeit motivierte Unvorsichtigkeit besessen, sich wegen einer nebensächlichen und schon lange zurückliegenden, an sich belanglosen Affäre mit Kommodore James Barron (1768–1851) zu duellieren. Obwohl dieser deutlich älter und weniger trainiert als Decatur war, endete dies für den Letzteren fatal. Ein unsinniger, von den göttlichen und weltlichen Gesetzen verbotener Pistolenschuss beendete so am 22. März 1820 das Leben eines des größten und hinsichtlich der weltweiten Folgen wirkmächtigsten Seefahrers aller Zeiten.

Decatur hatte nicht nur die Etablierung der U.S. Navy vom Embryonalstadium hin zur gleichberechtigten Seemacht miterlebt und an herausragender Position begleitet; sein zweimaliger Einsatz und Erfolg vor der nordafrikanischen Küste hatte überdies deren Weltgeltung – nicht einmal dreißig Jahre nach ihrer Gründung – zementiert.

Seefahrt aber, ja nicht einmal der Seekrieg, ist keineswegs ausschließlich eine Sphäre der reinen Tat, wie bereits im Vorwort zu diesem Buch angedeutet. Das Meer will nicht nur erobert und erkämpft, erschlossen und in Karten erfasst, sondern auch geistig durchdrungen und konzeptionell begriffen werden. Wohl kein Zweiter in der langen Tradition der Seetheorie leistete dazu einen so entscheidenden und nachhaltigen Beitrag wie Captain und später Konteradmiral Alfred Thayer Mahan.

1840 als Sohn des West-Point-Professors und Militärtheoretikers Dennis Hart Mahan (1802–1871) geboren, war ihm dieses Schicksal gleichsam in die Wiege gelegt: Seinen Mittelnamen Thayer verdankte er dem Gründer der Militärakademie, Sylvanus Thayer (1785–1872). Für seine Eltern muss es daher wie ein mittelschwerer Schock gewirkt haben, als ihr Sohn nach Gymnasialzeit und anfänglichen Hochschulstudien in die wesentlich weniger renommierte, erst 1845 gegründete Marineakademie zu Annapolis eintrat, welche er 1859 als Zweitbester des Jahrgangs abschloss. Die weitere Laufbahn belegte diese Qualifizierung: Ab 1861 sich als Leutnant in der Unionsflotte bewährend, wurde er nach aktivem Kriegsdienst zum Dozenten an seiner Akademie ernannt, 1865 zum Korvettenkapitän, 1872 zum Kommodore und 1885 zum Kapitän. Neben den theoretischen Verpflichtungen hatte er aber auch regelmäßig aktive Dienstverpflichtungen, so als Kommandant der *USS Wachusett* vor der peruanischen Küste im Ersten Pazifikkrieg oder Salpeterkrieg 1879 bis 1884. Ob er in allen seinen Kommandos immer glücklich war, sei dahingestellt, die theoretische Beschäftigung mit dem Seekrieg war jedenfalls seine stärkere Seite.

1885 wurde er zum Professor am Naval College zu Newport ernannt, dies mit dem expliziten Auftrag, den Einfluss der See und maritimen Stärke auf die Weltgeschichte zu erforschen; 1886 wurde er Präsident der Akademie. Seine Freundschaft mit dem ebenfalls marinegeschichtlich interessierten und publizierenden Theodore Roosevelt (1858–1919), dem späteren Präsidenten der Vereinigten Staaten (1901–1909) und damals als Dozent in Newport tätig, wurde für ihn sowohl in seiner Leitungsposition wie auch in der Ausrichtung seiner Schriften und Thesen prägend.

Dieses Amalgam politischer und seetheoretischer Motivation kann man nur vor dem Zeithintergrund wirklich verstehen. Um 1890 war die Eroberung des amerikanischen Westens definitiv zum Abschluss gekommen und damit das Phänomen der landesweit identitätsstiftenden «frontier» verschwunden. Da dieser Gedanke aber, gepaart mit der Doktrin des «Manifest Destiny», also des quasi göttlichen Auftrags, die eigenen Lebenswelten über die Schwellen der subjektiv erfahrenen Grenzen hinauszutragen, grundlegend für die nationale Selbstsicht war, stellte sich nunmehr die Frage nach dem weiteren Wohin. Roosevelt wie Mahan optierten für eine Ausweitung Richtung Pazifik und Karibik, was realpolitisch dann zum Amerikanisch-Spanischen Krieg 1898 mit der faktischen zeitweiligen Annexion Kubas, zum Erwerb Panamas und dem Ausbau des dortigen Meereskanals sowie langfristig zum Engagement auf den Philippinen und zur Eingliederung Hawaiis führen sollte. Jedoch wäre es verfehlt, die Gedanken Mahans auf solch zeitgebunden-utilitaristische Ziele und Perspektiven einzuengen.

Vielmehr war es ihm ein Anliegen, die für den Augenblick für die USA erkannte Notwendigkeit einer starken Marine zur Aufrechterhaltung der Seegeltung und damit der national-ideellen Expansion (er hatte unter anderem ein komplettes Konzept eines eventuellen erneuten Krieges gegen Großbritannien erstellt) in der gesamten Geschichte nachzuweisen. Hier ging er von den niederländisch-englischen Konflikten des 17. Jahrhunderts aus, in welchen tatsächlich die Beherrschung der Meere und die damit verknüpften Handelsinteressen den Ausschlag für politisch-militärische Unternehmungen gegeben hatten. Diese These dehnte er auf die Zeit des Aufstiegs Englands zur Weltgeltung aus, womit er dem Mythos des «wooden wall» eine wissenschaftliche Untermauerung gab. England/Großbritannien, so der Ansatz, verdankte nicht nur seine Stellung, sondern auch sein Überleben im Kampf gegen das kontinentale napoleonische Europa vor allem seiner Seegröße, diese bilde daher für jedes *empire* das konstituierende Element. Diese Deutung war an sich nichts Neues, die Generalisierung des Ansatzes – hier war er ganz Kind seiner wissenschaftstheoretischen und -freudigen Zeit – hingegen schon. An der Person Nelsons versuchte er seine Thesen zu exemplifizieren, was, gleichsam als Nebenprodukt, das Genre der Seeheldenverehrung begründete – dies zu einer Zeit, da die tatsächliche Bedeutung des kriegerisch-maritimen Individuums schon stark im Sinken begriffen war.

Das eigentliche Problem Mahans aber war – und ist – seine strukturalistische Systemgebundenheit. Während andere Autoren, darunter sein Freund und Briefpartner Sir John Knox Laughton (1830–1915), der eigentliche Begründer der modernen Seegeschichtsschreibung, die Ergebnisse ihrer Schriften als rein historische Erkenntnisse ansahen, versuchte Mahan immer den Sprung in die Allgemeinverbindlichkeit, darin seinen Zeitgenossen wie etwa Darwin oder Freud nicht unähnlich. So modern, ja radikal die Wandlung historischer Erklärungsparameter weg von der lange Zeit allein dominierenden Festlandkomponente und hin zur See der Zeit erscheinen mochte, so gefährlich ist diese Zuspitzung. Vieles hat Mahan zum ersten Mal richtig, ja bahnbrechend erkannt; die Etablierung der Erörterungsebene Meer in der Analyse historischer Prozesse verdankt ihm seine Existenzberechtigung.

Die unmittelbar sich damals ergebende Konsequenz vom Primat der großen Flotten zur Aufrechterhaltung von Seeverbindungen und -hoheit aber beeinflusste die seestrategische Entwicklung in fataler Weise, am deutlichsten in Europa und Japan. Kaiser Wilhelm II. war einer der vehementesten Adepten der Mahan'schen Theorien (eine deutsche Ausgabe seiner Werke finanzierte Wilhelm nach Lektüre der englischen Originale zum Teil aus der Privatschatulle), die Schaffung der deutschen Hochseeflotte vor dem Ersten Weltkrieg war ihr unmittelbarer Ausfluss. Und noch in den 1930er Jahren setzte das Oberkommando der japanischen Marine, an deren Akademie die Schriften des Professors aus Newport Pflichtlektüre waren, auf diese großen Einheiten, während den im Heimatland Mahans mittlerweile verstärkt in taktische Überlegungen eingebundenen U-Booten nur eine begleitende Funktion zugemessen wurde. Darin mag vielleicht die eigentliche Ironie dieser Geschichte liegen – dass der kleine Militärakademiker zwar die Vorrangstellung seines Heimatlandes auch auf seetheoretischem Gebiet dauerhaft festgeschrieben hatte, dort aber bald pragmatisch relativiert wurde, während andere Mächte an seinem Konzept starr festhielten.

Den Test, eigentlich die praktische Widerlegung der Allgemeingültigkeit seiner Thesen, im großen Krieg musste Mahan nicht mehr erleben. Am 1. Dezember 1914 verstarb er, als das Armageddon der großen Flotten gerade heraufdämmerte.

16. Die letzten Helden der See

Roald Amundsen (1872–1928) &
Felix Graf von Luckner (1881–1966)

Auch historische Betrachtungen können gelegentlich den Eindruck des Nost-algisch-Verklärenden nicht ganz vermeiden. Die Zeit um 1900 mit ihrem definitiven Durchbruch ins Massen- und Industriezeitalter bezeichnet für viele Analytiker das Ende des großen Epos der Seefahrtsgeschichte. Natürlich würden die Menschen auch danach fortfahren, die See zu bevölkern, aber das heroisch-geniale Element begann daraus zu schwinden. Bezeichnend für diesen Um-schwung, den man nicht unbedingt vollends bejahen, jedoch im Rahmen dieser Anthologie zumal in Betracht ziehen sollte, können – trotz ihrer völlig unter-schiedlichen Biographie – zwei Seefahrerleben stehen: die von Roald Amundsen und Felix Graf von Luckner.

Am 16. Juli 1872 in die sehr wohlhabende Familie des norwegischen Großreeders Jens Engebreth Amundsen (1820–1886) geboren, standen dem jungen Roald so-wohl deren Ressourcen zur Verfügung als auch deren Ambitionen entgegen. Die Familie nämlich erhoffte für ihren Sprössling eine solide Zukunft mittels einer sicheren juristischen Ausbildung. Die Lektüre der Abenteuer der gescheiterten Südpolexpedition Sir John Franklins, RN (1786–1847) der Jahre 1845 bis 1847 sowie von Fridtjof Nansens Grönlanddurchquerung 1888 verorteten dessen Ge-dankenwelten jedoch an anderen Gestaden. Mit 21 Jahren brach er sein Hoch-schulstudium ab, heuerte zunächst als einfacher Seemann und dann als Maat auf verschiedenen norwegischen Schiffen an, auf denen er sowohl die Weltmeere wie auch besonders die nordatlantischen Eismeergegenden kennenlernte. 1895 erwarb er das Steuermannspatent. Mit diesen Qualifikationen ausgerüstet, gelang es ihm, als Erster Maat an der großen belgischen Südsee-Expedition (1897–1899) teilzunehmen, welche in einem Desaster zu enden drohte. Bei 70° 30′ S wurde die *Belgica* von Packeis eingeschlossen und nur der Umsicht des amerikanischen Schiffsarztes Frederick Albert Cook (1865–1940) war es zu verdanken, dass die Besatzung nicht dem Skorbut erlag. Für Amundsen sollte dies eine Lehre sein, dass diese überwunden geglaubten Krankheiten auch zu Ende des 19. Jahrhunderts durchaus eine reelle Gefahr für solche Unternehmungen darstellen konnten und die Planung derselben folglich bis ins kleinste Detail dem vorbeugen musste.

Diese Erkenntnis konnte er sich 1903 beim Antritt seiner ersten eigenen Expedition zunutze machen. An Bord der kleinen Fischerslup *Gjøa* versuchte er die komplette seemännische Passierbarkeit der Nordwestpassage unter Beweis zu stellen. Die gewählte Route führte über die Baffin Bay, den Parry Channel und dann südwärts durch den Peel Sound, die James-Ross-Straße, die Simpson-Straße und die Rae-Straße. Zweimal überwinterte er auf der damaligen King-William-Insel (heute Gjoa Haven, Nunavut, Kanada). Während dieser Perioden übernahm Amundsen von den dortigen Ureinwohnern zahlreiche Verhaltensweisen für das Überleben im Eis, welche seine weiteren Erfolge wohl erst ermöglichten (so den Einsatz von Hundeschlitten und die Bekleidung aus Tierfellen). Weiter führte die Reise über die Cambridge Bay südlich zur Victoria-Insel. Am 17. August 1905 verließ die *Gjøa* den kanadisch-arktischen Archipel, musste aber zunächst noch einmal überwintern, bevor man Nome in Alaska erreichte. Bereits am 5. Dezember 1905 hatte Amundsen aus dem 800 Meilen landeinwärts gelegenen Eagle City ein Telegramm abgesetzt, welches der Welt den Erfolg jener Unternehmung bekannt gab, die die Seefahrer seit 400 Jahren vergeblich versucht hatten. Der Traum eines direkten Seeweges von Europa nach Asien unter Vermeidung des Kaps war erfüllt worden, jedoch mit einem Abstrich: Der Norweger hatte dies nur mit seiner kleinen Slup bewältigt, größere Schiffe wären aufgrund der sehr niedrigen gemessenen Wassertiefe (an manchen Stellen unter 3 Fuß unter Kiel, also weniger als 90 cm) auf der gewählten Route gescheitert.

1910 bis 1912 folgte die hinlänglich bekannte Antarktisexpedition, auf die hier nicht weiter eingegangen werden soll, da ihre seefahrerische Bedeutung beschränkt ist. Zu erwähnen bleibt nur, dass sich hierbei die in Nordamerika angeeigneten (Über-)Lebensformen und Fortbewegungsmittel (s. o.) auf das Beste bewährten. Bezeichnend für den Erfolg ist auch das rückblickende Resümee Amundsens: „Ich möchte sagen, dass dies der wichtigste Punkt [für den Erfolg] ist: die Art, wie eine Expedition ausgerüstet wird, die Art, wie jede Schwierigkeit im Vorab abgesehen wird, die notwendige Vorsicht sowie Maßnahmen ergriffen werden, diese zu vermeiden. Der Erfolg [,victory'] erwartet den, der alles in Ordnung hält – die Menschen nennen dies Glück. Misserfolg [,defeat'] ist dem sicher, der es versäumt hat, die notwendigen Vorsichtsmaßnahmen rechtzeitig getroffen zu haben – dies nennt man dann Pech" (Sydpolen, engl. Ed., II, 1912, 370).

Von wesentlich größerer maritimer Relevanz aber war dann die 1918 bis 1920 unternommene Suche nach der Nordostpassage, bei der auf den Spuren Nansens die nordsibirischen Gewässer untersucht werden sollten, dies mit einem nunmehr deutlichen Akzent auf dem wissenschaftlichen Aspekt, was nicht zuletzt die Präsenz des Geophysikers und Ozeanographen Harald Ulrik Sverdrup (1888–1957) belegte. Eine Nebenidee des Unternehmens war die Überfahrung des Nordpols, wozu Amundsen plante, sein Schiff – die *Maud* – in der arktischen Polarkappe einfrieren und so auf den Nordpol zutreiben zu lassen. Die Eismassen wurden aber zu kompakt, und als das Schiff endlich wieder losbrach, fand es sich irgendwo zwischen den Neusibirischen Inseln und der Wrangel-Insel, weit entfernt vom Nordpol. Zwar erreichte die *Maud* nach weiteren zwei Wintern im Eis 1920 Seattle, aber die erzielten Ergebnisse blieben weit hinter den Erwartungen zurück und der Nordpol unerreicht. Wie bei der Nordwestpassage hatte Amundsen zwar auch die Praktikabilität der Nordostpassage bewiesen, der navigatorische Nutzen wie auch der wissenschaftliche Ertrag erwiesen sich hingegen als minimal. Finanziell aber hatte er sich in diesen Unternehmungen ruiniert und musste 1923 Bankrott anmelden. Nicht zuletzt aus wirtschaftlichen Überlegungen sowie aus den Erfahrungen der letzten See-Expeditionen richtete er daher fürderhin sein Augenmerk vermehrt auf die Möglichkeiten der Luftfahrt. Ein erster Versuch, den Nordpol zu überfliegen, scheiterte zwar, doch 1925 gelangte er in Begleitung von Lincoln Ellsworth (1880–1951) und drei anderen mit seinen beiden Flugbooten vom Typ Dornier Do J («N 24» und «N 25») bis 87° 44′ N und damit an den nördlichsten jemals von Fluggeräten erreichten Punkt. Dort fanden sie sich aber ohne Funkkontakt mitten im ewigen Eis wieder und mussten 600 Tonnen dieser Masse entfernen (dies bei einer maximalen Tagesessensration von 400 g pro Person), um zumal ein Flugboot wieder flottzumachen. Wiewohl die Rückkehr der Teilnehmer der aufgegebenen Expedition als Triumph gefeiert wurde, war auch dieser Erfolg mehr denn beschränkt.

Im Jahr darauf verließ Amundsen Spitzbergen am 11. Mai 1926 an Bord des Luftschiffes *Norge*, einer Konstruktion des ebenfalls anwesenden italienischen Ingenieurs Umberto Nobile (1885–1978). Diesmal vollendeten sie die Nordpolüberquerung zur Luft und konkurrieren so mit den drei vorausgegangenen entsprechenden Unternehmungen (Frederick Cook 1908, Robert Peary 1909 und

Richard E. Byrd 1926) um das Verdienst der Ersttat. Da die Ergebnisse der anderen Kompetitoren zu Recht angezweifelt werden können (Byrd zum Beispiel hatte sein Logbuch bewusst gefälscht), kommt Roald Amundsen – zusammen mit seinem Gefährten Oscar Adolf Wisting (1871–1936) – wohl der Ehrentitel zu, der erste Mensch sowohl am Süd- wie auch am Nordpol gewesen zu sein (wiewohl an Letzterem nur in der Luft).

Doch der Aufstieg in die Lüfte forderte seinen Tribut: Am 18. Juni 1928 kam Amundsen beim Versuch einer Rettungsaktion für eine weitere Flugschiffexpedition des Nobile-Teams (ohne dessen Beteiligung) ums Leben. Das Wrack seines Flugzeugs wurde niemals gefunden.

Felix Nikolaus Alexander Georg Graf von Luckner konnte zum Zeitpunkt seiner Geburt auf keinerlei maritime erbliche Vorbelastung zählen. 1881 zu Dresden als Sohn eines ursprünglich nordbayerischen, in französischen und dänischen Militärdiensten zum Adelsrang avancierten Geschlechtes geboren, stand ihm die See zunächst denkbar fern. Ähnlich wie Amundsen aber – und sogar noch fünf Jahre vor diesem – brach er bereits im Alter von 15 Jahren völlig mit allen landsässigen Traditionen und heuerte auf einem russischen Dampfer auf der Fahrt nach Australien als Leichtmatrose an. Abenteuerlust und romanhaftes Streben kennzeichneten ihn von dieser frühen Zeit an. Er schlug „sich als Tellerwäscher, Missionar der Heilsarmee, Leuchtturmwärterassistent, Fakirgehilfe und Preisboxer durch. Um sein Idol, Buffalo Bill, in Denver (Colorado) persönlich kennenzulernen, heuerte er auf einem amerikanischen Viermastschoner als Matrose an und fuhr nach Amerika. Von San Franzisko aus trampte er quer durch den Kontinent, freilich ohne dem Wildwesthelden zu begegnen. In New York arbeitete er kurze Zeit in einem Hotel als Klinkenputzer, ehe er erneut in See stach und in den folgenden Jahren die ganze Welt bereiste" (Müller-Luckner, 282).

Die romantischen Jugendträume verflogen, die Liebe zur See blieb. Wieder zurück in Deutschland trat er in die Kriegsmarine ein, absolvierte in nur neun Monaten die Navigationsschule zu Lübeck, tat Dienst auf Passagierschiffen auf dem Atlantik und wurde, nachdem er in all diesen Funktionen bereits fünfmal als Lebensretter – unter zum Teil abenteuerlichen Bedingungen – aufgefallen war, auf Erlass Kaiser Wilhelms II. durch dessen Bruder Prinz Heinrich von Preußen 1910 zum Offizier der Kriegsmarine ernannt. In dieser Funktion erlebte er den Ausbruch des Ersten Weltkriegs und nahm als Artillerieoffizier an der Schlacht bei Jütland (Skagerrak) teil, bevor er schließlich 1916 die unter spektakulären Umständen von einem deutschen U-Boot erbeutete *Pass of Balmaha*, umgetauft in *Seeadler*, übernahm – einen Dreimaster mit Hilfsmotor, welcher fortan unter Luckner zu einem der erfolgreichsten deutschen Hilfskreuzer des Krieges werden sollte. Mindestens 14 feindliche Schiffe brachte er damit auf und versenkte 60.000 t Tonnage, wobei die herausragende Tatsache darin bestand, dass bei all diesen Aktionen nur ein feindlicher Matrose zu Tode kam – dies obendrein durch unglückliche Umstände. Als «Germany's Gentleman Pirate» und «Last Knight of the Seas» auch beim Gegner geschätzter und geachteter Seeheld, verlor er die *Seeadler* 1917 vor Südamerika in einem Sturm durch eine Pflichtvergessenheit eines untergebenen Offiziers. Um der Gefangennahme zu entkommen, bestieg er mit wenigen Getreuen ein Beiboot und gelangte damit über 2.300 Seemeilen weit bis auf die Fidschiinseln, nur um schließlich dort doch aufgebracht und inhaftiert zu werden. Mit seinem Ersten Leutnant, dem späteren Weltumsegler und Meeresforscher Carl Kircheiß (1887–1953), und der verbliebenen Besatzung gelang ihm aber wiederum die Flucht. Sie brachten ein britisches Schiff auf und gelangten 900 Meilen weit, bevor auch diese Reise mit der erneuten Gefangenschaft (bis 1918) endete.

Durch seine an frühere Zeiten gemahnenden Taten war Luckner inzwischen ein weltweites Symbol maritimen Draufgänger- und Heldentums geworden. Diesen Ruhm nutzte er nach dem Kriege, als eine weitere Verwendung in der neuen Reichsmarine sich als wenig interessant erwiesen hatte, um in internationalen Vorträgen und Konferenzen als „echter deutscher Patriot" für die Wiederanerkennung Deutschlands zu werben. Wenn auch eine geplante spektakuläre Weltumsegelung scheiterte, so wurde doch die Vortragsreise durch die USA 1926 zu einem durchgängigen Erfolg (u. a. wurde er Ehrenbürger von San Francisco). Inzwischen hatten die zahlreichen Schriften Luckners sein Bild auch literarisch untermauert und weltweit befördert. Zeitlebens verstand es der Seeheld, sein Image der jeweiligen Zeitmode und -stimmung gemäß zu gestalten beziehungsweise dieser anzupassen. Das Dritte Reich bildete hier keine Ausnahme. 1933 war er nach Deutschland zurückgekehrt und setzte – wie viele Reichspatrioten – ursprünglich Hoffnungen in den vermeintlichen großen Umschwung. Natürlich war ihm persönlich vor allem an der Aufrechterhaltung seines Prestiges sowie dem Unterhalt seiner mittlerweile erheblichen Privatflotte gelegen. Dafür war er bereit, sich als Zugpferd für die NS-Propaganda einspannen zu lassen, vor allem in zum Teil aufdringlicher Weise in deren Jugendprogrammen. Der neuen Reichsführung ging diese Ambition allerdings nicht weit genug: Da Luckner sich sowohl weigerte, der NSDAP beizutreten, wie auch seine diversen amerikanischen Ehrungen abzulegen, wurde ihm – dem der Öffentlichkeit als «deutscher Seeheld» Präsentierten –

1935 der Rang eines Korvettenkapitäns aberkannt und später alle seine Bankkonten eingefroren. Dabei mag auch eine Rolle gespielt haben, dass Luckner sich auf seinen weiterhin durchgeführten Weltreisen (ab 1937 mit der *Seeteufel* über Oslo, die Karibik, den Panamakanal, Tahiti, Australien, Neuseeland, Indonesien, Sri Lanka, Aden, das Mittelmeer und Italien nach England) nicht nur als williges Aushängeschild des Regimes präsentierte. Den Höhepunkt der Konfrontation sah das Jahr 1939 (in welchem auch das Luckner'sche Stammschloss abgerissen wurde), als Luckner sich vor einem «NS-Sonderehrengericht» wegen angeblicher moralischer Vergehen an Minderjährigen verantworten musste – ein Vorgehen, welches etwa auch gegen die katholische Geistlichkeit («Sittlichkeitsprozesse») mit spürbarem propagandistischem Erfolg angewandt wurde. Der Prozess, wohl auf Richard Heydrichs Privatinitiative hin angezettelt, endete ohne greifbares Ergebnis, anders etwa als Luckners Einsatz für seine neue Heimatstadt Halle, welche er durch ein wiederum abenteuerliches eigenmächtiges Vorgehen im Frühjahr 1945 in direkten Verhandlungen mit der amerikanischen Armeeführung vor der Zerstörung bewahrte. Öffentliche Betätigung war ihm durch das Regime ab 1940 untersagt, nach 1945 aber lebte diese in gewohnter Weise wieder auf. Gerade in Übersee, wo Luckner bereits vor dem Krieg zu einer Art Publikumsmagnet geworden und mittlerweile durch seinen Einsatz 1945 in den USA sogar zum «Honorary Colonel of the U.S. Army» avanciert war, erzielten seine zusehends mit etwas peinlichen Elementen durchmischten Auftritte anhaltende Erfolge. Das öffentliche Zerreißen von Telefonbüchern mag auf manche ebenso bizarr wirken wie das Zerdrücken von Münzen mit der bloßen Hand – ein dankbares Publikum nahm beides weiter gerne auf und die Absatzzahlen seiner Publikationen stiegen gerade in den Vereinigten Staaten auf Millionenhöhe. 1953 erhielt er als späte und einzige Würdigung in der Heimat das Große Bundesverdienstkreuz, wohl aufgrund persönlicher Beziehungen zu Bundespräsident Heuss.

Nach seinem Tode 1966 lebt das Andenken des an Romanfiguren gemahnenden Seehelden, dessen Glanzzeit als kommandierender Offizier ja nur eineinhalb Jahre umfasst, dessen weltweites Wirken für Aussöhnung und Verständigung ihn aber zeitlebens begleitet hatte, in Übersee in zahlreichen historischen und populären Arbeiten weiter, während sich der 2004 gegründete Verein «Felix Graf von Luckner Gesellschaft e. V.» eher des humanitären Erbes annimmt.

Beide, Amundsen wie Luckner, waren in gewisser Hinsicht die ‚Letzten ihrer Zunft'. Personifiziert der norwegische Forscher die Ausläuferspezies des Entdecker-Seehelden, der nach Jahrhunderten die alten maritimen Träume von einer

Nordwest- und Nordostpassage verwirklichte, so ist Luckner als letzter edler Korsar des Segelkriegszeitalters in der allgemeinen Wahrnehmung präsent. Beiden Figuren aber haftet der Schatten des Tragischen an, blieben doch Amundsens maritime Leistungen weitgehend ohne praktische Konsequenzen und Luckners See-Erfolge strategisch-militärische Episode. Die Wendung des Norwegers hin zur Luftfahrt sowie das eher Pittoresk-Werbewirksame der Segelfahrten des Deutschen nach 1918 bezeichnen das Ende einer Epoche. Doch von den homerischen Dichtungen über die Artus-Sage bis hin zu den großen historischen Romandramen des 19. Jahrhunderts spiegelten Epen stets auch die Bitterkeit der Zeitenwende, das Grässlich-Unvermeidbare der Veränderung.

Das 20. Jahrhundert sollte zur See ganz anderen Herausforderungen begegnen.

17. Admirale der aufgehenden Sonne

Heihachirō Tōgō, OM, GCVO (1848–1934) & Isoroku Yamamoto (1884–1943)

Wenige große Monarchien der Welt weisen nicht nur eine derartige Kontinuität ihrer Tradition, sondern auch derartige Phasen des Umbruchs und der Neuorientierung auf wie das Japanische Kaiserreich. Weiter oben haben wir es als expansive Macht des 16. Jahrhunderts kennengelernt. Dieser Periode der Ausdehnung und aktiven Außenpolitik aber folgte jene der totalen Isolation, begleitet vom Prestige- und faktischen Entscheidungshoheitsverlust des Thrones bis weit ins 19. Jahrhundert. Die eigentliche Regierungsgewalt lag in dieser Zeit in den Händen von Regionalfürsten (Schogunen), jegliche Kontakte mit der Außenwelt waren gekappt. Erst das gewaltsame Eindringen westlicher Staaten, vor allem der USA in der Mitte des 19. Jahrhunderts («Perry Expedition» 1852–1854), führte eine wiederum radikale Wende und den in den Augen okzidentaler Beobachter unglaublichen Erneuerungs- und Modernisierungsprozess der neueren Geschichte herbei.

Schnitt- und Ausgangspunkt dieser Dynamik war das 1868 von Kaiser Mutsuhito (睦仁, reg. 1867–1912), genannt Meiji der Große (明治大帝), an alle Souveräne der Welt gerichtete Rundschreiben, in welchem er verkündete, er habe dem (letzten) Schogun nunmehr die Niederlegung der Regierungsvollmacht gestattet und werde fürderhin selbst „die höchste staatliche Autorität im Inneren und Äußeren ausüben. Folglich muss ab jetzt der Titel Kaiser jenen des Taikun [Bezeichnung des Schoguns] ersetzen, in welchem die bisherigen Verträge geschlossen worden waren. Offiziere und Beamte zur Regelung aller äußeren Angelegenheiten werden ab jetzt von Uns ernannt" (3. Januar 1868, in Übersetzung zit. nach: Satow, Diplomat, 353). Die Meiji-Restauration (明治維新) war vollzogen, die künftige Politik Japans musste sich an den Vorgaben der neuen Ambition ausrichten.

In diese Phase der nationalen Erneuerung wurde jener Seemann geboren, der diesen Traum der imperialen Wiederauferstehung auf dem Meere verwirklichen sollte: Heihachirō Tōgō (東郷　平八郎). 1848 zu Kagoshima als Sohn eines einflussreichen Samurais zur Welt gekommen, sollte ihm just diese Kriegerkaste, welche in der Ablösung der Schogune eine entscheidende Rolle spielte, bei seinem Aufstieg förderlich sein. Noch vor der erfolgten Restauration sollte der Fünfzehnjährige aber Augenzeuge einer britischen Strafexpedition gegen seine Heimatstadt – eine Beschießung durch die Royal Navy – sein, welche als Vergeltungsmaßnahme für den Tod eines englischen Diplomaten erfolgt war. Tōgō fasste hier für seine Zukunft zwei Vorsätze: erstens, dass sich solche Schmach nie mehr wiederholen sollte, dass dies aber, zweitens, nur dadurch verhindert werden konnte, wenn man technisch und militärisch mit den westlichen Ländern gleichziehen würde. Da Japan aber nun einmal eine Insel ist, musste in beiderlei Hinsicht die maritime Neugeburt an erster Stelle stehen. Folgerichtig trat er mit 17 Jahren in die Flotte ein und begann 1871 ein siebenjähriges Seekriegsstudium (*naval science*) mit zeitgleicher Seeoffiziersausbildung als Kadett auf der *HMS Worcester* in Plymouth. Nachdem er sich zunächst nur schwer an die britische Lebensart gewöhnen konnte, wurde er alsbald zum Musterschüler (bester Absolvent seines Jahrgangs). Intuitiv verstand Tōgō, dass nur eine möglichst getreue, aber den japanischen Verhältnissen angepasste Übernahme der britischen *naval tradition* die Erfüllung seiner und seines Kaisers Vorstellungen gewährleisten konnte. Da die Zeit drängte, würden Japan hierfür nicht die Jahrhunderte der angelsächsischen Erfahrung zur Verfügung stehen; sollte der Traum einer schlagkräftigen und dominierenden japanischen Marine sich erfüllen, musste dieser Prozess in wenigen Jahrzehnten vonstattengehen – mit ihm selbst an herausragender Position.

Erste Kommandos als Kapitän ab 1884 gaben ihm die Möglichkeit, als Beobachter im Französisch-Chinesischen Krieg von 1884/85 die in England gemachten Erfahrungen mit der *Royale* zu vergleichen. Als 1894 der Erste Japanisch-Chinesische Krieg ausbrach, war die Neuschöpfung der Kaiserlich-Japanischen Marine nahezu abgeschlossen. Hatte sich das Reich in innen-, verwaltungs- und kulturpolitischer Hinsicht weitgehend an den Maßstäben des Bismarck'schen Deutschland orientiert, so galt für die Flotte England als Vorbild – dies bis ins letzte Detail. Nicht nur sollte die neue Marineakademie aus englischem Backstein erbaut und ihr Ausbildungsprogramm am britischen Ideal orientiert werden – die wie in einem Tabernakel im zentralen Treppenhaus hinter Glas ausgestellte Haarlocke Lord Nelsons ließ auch keinen Zweifel daran, woran das Ideal des Marineoffiziers gemessen würde. Tōgō selbst lieferte in seinem ersten Krieg auch den ersten Beweis hierfür. Als er im Chinesischen Meer auf einen vom Feind gecharterten britischen Truppentransporter stieß, ließ er diesen kurzerhand versenken, wie sein großes Idol wenig um eventuelle diplomatische Folgen bekümmert. In der kriegsentscheidenden Schlacht im Gelben Meer («Battle of the Yalu River», 黄海海戦, 17. September 1894) führte er seine Nachhuteinheit derart überzeugend, dass er im Anschluss zum Konteradmiral ernannt wurde. Sein Ruf als Kommandant, Innovator und Führungsoffizier war mittlerweile dergestalt, dass ihn der Kaiser nach Ende des Krieges zum Kommandanten der Kaiserlichen Marineakademie (海軍大学校), des Marinedistrikts von Sasebo (佐世保鎮守府) und schließlich zum Oberbefehlshaber der Hauptflotte berief.

In dieser Eigenschaft sollte er sich im größten und entscheidenden Konflikt des neu erstarkten Japan bewähren. Die Expansionsbestrebungen sowohl des Meiji wie auch des russischen Reiches im pazifischen Raum ließen ab 1903 einen Krieg immer wahrscheinlicher werden. Vor allem in Korea und in der Mandschurei prallten die beiderseitigen imperialen Interessen aufeinander: Japan forderte und erwirkte sich nach und nach einen als Sicherheitskorridor und Rohstoffgewinnungsgebiet gesehenen Einflussraum, Russland pochte auf einen zentralen eisfreien Hafen am Pazifik. Japan hatte hierfür Korea ausersehen, Russland als zentralen Stützpunkt seiner Pazifikflotte Port Arthur. 1904 wurden die Verhandlungen abgebrochen und beide Seiten rüsteten zu einem Krieg, welcher für beide unabsehbare Folgen haben konnte. Japan hatte seine Kräfte noch nicht mit denen einer europäischen Großmacht gemessen, für Russland aber galt es die gewaltigen Entfernungen und die damit verbundenen Nachschub- und Versorgungsschwierigkeiten zu bedenken. Anders gesagt: Ein militärisches Scheitern konnte nicht nur, sondern musste für eine Seite mehr als nur einen Prestigeverlust nach sich ziehen. 1903 tat der japanische Kriegsminister Admiral Graf Yamamoto Gonbee (山本 權兵衛, 1852–1933), der Tōgō und seine Einstellung sowie Befähigung gut kannte, einen folgenschweren Schritt: Er ernannte ihn zum Oberbefehlshaber der Vereinigten Flotte mit der Begründung, es handle sich um einen glückhaften Menschen. Tōgō sollte ihn nicht enttäuschen.

Nach ersten Erfolgen, in denen die unterlegene und schlecht geführte russische Pazifikflotte ohne Kriegserklärung von Tōgō in Port Arthur überrascht und nahezu vernichtet wurde, fasste Kaiser Nikolaus II. einen fatalen Entschluss. Er ließ das gesamte Ostseegeschwader unter Führung von Admiral Zinovy Petrovich Rozhestvensky (Зиновий Петрович Рожественский, 1848–1909) über 18.000 Seemeilen in den Pazifik verlegen, um dort die japanische Flotte zu vernichten. Damit setzte

Russland nahezu alles auf eine Karte und tatsächlich gelang Rozhestvensky der Anmarsch über das Kap (der Suezkanal blieb aufgrund einer japanisch-englischen Verständigung für ihn gesperrt) unter unvorstellbaren Mühen und auch Verlusten. Völlig erschöpft sowie menschlich und technisch am Ende ihrer Leistungsfähigkeit, trafen die russischen Einheiten am 27. Mai 1905 bei Tsushima auf die Flotte Tōgōs. Dieser hatte, gestärkt durch seine Vorbereitungen, Studien und taktischen Planungen wie auch durch die Tatsache, dass er nicht nur der einzige anwesende Admiral mit Kampferfahrung in diesen Gewässern war, sondern auch über eine überlegene Artillerie, eine besser geschulte Mannschaft (vor allem bei den Geschützbedienungen) sowie über eine haushoch überlegene Torpedowaffe verfügte, auf diesen Tag seit Jahren gewartet. Im klassischen Manöver des «T-Crossing», also des Anlaufens in Kielformation vor dem in Reihe heranziehenden Feind, der gegenüber der vollen Breitseitenwirkung des Gegners maximal seine vorderen Geschütze zum Einsatz bringen kann, begegnete er Rozhestvensky. Entgegen manch späterer Verunglimpfung stellten sich die Russen tapfer und entschlossen über zwei Tage hinweg dem überlegenen Gegner entgegen – buchstäblich nahezu bis zum letzten Mann. Am Abend des 28. Mai gehörte das Zweite Kaiserlich-Russische Pazifikgeschwader der Vergangenheit an, zu den wenigen Überlebenden zählte auch – zu seinem eigenen größten Verdruss – Rozhestvensky, der in der Folge in einem japanischen Marinehospital gesundgepflegt wurde. Japan hatte unter Tōgō einen Sieg errungen, dessen Folgen unübersehbar waren: Nicht nur die Schlacht und damit – langfristig – auch der Krieg waren gewonnen; Russland war überdies in eine Katastrophe geraten, von welcher sich das kaiserliche Regime, wie die bald ausbrechenden Aufstände im Schwarzmeerraum belegen, nicht mehr erholen sollte.

Japan aber war zur Seemacht und dominierenden Größe in Fernost aufgestiegen, die das Erbe des zerfallenden China antreten sollte. Neben dem visionären Kaiser Meiji verdankte es dies einem Mann: Admiral Tōgō, welcher schlagartig zum berühmtesten Seehelden weltweit avanciert war. 1907 verlieh ihm Edward VII. den Britischen Verdienstorden, in seinem Heimatland wurde er durch die Ernennung zum Chef des Marinegeneralstabs, zum Grafen und schließlich 1913 zum Admiralmarschall (Gensui/元帥海軍大将) ausgezeichnet und zu einer lebenden Legende. Bis zu seinem Tode 1934 setzte er sich für den weiteren Ausbau der Marine und vehement gegen jede Beschränkung (etwa durch das Washingtoner Flottenabkommen 1922) ein, 1926 erhielt er in einem Akt unerhörter Wertschätzung die eigentlich dem Kaiserhause vorbehaltene Großkette des Chrysanthemenordens (大勳位菊花章). Nach seinem Tode blieb die Verehrung nicht bei diesen nominellen Ehrungen stehen: Mehrere Schreine, am berühmtesten der

Tōgō Shrine (東郷神社, errichtet 1940 in Harajuku/Tokio) und jener zu Tsuya-zaki/Fukuoka, wurden dem Andenken jenes Mannes geweiht, zu dessen Staats-begräbnis mit anschließender Flottenparade die Marinen Großbritanniens, der USA und der Niederlande, Frankreichs, Italiens und Chinas Abordnungen entsandten und der in seinem – in englischer Sprache verfassten – Tagebuch vermerkt hatte: „I am firmly convinced that I am the re-incarnation of Horatio Nelson" (zit. nach: Garson, Admirals, 63).

Dies hätte der zweite hier interessierende Admiral, Isoroku Yamamoto, wohl nie-mals so formuliert, doch viele Stationen und Weichenstellungen seines Lebens erinnern verblüffend an Tōgō, wiewohl er gegenüber dem großen Idol oftmals genau entgegengesetzte Entscheidungen traf.

1884 ebenfalls in eine Samuraifamilie in Nagaoka (Niigata) als Isoroku Takano (高野 五十六) geboren, wurde er 1916 von der berühmten Yamamoto-Dynastie adoptiert und führte fortan deren Namen. Als Absolvent der Marineakademie hat-te er zu diesem Zeitpunkt bereits einen Einsatz im Russisch-Japanischen Krieg (mit schwerer Verwundung und Verlust von zwei Fingern) sowie seine Ernennung zum Lieutenant-Commander (Kaigun Shōsa/海軍少佐) hinter sich. Japans politi-sche Lage hatte sich trotz des Bündnisses mit den Siegermächten im Ersten Welt-krieg zugespitzt: Zu Beginn der 1920er Jahre sah sich die politische Landschaft einem stetig zunehmenden Antagonismus zwischen einer auf weitere Expansion als Grundlage der technisch-wirtschaftlichen Entwicklung (Rohstoffressourcen) drängenden und einer diametral entgegengesetzten, um Ausgleich und internatio-nale Zusammenarbeit bemühten Fraktion ausgesetzt. Yamamoto gehörte eindeu-tig zum letzteren Lager, was nicht zuletzt sein ganz anders als bei Tōgō motivier-tes Interesse an der westlich-angelsächsischen Hemisphäre weckte. Von 1919 bis 1921 absolvierte er ein Auslandsaufbaustudium in Harvard und wurde daraufhin zweimal hintereinander zum Marineattaché in Washington ernannt. Wiewohl gleichfalls von den Auflagen der 1922er-Konferenz enttäuscht, versuchte er deren Folgen diplomatisch zu wenden: Er gehörte zu den führenden Mitgliedern der ja-panischen Delegation bei internationalen Kontakten und Verhandlungen, so beim Besuch des *U.S. Naval War College* 1924, als Konteradmiral bei der Londoner Flottenkonferenz 1930 und als Vizeadmiral bei deren Neuauflage 1934. In all die-sen Kontakten war er seiner Überzeugung treu geblieben, einerseits die japani-schen Interessen mit allem Nachdruck zu vertreten, andererseits aber vor übereil-tem Säbelrasseln und einer unüberlegten Expansionspolitik eindringlich zu warnen. Seit 1924 als Fachmann für die neu aufkommende Marineluftwaffe

(1928/29 war er Kommandant des Trägers *Akagi*, danach Chef der Aeronautikabteilung der Kaiserlichen Marine und Kommandant der Ersten Träger-Seedivision) zwar unentbehrlich und aufgrund seiner internationalen Kontakte nicht mehr zu übergehen, schuf er sich hierdurch aber zahlreiche Feinde im Inneren. Mit Nachdruck und ohne mit seiner Meinung hinter dem Berg zu halten, beförderte er die Rolle der Flotte als eines dynamischen Mittels zur Sicherung der maritimen Einflusssphären, widersetzte sich aber Versuchen, diese nur als (Transport-)Mittel und Vehikel territorialer Expansion zu sehen. Auch war er sich der Folgen dieser Option mehr als bewusst und kämpfte so vehement gegen einen zukünftigen Konflikt mit den Vereinigten Staaten, aber auch gegen eine Annexion chinesischen Bodens. Seine offene Kritik an der Invasion der Mandschurei 1931 sowie an dem daraus folgenden Zweiten Chinesisch-Japanischen Krieg (ab 1937) brachte ihn in Gegensatz zu großen Teilen der politischen Elite des Landes, noch mehr aber seine Opposition gegen den Dreibund mit dem nationalsozialistischen Deutschland und dem faschistischen Italien (1940). Inzwischen hatte sich die außenpolitische Lage Japans vor allem hinsichtlich des Ansehens bei den westlichen Mächten zunehmend verschlechtert. Die USA nahmen eine zusehends kritische Haltung ein, welche durch die Versenkung des Patrouillenbootes *USS Panay* auf dem Yangtse durch japanische Flugzeuge 1937 nicht gerade gedämpft wurde. Dass Yamamoto, mittlerweile stellvertretender Marineminister, sich dafür öffentlich beim amerikanischen Botschafter entschuldigte, untergrub seine Position in Japan weiter, Morddrohungen gegen ihn und andere hohe Vertreter der Marineleitung häuften sich. Am 30. August 1939 wurde Yamamoto daher in seinem Amt als Stellvertretender Marineminister abgelöst und zum Oberkommandierenden der Vereinigten Flotte ernannt, da man ihn auf See beziehungsweise im Marinestab sicherer glaubte.

So hatte dieser ungewöhnliche Mann seine Position – jene Tōgōs – erreicht, eine Position, welche durch den Kriegsausbruch in Europa (September 1939) neues Gewicht erhielt. Mit der Ernennung Hideki Tōjōs (東條 英機, 1884–1948) zum Premierminister am 17. Oktober 1941 schienen die Tage des Admirals (seit 15. November 1940) gezählt; Tōjō war der exponierte Vertreter der Yamamoto entgegengesetzten politischen Richtung und so standen die Zeichen auf Krieg. Die USA wurden nun als potentieller Hauptgegner einer weiteren Behauptung im pazifischen Raum gesehen, was die zunehmend restriktive amerikanische Handelspolitik mit ihren immer drückenderen Embargos zu bestätigen schien. Wollte sich Japan behaupten, war die langfristige Sicherung von Rohstoffen und Absatzmärkten unabdingbar – eine Politik, welche die USA schon aufgrund ihres Engagements auf den Philippinen niemals hinnehmen würden.

Seit 1940 hatte Yamamoto daher die klassische japanische Seedoktrin vom Primat der großen Überwassereinheiten und der einen entscheidenden Seeschlacht (in Erinnerung an 1905) hinterfragt und aufgezeigt, dass diese Strategie gegen die an Zahl und Ressourcen überlegene *Pacific Fleet* niemals aufgehen würde. Tatsächlich war Tsushima der einzige jemals weltweit erbrachte Beleg der Mahan'schen These von der bestimmenden Bedeutung jenes «one big clash of battleships» gewesen, alles andere, auch der Erste Weltkrieg mit der marginalen Folgewirkung der Schlacht im Skagerrak, sprachen dagegen. Nun begann sich der Erfolg Tōgōs ins Gegenteil zu verkehren und zur Last zu werden: Während Teile der Seekriegsleitung und die politische Führungselite den Bau von Superschlachtschiffen wie der *Yamato* und der *Musashi* mit ihren 71.700 BRT und neun 46-cm-Kanonen forcierten, bestand Yamamoto beredt auf der Überlegenheit der seegestützten Lufteinheiten. Für ihn bestand die «Entscheidungsschlacht» nicht in dem einen großen Gefecht, sondern im unerwarteten Zuschlagen an den verwundbarsten Stellen des Gegners, um diesen zum raschen Einlenken zu zwingen. Dies musste mittels seiner geliebten Seeluftflotte erfolgen. Ob beziehungsweise wie lange Yamamoto überhaupt noch an eine Vermeidbarkeit des Konflikts glaubte respektive diesen in kurzer Zeit zu entscheiden hoffte, muss ebenso dahingestellt bleiben wie die Frage, wie viel davon den überlegenen amerikanischen Geheimdiensten bereits in der Vorbereitungsphase bekannt gewesen ist.

Die Folgegeschichte ist bekannt und muss hier nicht im Detail erzählt werden. Nach dem Scheitern der Verhandlungen attackierten am 7. Dezember 1941 japanische Luftverbände – wie 1904 gegenüber Russland ohne vorausgehende Kriegserklärung – den US-Stützpunkt Pearl Harbor auf Hawaii, der Pazifikkrieg war eröffnet. Nach langen Diskussionen, Drohungen und Intrigen hatte Yamamoto zwar seinen Willen durchgesetzt, der Angriff selbst aber geriet trotz seiner genialen Planung zum strategischen Desaster: Da die amerikanische Trägerflotte sich auf See befand, waren die Schäden nur temporär und konnten bald wettgemacht werden. Während Japan bis 1942 im Pazifik expandierte, lief in den USA die von Präsident Roosevelt gewünschte Kriegsmaschinerie an, die für Japan alsbald zur tödlichen Bedrohung wurde. Zwar konnte Yamamotos Erste Luftflotte im Februar 1942 durch die Ausschaltung der britischen Pazifikflotte («Force Z») den erwünschten Versorgungsraum sichern, doch die taktisch unentschiedene Schlacht in der Korallensee (Mai 1942) markierte einen Wendepunkt, den das Scheitern Japans vor Midway (Juni 1942) nur noch unterstrich. Japan verlor – ohne eine tatsächlich vernichtende Niederlage zu erleiden – immer mehr seiner gut trainierten Piloten und konnte diese nicht mehr ersetzen. Seine vielgepriesenen Überwassereinheiten überzeugten bei Guadalcanal (November 1942) wenig, die Zeichen standen auf Rückzug. Doch immer noch war Yamamoto das «mastermind» japanischer Strategie, welches einem schnellen alliierten Sieg entgegenstand. Wie sehr der an sich friedliebende und dieser ganzen wahnsinnigen Politik abholde Admiral mittlerweile zum Symbol des japanischen Widerstands geworden war, offenbart Roosevelts Weisung an seinen Marineminister Knox: „Get Yamamoto!" Da der US-Spionagedienst über nahezu alle japanischen Aktivitäten bestens informiert war, war es ihm ein Leichtes, auch persönliche Bewegungen und Aufenthaltsorte im Voraus zu kennen. Am 18. April 1943 wurde eine spezielle Abfangstaffel auf Yamamoto angesetzt, welche seine Maschine auch auftragsgemäß abschoss. Es handelte sich um einen echten *kill* von durchaus fragwürdiger kriegsrechtlicher und moralischer Natur – das Ergebnis aber war das gewünschte. Mit dem Tod des Admirals hatte Japans Marine ihr innovatives und originelles Genie verloren, der Rest war eine Frage der Zeit.

Mit Yamamoto aber war der einzige echte Opponent der großen amerikanischen Seestrategen Chester W. Nimitz (1885–1966) und William Frederick Halsey, Jr. (1882–1959), die beide dem Abschuss ihres Gegners zugestimmt hatten, von der strategischen Bühne abgetreten.

Wie Tōgō hatte er versucht, in dem seines Erachtens entscheidenden Augenblick ein Maximum strategischer Vorteile für seine Heimat zu erzielen. Gescheitert war er letztlich weder an der eigenen Unzulänglichkeit noch am Mangel an Kompetenz, Einsatzbereitschaft oder Tapferkeit seiner Flotte, sondern einzig an der Überlegenheit der amerikanischen Geheimdienste und ihrer Abhör- und Dechiffriererfolge. Wären dem US-Flottenkommando sowohl bei Pearl Harbor wie bei Midway die wesentlichen Punkte der japanischen Strategie nicht schon vorab bekannt gewesen, wäre der Ausgang sicherlich jeweils ein anderer gewesen. Ob der Krieg dadurch insgesamt eine andere Wendung genommen hätte, darf bezweifelt werden, Yamamoto wäre diesbezüglich sicher einer der größten Skeptiker gewesen.

Wie 1903 hatte sich auch 1941 die Situation ergeben, dass der bevorstehende Konflikt für eine der beiden Kriegsparteien fatal enden musste. Die damals unter Tōgō erreichte Suprematie mit all ihren Folgen und immanenten Zwängen war für Japan nun zum Fluch geworden und hatte die Warnungen Einzelner, darunter am prominentesten Yamamotos, gegenstandslos werden lassen. Das japanische Großreich endete 1945 so abrupt wie es 1905 entstanden war.

18. The British Tradition

Walter Cowan (1871–1956) &
Simon the Cat (1947–1949)

Aus der großen Zahl von Marinegestalten des 20. Jahrhunderts einige exemplarisch herauszupicken erscheint schwierig und im höchsten Maße subjektiv, zu groß ist die Fülle der Vorarbeiten. Wir wollen unser Augenmerk daher auf zwei Gestalten der englischen Marine lenken, welche deutlich außerhalb der Aufmerksamkeit stehen und deren Leben und Leistungen allenfalls als Fußnote Eingang in die großen Darstellungswerke gefunden haben.

Beginnen wir mit Walter Cowan. 1871 in die Familie eines Infanterieoffiziers im walisischen Crickhowell geboren, erhielt er wie viele seiner Altersgenossen niemals eine ordentliche Schulausbildung. Bei einem Hafenbesuch mit seinem Vater entschloss er sich beim Anblick der *HMS Britannia* (ehemals *HMS Prince of Wales*), einem nunmehr als Schulschiff dienenden alten Linienschiff, spontan für die Seelaufbahn und wurde trotz seiner mangelnden schulischen Vorkenntnisse 1884 auf der *Britannia* als Kadett aufgenommen – in derselben Klasse wie der später so berühmte David Beatty (Admiral of the Fleet David Richard Beatty, 1st Earl Beatty, 1871–1936), mit welchem ihn eine lebenslange Freundschaft verbinden sollte.

Erste Einsätze sahen ihn beim Mittelmeer- und Ostindiengeschwader, doch machten gesundheitliche Krisen längere Seeaufenthalte zunächst zunichte. Aber sein zäher Durchhaltewillen obsiegte und 1895 fand er sich auf eigenen Wunsch hin in Südafrika wieder, wo er in mehreren Expeditionen sich bewährte, bevor er sich 1897 zu Kitcheners (Horatio Herbert Kitchener, 1st Earl Kitchener of Khartoum and of Broome, 1850–1916) Armee auf dem Nil meldete, mit welcher er auf einem Kanonenboot bis an die sudanesische Grenze vordrang. Hier eskalierte die eigentlich als Vergeltungsfeldzug für die Ermordung General Gordons in Khartum gedachte Kampagne zu einem erbitterten Grenzstreit mit der französischen Afrikaarmee. Während der um ein Haar zu einem französisch-englischen Krieg führenden Fashoda-Krise kommandierte Cowan die gesamte britische Kanonenbootflottille und erhielt hierfür die D.S.O.-Auszeichnung. Mit Kitchener, dem er mittlerweile unentbehrlich geworden war, wechselte er im Anschluss wieder an das Kap, um dort im Zweiten Burenkrieg als dessen Stabschef zu fungieren. 1901 zum *Commander* promoviert, beschäftigte er sich intensiv mit der neuen Zerstörergattung, 1906 wurde er zum Kapitän ernannt, 1908 zum Kommandeur aller Zerstörereinheiten der Kanalflotte. Seine Hoffnung auf große Einsätze im 1914 ausgebrochenen Weltkrieg wurde zunächst enttäuscht, erst ab 1915 nahm er dann, zuerst als Flaggoffizier, schließlich als Kommandant der *HMS Princess Royal*, sowohl am Treffen an der Doggerbank wie auch an der Seeschlacht im Skagerrak teil. Seine Reaktion auf den Waffenstillstand 1918 ist bezeichnend für sein tatendurstiges Wesen; während alle anderen Offiziere sich über die Aussicht auf Frieden und Heimkehr freuten, sind von Cowan die Worte überliefert: „Wofür lohnt es sich jetzt noch zu leben?" (Bennett, Baltic, 59).

Die Antwort auf diese überraschende Frage sollte Cowan schon im kommenden Jahr, nunmehr zum Konteradmiral befördert, erhalten. Der Zusammenbruch der russischen und deutschen Kaiserreiche hatte im Baltikum ein Vakuum entstehen lassen, in welchem die Unabhängigkeitsbestrebungen Estlands, Lettlands und Litauens und die schnell vom Prinzip der nationalen Selbstbestimmung zu jenem der erneuten, nunmehr sozialistischen Landeseinheit umgeschwenkte Expansionspolitik der neu entstanden Sowjetunion aufeinandertrafen. Im größeren Kontext des russischen Bürgerkrieges führte dies zunehmend zu Interventionen der alliierten Siegermächte; England sollte hierzu seinen Beitrag durch die Stellung eines Marinekontingents in der Ostsee leisten. Nachdem Admiral Edwyn Alexander-Sinclair (1865–1945) bereits 1918 mit einem Geschwader leichter Kreuzer mehrere Tausend Waffen an die jungen Republiken geliefert und zwei russische Zerstörer aufgebracht hatte, welche als Grundstock der neuen estnischen Marine dienen sollten, fiel es Cowan zu, diese Präsenz 1919 aufrechtzuerhalten. Trotz der massiven Gefahr, die von zahlreichen, zum Teil nicht verzeichneten Minenfeldern in den Küstengewässern ausging, und der immanenten Bedrohung durch die rote Ostseeflotte gelang ihm dies, seinem kämpferischen Naturell entsprechend, in noch größerem Umfang als Alexander-Sinclair – und das mit einer Flottille von lediglich zwei leichten Kreuzern und fünf Zerstörern.

Im jetzt offen ausgetragenen Konflikt konnte Cowan in einem gewagten Vorstoß in die russische Marinebasis Kronstadt zwei der hier liegenden Schlachtschiffe und ein Versorgungsschiff versenken. Die massive Bombardierung der bolschewistischen Nachschublinien von See aus trug ein Übriges zum letztendlichen Erfolg der Unabhängigkeitsbestrebungen sowie zur Neuordnung der ostmitteleuropäischen Landkarte bei, ebenso Cowans unvermutetes diplomatisches Geschick in der Lösung zahlreicher interner Krisen, vor allem in seiner Unnachgiebigkeit gegenüber den deutschen Bestrebungen, hier mittels Freikorps und Resteinheiten des Weltkriegs deutsche Satellitenstaaten zu errichten. Man geht wohl nicht fehl, hierin den größten Beitrag der Royal Navy zur politischen Geschichte der neuesten Zeit zu sehen. Heute, mit der erneuten Unabhängigkeit der baltischen Staaten seit 1990, erinnern wieder Gedenktafeln an die mitunter unglaublichen Leistungen, an Tapferkeit, Opfermut und Einsatzbereitschaft der englischen Marine unter ihrem nur 1,64 Meter großen Admiral. „Wir, im Vereinigten Königreich, wissen alles über Nelson; die Esten wissen alles über Sir Edwyn Alexander-Sinclair und Sir Walter Cowan", sagte der Earl of Carlisle bei einer Gedenkfeier 2006 in Tallinn, und die ebenfalls anwesende Königin Elizabeth II. würdigte deren Einsatz mit den Worten: „Unsere gemeinsame Geschichte, vor allem während des estnischen Freiheitskampfes, ist etwas, das wir nie vergessen werden" (dpa-Berichte vom 19. Oktober 2006).

In Anerkennung seiner Verdienste wurde Cowan 1919 zum *Knight Commander of the Order of the Bath* (KCB) und 1921 zum Baron (*Baronet of the Baltic*) erhoben. Seine weitere Karriere entsprach seinem Rang und auch seiner Bekanntheit – welthistorische Bedeutung sollte sie jedoch nicht mehr erreichen: 1921–1922 Oberkommandierender des Schlachtkreuzergeschwaders der Atlantikflotte, 1925–1926 Erster Kommandierender Offizier der Schottischen Küste, 1926–1928 *Commander-in-Chief* der nordamerikanischen und westindischen Stützpunkte. Es waren die Jahre nach der Washingtoner Flottenkonferenz von 1922 – die Marinen wurden durch Verträge beschränkt und reduziert, so dass Cowan seine Pensionierung 1931 nicht allzu hart getroffen haben dürfte. Seinen alten Kampfgeist aber konnte die nun als alleinige Leidenschaft gepflegte Jagd nicht unterdrücken. Sofort nach Kriegsausbruch 1939 meldete er sich – mit mittlerweile 68 Jahren! – als Freiwilliger, bereit, auch unter seinem Rang zu dienen. 1941 Verbindungsoffizier im östlichen Mittelmeer, stand er alsbald wieder im Gefecht, doch konnten selbst beste Verbindungen zur Marineleitung nicht mehr die gewünschten Verwendungen erwirken. Daher wechselte er wiederum auf eigene Initiative zum Landheer, kämpfte als Offizier der *King Edward's Own Cavalry* (Indian 18th) im Afrikafeldzug bei

Mechili und Bir Hakeim, wo er 1942 in italienische Kriegsgefangenschaft geriet. 1943 ausgelöst, diente er als «the King's oldest warrior» in Italien und wurde erst durch den erneuten Waffenstillstand 1945 zum zweiten und damit endgültigen Abschied gezwungen. 1948 ernannte ihn sein indisches Kavallerieregiment zum Ehrenoberst – dies sollte die letzte Auszeichnung sein. Am 14. Februar 1956 starb die lebende Legende mit 84 Jahren friedlich im Bett, jener Mann, den die Militärärzte zu Beginn seiner Laufbahn als gesundheitlich angeschlagen und daher untauglich befunden hatten. Dazwischen hatte er auf allen großen Konfliktschauplätzen des Empire für sechs Monarchen gekämpft und dabei in Fashoda und im Baltikum geholfen, zwei der brisantesten geostrategischen Konfliktherde seiner Zeit zu entschärfen. Zum Erreichen des Nelson'schen Mythos hatten ihm die spektakulären Siege beziehungsweise die Aufmerksamkeit für die seinigen gefehlt. Vergessen aber hat man den großen, schlachtenhungrigen Exzentriker vielleicht in den großen Geschichtswerken, nicht aber im Baltikum: 2007 wurde dort die erste moderne Einheit der neuen estnischen Marine als *Admiral Cowan* in Dienst gestellt.

Das Panorama der britischen maritimen Außergewöhnlichkeiten der Zeitgeschichte aber darf ein weiteres Wesen nicht unberücksichtigt lassen, welches in Ruhm und Ansehen dem walisischen Seehelden in nichts nachsteht: Simon. Dieser erreichte trotz seines frühen Todes im Alter von drei Jahren eine Berühmtheit, welche der aller Seefahrer nach 1945 zumindest gleichkommt, nicht zuletzt aufgrund seiner besonderen Beschaffenheit. Denn Simon war – eine Katze. 1947 in China geboren, wurde sie sehr früh, wohl Anfang 1948, von einem Matrosen der Fregatte *HMS Amethyst* in Hongkong an Bord genommen, da die dortigen Katzen im Rufe standen, gute Schädlingsbekämpfungsdienste zu leisten. Simon erfüllte die in ihn gesetzten Erwartungen vollauf und wurde bald zum Liebling der Besatzung, vor allem des Kommandanten, Lieutenant Commander Bernard Skinner, RN. Simons Dienst fiel in eine unruhige Zeit: In China eroberten die kommunistischen Rebellentruppen Maos immer mehr Terrain und waren bereits bis an den Yangtse vorgedrungen. Die Royal Navy hatte die Aufgabe, die Neutralität des Flussgewässers zu sichern und im Ernstfall Diplomaten und Residenten aus Nangking zu evakuieren. Am 20. Mai 1949 befand sich *HMS Amethyst* auf dem Weg, in dieser Mission *HMS Consort* abzulösen. Um ihre Neutralität deutlich zu machen, hatte sie an beiden Bordwänden eine überdimensionale englische Flagge angebracht, jedoch vergebens: gegen 8 Uhr 31 wurde sie auf der Höhe von Jiangyin von roter Feldartillerie unter Beschuss genommen, gegen 9 Uhr 30 gesellte sich hierzu schwere Artillerie, deren Salven das Schiff bald zentral trafen. Einer der ersten

Einschläge tötete den Kommandanten und verletzte Simon, der gerade auf der Brücke weilte, schwer. Trotz seiner Verwundung schleppte sich das Tier bis zum Sanitätsraum, um von dort Hilfe zu holen. Diese kam zwar, dem mittlerweile ausgebrochenen Chaos aber konnte nicht mehr gewehrt werden. Bald trieb die *Amethyst* aus der hochseegängigen Schifffahrtslinie auf die Küste zu, wo sie schließlich auf Grund lief. Die herbeigeeilte *Consort* konnte ebenso wenig Hilfe bringen wie die verzweifelten Versuche der verbliebenen Besatzung. Maoisten besetzten das Schiff, welches vor Ort interniert wurde. Es begann ein zäher Nervenkrieg zwischen dem Gouverneur in Hongkong, der Marineleitung und den Aufständischen um die Freilassung der Gefangenen, welche die Kommunisten nur unter der Prämisse erlauben wollten, dass Großbritannien eingestände, unter Verletzung der Neutralität das Feuer zuerst eröffnet zu haben. Da dies unannehmbar – und faktisch absurd – war, nahm die Drangsalierung der internierten Mannschaft durch Verhöre, Essensrationskürzungen und Drohungen immer mehr zu. In dieser Bedrängnis wurde der erstaunlich schnell wieder einigermaßen genesene Simon nicht nur zum Hoffnungsträger und Maskottchen der Eingeschlossenen, sondern aufgrund seiner phänomenalen Jagdeigenschaften auch zur Stütze bei der Aufrechterhaltung von Hygiene und Sauberkeit. Legendär wurde sein Fang der angeblich fettesten Ratte, welche man jemals auf einem Navy-Schiff gesehen hatte und passend Mao Tse-Tung nannte; Simon lieferte sie eines Morgens säuberlich erlegt wie all seine Trophäen vor der Kombüse ab. Die schnelle Erholung ihres lebenden Talismans gab der Besatzung schließlich auch den Mut, den einzig verbleibenden Ausweg aus der ansonsten zunehmend aussichtslosen Lage zu wählen. Unter ihrem neuen Kommandanten, dem Zweiten Britischen Naval Attaché, Lieutenant Commander John Keran, lichtete *HMS Amethyst* am 30. Juli, nach erfolgter Verlegung der Verwundeten in die umliegenden Hospitale und wiedererlangter Manövrierfähigkeit, gegen Mitternacht ihre Anker und machte sich im Schutz der Dunkelheit auf den 168 km langen Weg zurück nach Hongkong. In einer navigatorischen und taktischen Meisterleistung ohnegleichen gelang es, nicht nur dem Feuer der Uferbatterien, sondern auch jenem der Sperrfestungen Baoshan und Wusong zu trotzen sowie mehrere Schiffsfriedhöfe ohne verlässliche Karten (diese waren konfisziert worden) zu durchqueren. Nach der Passage von Wusong war das offene Meer erreicht und die *Amethyst* setzte den berühmtesten englischen Funkspruch der sogenannten Nachkriegszeit ab: „Haben uns mit der Flotte südlich von Wusong wieder vereinigt – – – kein [weiterer] Schaden – – – keine [weiteren] Toten oder Verwundeten – – – Gott schütze den König (Have rejoined the fleet south of Woosung … No damage … No casualties … God save the King!)". Als das ziemlich mitgenommene Schiff im Triumph wieder in Hongkong einlief, waren es selbst, der Kommandant und die Besatzung und natürlich Simon zu internationalen Helden und Symbolen der freien Welt geworden. Funksprüche, Nachrichtensendungen und Wochenschauen auf der ganzen Welt verbreiteten die ergreifende Geschichte von der tapferen Flucht eines kleinen Schiffes und seines ‚Haustiers‘ angesichts schier unüberwindbarer Schwierigkeiten. Simon erhielt sowohl die Blue-Cross-Medaille wie auch die Dickin Medal, die höchste Auszeichnung des Empires für Tiere im Kampf, umgangssprachlich das *animal Victoria Cross* genannt – und dies bis heute als einzige Katze. Er sollte seinen Ruhm aber nicht lange lebend genießen. In der Quarantäne in Surrey zog er sich bei der Nachbehandlung seiner Verwundungen einen Virus zu, dem er am 28. November 1949 erlag. Nicht nur das englische, auch das weltweite Echo auf diesen Todesfall war ungeheuer. Von überallher trafen Beileidstelegramme, Blumen und Nachrufe ein, das *Time Magazine* brachte einen eigenen Beitrag in seinem Obituarium. In Anwesenheit der gesamten Besatzung, hoher Vertreter der Admiralität und sogar eines Geistlichen wurde Simon in einem eigens angefertigten Körbchen, bedeckt mit dem Union Jack, auf dem Ehrenfriedhof *PDSA Animal Cemetery* zu Ilford beigesetzt. Sein Grabmonument trägt folgende Inschrift:

In
Memory of
„Simon"
Served in
H.M.S. Amethyst
May 1948 — September 1949
Awarded Dickin Medal
August 1949
Died 28th November 1949.
Throughout the Yangtze Incident
His Behaviour was of the Highest Order

Exzentrikertum eines versponnenen Inselvolkes? Randerscheinungen – der kampfverrückte Admiral und die tapfere Katze? Vielleicht, aber das Leben zur See und die Berichte davon wären ärmer, blasser und fahler ohne sie – auch der unsrige.

19. Die Meere erkunden und bewahren

Albert Ier de Monaco (1848–1922) & Jacques-Yves Cousteau (1910–1997)

Wie bereits im Vorwort und in einigen der vorgehenden Kapitel angeklungen, ist die Seefahrtsgeschichte weit davon entfernt, eine reine Auflistung von Waffentaten zu bilden. Die Erforschung des Meeres an sich, auch jenseits allen kartographisch-nautischen Nützlichkeitsdenkens, also die Wahrnehmung des Lebensraumes See mit all seinen Komponenten ist im Gesamtspektrum der See- und Schifffahrt allerdings eine relativ junge Disziplin, welche gleichwohl seit der Antike (man denke nur an Plinius) ihre Vorläufer hatte und auch in einigen futuristischen Werken des 19. Jahrhunderts vorgezeichnet wurde (etwa in Jules Vernes «20.000 Meilen unter dem Meer», erschienen 1869/70), sich eigentlich aber erst zu Beginn des 20. Jahrhunderts etablierte. Aus der Reihe ihrer maßgeblichen Pioniere seien hier zwei Seeleute von erheblicher Wirkungsgeschichte herausgegriffen: Prince Albert Ier von Monaco und Jacques-Yves Cousteau.

Am 13. November 1848 zu Paris als Sohn des Fürsten von Monaco, Charles' III. (* 1818, reg. 1856–1889) und der belgischen Gräfin Antoinette de Mérode-Westerloo (1828–1864) geboren, deutete an der Wiege des zukünftigen Souveräns nichts auf eine maritime Laufbahn hin. Doch schon bald nach seinen Studien am *Collège Stanislas* in Paris zeichnete sich diese Berufung ab: Nach einem ersten Dienst in der spanischen Flotte (seine Mutter war mit der dortigen Königin verwandt), trat Albert in die französisch-kaiserliche Marine Napoléons III. ein und kämpfte in dieser im Deutsch-Französischen Krieg von 1870/71 mit Auszeichnung, wofür ihm der Orden der Ehrenlegion verliehen wurde.

Als der Prinz 1889 auf den Thron gelangte, war seine maritime Leidenschaft kein Geheimnis mehr. Neben einigen Erfindungen zur Verbesserung und Effizienzsteigerung der Hochseefischerei hatte ihn seit 1870 die Frage der Meeresströmungen vor allem in nördlichen Gewässern beschäftigt. Zu diesem Zwecke hatte er nicht nur eine gewaltige Bibliothek angelegt, sondern auch die einschlägig notwendigen Sprachen Englisch, Italienisch, Deutsch, Portugiesisch, Spanisch und Arabisch erlernt. Nachdem der schwedische König Karl XIII. eine Teilnahme an einer Polarmeerexpedition aufgrund des damit verbundenen hohen Risikos abgelehnt hatte, erwarb Albert 1873 auf eigene Rechnung einen alten Schoner, die *Hirondelle*, und rüstete ihn zum Forschungsschiff um. Zahlreiche Reisen im Mittelmeer und im Atlantik verschafften ihm in den kommenden Jahren die notwendigen Kenntnisse, um die erträumte Nordreise endlich eigenständig antreten zu können. 1882 war es so weit: Mit einer handverlesenen Besatzung unter Leitung des Obermaats Auguste Le Grénier (1834–1910) begab er sich in das Nordmeer. Der stolze Plan, von Schottland aus nach Island und dann bis ins Polarmeer vorzustoßen, um über Norwegen wieder zurückzukehren, scheiterte aber zunächst an den Unbilden des Wetters. Erst weitere Studien und Kontakte zu führenden französischen Marineoffizieren sollten den Erfolg sechzehn Jahre später ermöglichen. Doch schon seine erste Fahrt und die Seriosität ihrer Vorbereitung hatten die wissenschaftliche Welt aufhorchen lassen:

„Die Entschlossenheit und Thatkraft des Führers theilte sich auch allen anderen Theilnehmern bis zum letzten Mann mit, und dieser ausgezeichnete Geist, welcher die Besatzung der wackeren ‚Hirondelle' beseelte, erklärt es uns, wie es möglich war mit verhältnissmässig kleinen Mitteln Bedeutendes zu leisten. Der Plan des Fürsten, die Meeresströmungen im nördlichen atlantischen Ocean besonders in ihrer Rückwirkung auf die französischen Küsten zu studiren, bot den ersten Anlass zu den innerhalb der letzten vier Jahre alljährlich wiederholten Campagnen der ‚Hirondelle' und bestimmte auch das Ziel der Fahrten, bei deren erster (1885) und dritter (1887) auch Prof. G. Pouchet [Charles Henri Georges Pouchet (1833–1894)] mitwirkte. Das Mittel waren die sogenannten Flaschenposten. Hohlkörper verschiedener Art, die man mit einem entsprechenden Documente versieht, werden an bekannten Punkten ausgesetzt und gestatten, sobald sie an einem entfernten Orte wieder aufgefunden werden, einen Schluss über die Bewegung des Wassers. 1885 wurden 169 Schwimmer in einer 170 Seemeilen langen Linie, die ihren Anfang etwa 250 Seemeilen nordwestlich der Azoreninsel Fayal nahm, dem Meere übergeben, 1887 von einem unbedeutend südlicher und westlicher liegenden Punkte ausgehend 931 in einer 600 Seemeilen langen, gegen die Bank von Neufundland gerichteten Linie, die den Golfstrom querte, und ausserdem 65 Stücke in einer 128

Seemeilen langen Linie, die von dem 49° 31′ nördl. Br. und 31° 27′ westl. L. bis zu 48° 58′ nördl. Br. und 28° 27′ westl. L. verlief, somit bedeutend östlicher und nördlicher als die vorigen gelegen war. Ausserdem wurden 1886 in einer beiläufig dem 20° westl. L. folgenden, 444 Seemeilen langen Linie, die sich vom 42° 34′ bis 50° nördl. Br. erstreckte, also nicht zu fern der französischen Küste, 510 Flaschen ausgesetzt. Von diesen 1675 Schwimmern wurden bis jetzt 170, und zwar an der Küste von Norwegen, England, Frankreich, Spanien, Portugal, Marokko, der Azoren, von Madeira, der canarischen Inseln, der Antillen, auf hoher See im atlantischen Ocean und im Mittelmeere aufgefischt. Es lässt sich daraus das Vorhandensein einer circulären Strömung der oberflächlichen Meeresschichten in der Richtung von links nach rechts um einen südwestlich der Azoren gelegenen Punkt als Centrum constatiren. Die Circumferenz dieser ringförmigen Wassermasse streift den Süden der grossen Bank von Neufundland, steigt sodann nach Ostnordost und zieht sich, ohne bedeutend den 51° nördl. Br. zu überschreiten, bis in die Nähe des Canals la Manche, geht, nachdem sich ein Zweig abgelöst, der die Küsten von Irland, Schottland und Norwegen bespült, an dem Eingange desselben vorüber, biegt sich nach Süden um, berührt Westeuropa und Afrika bis zur Höhe der canarischen Inseln, wendet sich hierauf nach Südwest, erreicht den Aequatorialstrom, verschmilzt mit dessen nördlichem Rande, nimmt weiter die Richtung nach Nordwest gegen die kleinen Antillen und verbindet sich endlich mit dem Golfstrom. Ausser mit diesen die Strömungen betreffenden Versuchen bereicherte der Fürst unsere Kenntnisse der physikalischen Verhältnisse des atlantischen Oceans durch zahlreiche Lothungen und Bestimmungen der Temperatur an der Oberfläche und in der Tiefe. Auch barometrische Beobachtungen liegen vor. Behufs Messung der Schwankungen in der Temperatur, sowie der Erleuchtung des Wassers zu den verschiedenen Tageszeiten wurden selbstregistrirende Apparate construirt" (Marenzeller, Wissenschaftliche Unternehmungen, 628 f.).

Wiewohl der Prinz selbst enttäuscht war, stand es „bei der Umsicht und dem Eifer des Fürsten und seines Berathers (...) ausser Zweifel, dass die wissenschaftliche Verwerthung des aufgesammelten Stoffes und somit das Hirondelle-Werk einen raschen Fortgang nehmen wird, mögen auch, wie es zu hoffen steht, neue Unternehmungen, neue Forschungen denselben aufs Neue vergrössern" (ebd., 630).

Dies sollte sich in den vier großen Nordmeerexpeditionen 1898, 1899, 1906 und 1907 an Bord der *Princesse Alice* vornehmlich nach Svalbard in Spitzbergen bewahrheiten. Die hier erreichte Fülle von dokumentierten Ergebnissen im Bereich der Meeresfauna, der Gezeitenströmungen, der Temperaturmessungen und vor allem von damals völlig revolutionären Einsichten bezüglich der Wechselwirkungen von biologischen, ökologischen, ökonomischen und militärischen Maßnahmen (Albert sollte zu einem vehementen Gegner aller menschlichen Eingriffe in die Meereswelten werden) sicherten dem maritimen Prinzen für alle Zeiten den Rang eines Vorläufers und mahnenden Propheten und Advokaten der See.

Nach Abschluss seiner Reisen wurde Albert zum Förderer und Lehrer zahlreicher Meeresforscher, deren Namen sich wie ein früher Personenindex dieser Disziplin lesen: Jean Charcot (1867–1936), Adrien de Gerlache (1866–1934), William Speirs Bruce (1867–1921), Charles Benard (1867–1931), Douglas Mawson (1882–1958) und Ernest Shackleton (1874–1922).

Eine bleibende Hinterlassenschaft aber bilden seine zahlreichen, aus eigenen Mitteln gestifteten Gründungen: 1889 das *Institut océanographique de Monaco*, 1899 (1910 eingeweiht) das *Musée océanographique de Monaco*, 1911 das *Institut océanographique de Paris* sowie 1910 das Pariser *Institut de paléontologie humaine*.

Dass Frankreich zu Ehren dieses großen Mannes der maritimen Wissenschaften einem Teil seines Kerguelen-Archipels den Namen «Îles du Prince de Monaco» gab und 1932 eine der Hauptverkehrsadern seiner Hauptstadt in Avenue Albert-Ier-de-Monaco umbenannte, erscheint als gerechtfertigte, wenngleich kleine posthume Würdigung des 1922 verstorbenen Fürsten. In Monaco selbst sprechen bleibende Erfolge und Attraktivität seiner Gründungen, darunter allein das *Musée océanographique* mit jährlich 650.000 Besuchern, für sich. Die 2009 vom jetzigen Fürsten des Felsens, Albert II. (* 1958, reg. seit 2005), angestoßene «Monaco Blue Initiative» setzt Anliegen und Erbe seines Vorfahren, des «prince des mers», zur Erforschung und Bewahrung des Meeresraums in unseren Tagen weltweit fort.

So unterschiedlich die Lebenswege Prince Alberts und Jean-Yves Cousteaus auch von der Wiege bis zum Grabe gewesen sein mögen, so wiesen sie doch auch zahlreiche Gemeinsamkeiten auf. Cousteaus Geburt und familiäres Umfeld zählten jedenfalls zur ersteren Kategorie. Am 11. Juni 1910 in Saint-André-de-Cubzac (Gironde) geboren, waren ihm weder die fürstlichen Lasten noch die mit diesem hohen Stande verbundenen finanziellen Mittel zugefallen. Seine Ausbildung – nach einigen in den USA verbrachten Jahren (in denen er die später für die Vermarktung seiner Produktionen so wichtigen Englischkenntnisse erwarb) – am *Collège Stanislas* zu Paris aber verband ihn mit dem Monegassen ebenso wie der anschließende, 1930 erfolgte Eintritt in die französische Marine. Zum Geschützoffizier befördert, sammelte er in der Folgezeit seine ersten Erfahrungen in der Unterwasserforschung und mit dem Tauchen an Bord der alten, 1909 in Dienst gestellten *Condorcet*, auf der sein lebenslanger Freund Philippe Tailliez (1905–2002) mit den ersten Unterwasserbrillen experimentierte. Als Mitglied des französischen Marinegeheimdienstes wurde er sodann in Missionen nach Fernost (Shanghai und Japan, 1935–1938) und in die UdSSR (1939) entsandt. In den schwierigen Jahren des Krieges und der deutschen Besatzung entstanden die ersten Unterwasserfilme, so 1943 «Par dix-huit mètres de fond» (18 Meter unter dem Meer), welche, mit Tailliez und Frédéric Dumas (1913–1991) gedreht, den Ruhm Cousteaus als Meeresfilmer begründeten. Noch im gleichen Jahr folgte «Épaves» (Wracks) mittels erstmaligen Einsatzes der *Aqua-lungs*, des weltweit ersten selbständig arbeitenden Unterwasseratmungsgeräts. Ob Cousteau tatsächlich – wie manchmal behauptet – der Vater des Drucklufttauchgeräts war (dies war eigentlich Yves Paul Gaston Le Prieur, 1885–1963), sei bezweifelt, jedenfalls verhalf er ihm zum Durchbruch. «Épaves» bedeutete auch die Anerkennung der jungen Equipe von Tauchern durch offizielle Stellen. 1946 beauftragte Admiral André-Georges Lemonnier (1896–1963) sie mit der Gründung der Unterwasserforschungsgruppe der französischen Marine (*Groupement de Recherches Sous-marines, GRS*), welche alsbald auf Betreiben Cousteaus in «Unterwasserforschungs- und -studienabteilung (*Groupe d'Études et de Recherches Sous-Marines, GERS*)» umbenannt wurde. Die bis 1949, dem Jahr des Austritts Custcaus aus der *Royale*, erbrachten Ergebnisse, darunter die Dokumentation eines römischen Galeerenwracks vor der tunesischen Küste, sowie seine mit hoher Auflagenzahl gut verkauften ersten Publikationen etablierten den Ruhm des Teams. 1950 gründete er die «French Oceanographic Campaigns (FOC)» und bekam durch den britischen Milliardär Thomas Loel Evelyn Bulkeley Guinness (1906–1988) das ehemalige englische Minenräumboot *RV Calypso* zur Verfügung gestellt – dies unter der einzigen Auflage, pro Jahr einen Franc symbolischer Leihgebühr zu zahlen und die Identität des Gönners nicht zu verraten. Zum Forschungsschiff umgebaut (wie einst Alberts *Hirondelle*), sollte es Cousteau bei seinen weiteren Unternehmungen bis 1996 begleiten.

1953 erschien sein bahnbrechendes, in englischer Sprache verfasstes Werk «The Silent World – A Story of Undersea Discovery and Adventure, by the First Men to Swim at Record Depths with the Freedom of Fish» (in Zusammenarbeit mit Dumas), dessen Verfilmung (*Le Monde du silence*, Frankreich 1956, Regie: Cousteau, 85 min) – Gewinner der Goldenen Palme 1956 in Cannes sowie des Oscars für den besten Dokumentarfilm 1957 – Cousteaus Weltruhm etablierte. 1957 wurde er zum Direktor des von Albert gegründeten *Musée océanographique* in Monaco gewählt und im Anschluss in die *United States National Academy of Sciences* aufgenommen. 1960 markierte seine Aktion gegen die Endlagerung atomarer Abfälle im Mittelmeer den Beginn einer ‚grünen' Meerespolitik, während ihn seine in den USA produzierten Meeresfilmserien weiter berühmt machten. 1973 gründete er die «Cousteau Society for the Protection of Ocean Life» (heute weltweit 300.000 Mitglieder), 1976 fand er das Wrack der *RMS/HMSM Britannic* und des französischen Linienschiffes *La Thérèse* (vor Kreta), was deutlich in Richtung einer zunehmenden Popularisierung deutete. Der Zenit des Ruhmes war überschritten, die weiteren Veröffentlichungen und Stellungnahmen, darunter 1991 zur internationalen Bevölkerungskontrolle und -reduzierung, wurden zum großen Teil mit Befremden aufgenommen und mitunter als peinlich empfunden, vor allem auch sein Engagement für die UNO und die Weltbank (was die Motivationen deutlich werden ließ). Die oftmals behauptete Konversion zum Islam aber – was diesen Aktivitäten und Denkhaltungen deutlich widersprochen hätte – war eine Zeitungsente und belegte nur die Medienwirksamkeit einer inzwischen sich überlebenden Legende. 1992 verstorben, erhielt er ein christlich-katholisches Begräbnis auf dem Heimatfriedhof in Saint-André-de-Cubzac.

Bei aller zum Teil berechtigten Kritik an Cousteau sollte man aber nicht vergessen, dass dieser eben niemals über die Mittel eines Prince Albert oder die universitären Möglichkeiten der ihm bekannten Joan du Plat Taylor verfügte, sondern auf die Öffentlichkeitswirksamkeit seiner Produktionen – und deren Erträge – angewiesen blieb. Im eigentlichen Sinne war er niemals ein Wissenschaftler geworden und stand dem hehren Anspruch des Monegassen und der britischen Bibliothekarin, deren wie ihrer *socia* Honor Frost Freund und Helfer er wiewohl zeitweilig geworden war, zeitlebens fern. Mit seinen Entwicklungen – vor allem des Tauchgeräts – und seinen über 120 Fernsehproduktionen sowie über 50 Buchpublikationen trug er aber wie kein anderer zur Popularisierung der Unterwasserforschung und des Anliegens der Erhaltung des Meeresraumes in Zeiten zunehmender ökologischer Bedrohung bei. Von daher rechtfertigt sich seine Aufnahme in die vorliegende Anthologie an der Seite des fürstlichen Albert, dessen Enthusiasmus und Ideal er wohl verstanden hatte, dessen Lebenswelten ihm aber eo ipso verschlossen blieben.

20. Geschichte unter Wasser finden

Joan du Plat Taylor (1906–1983)
& Robert Ballard (* 1942)

Das Meer besteht zum größten Teil aus Wasser. Diese Beobachtung mag banal klingen und sie ist es auch. Ihre Konsequenzen aber sind enorm und oft jenseits der öffentlichen Wahrnehmung. Während Geschichte zu Lande unweigerlich Spuren in Form von Realquellen, Siedlungsstätten und Kulturlandschaften hinterlässt, ist dem auf dem Meere zumal unmittelbar nicht so. Eine Seeschlacht, ein Schiffsunglück, eine Entdeckungsreise – was davon in der rezeptorischen Geschichtswahrnehmung bleibt, verdankt dies entweder der menschlichen Erinnerung oder aber Quellen, welche an Land überliefert sind. Der Besuch einer historischen Stadt, eines Schlosses oder eines Schlachtfeldes kann erbaulich, anregend oder lehrreich sein – in jedem Falle aber ist er aussagekräftig und informativ. Maritime Leistungen können nicht *in situ* nachverfolgt oder gar nacherlebt werden – hier trifft der Mensch eben immer auf das vermeintlich gleiche Wasser.

Dieser Umstand gepaart mit menschlicher Entdeckerfreude stand am Anfang der Unterwasserarchäologie, also des Unterfangens, dem Meer die Geheimnisse der Vergangenheit zu entreißen und für Forschung, Wissen und Erkenntnis zugänglich zu machen. Seit frühesten Zeiten hatte es immer wieder Funde dieser Art gegeben, sei es in Form von Anschwemmungen oder aber als Ergebnis von natürlichen (wie etwa Versandung) oder artifiziellen Prozessen (etwa Hafenerweiterungen). Die systematische Suche und Auswertung submaritimer Relikte erfolgte erst zu Beginn des 20. Jahrhunderts; aus ihrer vergleichsweise kurzen Geschichte seien zwei Personen ausgewählt, deren Leistungen sowohl das Pionierhafte wie auch die wissenschaftliche Etablierung idealtypisch umfassen: Joan du Plat Taylor und Robert Ballard.

Als Joan du Plat Taylor am 26. Juni 1906 in der Kaserne Glasgow Barracks in Schottland geboren wurde, deutete weder ihr familiäres Umfeld noch die akademische Landschaft der Zeit auf ihre zukünftigen Taten voraus. Als Enkelin Colonel John Lowther du Plat Taylors (1829–1904), des Begründers des britischen Armeepostdienstes, und Tochter eines ebenfalls als Offizier dienenden Vaters wurde ihr von der aus großbürgerlicher Familie stammenden, aber dem pädagogischen Freiheitsideal der Jahrhundertwende anhängenden Mutter Alice Home-Purves jeglicher Schulbesuch prinzipiell untersagt. Die schwere Verwundung des Vaters während eines Gasangriffs an der Westfront des Ersten Weltkriegs bewirkte ab 1926 eine saisonale Übersiedlung nach Zypern als therapeutische Maßnahme. Hier, auf der zwischen 1878 und 1960 in englischem Besitz sich befindlichen Mittelmeerinsel, kam Joan zum ersten Male mit der antiken Kultur und dem Phänomen des Kulturaustauschs auf dem Wasserwege in Kontakt. Als eine gemäß dem Ideal ihrer Mutter völlig frei aufwachsende junge Dame hatte Joan zwar keinerlei akademische Vorbildung (auch der Universitätsbesuch galt als verpönt), hatte sich jedoch als Autodidaktin nicht nur das Lesen beigebracht, sondern darüber hinaus aus der umfangreichen Bibliothek ihres Vaters eine erstaunliche Belesenheit und Allgemeinbildung angeeignet, welche sie nun lokal- und sachspezifisch aus den Beständen der Bibliothek des *English Club* ergänzte; den Erwerb moderner Fremdsprachenkenntnisse erleichterte das kosmopolitische Klima der Insel.

Bei der Wahl ihres künftigen Lebensinhalts halfen ihr die Zeitumstände: 1925 war Zypern britische Kronkolonie geworden, auf der Insel erblühte in den 1920er Jahren die Archäologie in bisher nicht gekannter Intensität. Eine Schlüsselrolle kam dabei Rupert Forbes Gunnis (1899–1965) zu, der von 1926 bis 1932 als Sekretär des Königlichen Gouverneurs auch für die Kulturdenkmäler und ihre Erschließung sowie von 1932 bis 1935 als *Inspector of Antiquities* des *Cyprus Museum* für deren wissenschaftliche Auswertung und museale Konservierung verantwortlich war. Ohne jegliche formale Qualifikation meldete sich Miss du Plat Taylor spontan als freiwillige Museumsassistentin und wurde bald zur rechten Hand nicht nur von Gunnis, sondern auch des seit 1931 amtierenden Museumsdirektors Porphyrios Dikaios, der zwischen 1932 und 1935 die Ausgrabungen in Erimi organisierte. 1935 avancierte Joan zur stellvertretenden Museumskuratorin und leitete in dieser Funktion mit Dikaios die Grabungen in der neolithischen Siedlung Khirokitia (1934–1946). Den Weg zum Wasser aber fand sie mit den Untersuchungen der spätantiken Stätte Ayios Philon, welche neben der zentralen Basilikaanlage erstmals auch eine vollständige Erfassung der

Hafenanlagen mit einschlossen. Über zahlreiche akademische und populäre Publikationen, darunter in den *Illustrated London News*, hatte Joan inzwischen einen beträchtlichen Bekanntheitsgrad weit über die Grenzen des Eilands hinaus erreicht. Die Ernennung zur Bibliothekarin des *Institute of Archaeology* an der University of London 1945 kann daher, trotz wiederum völligen Mangels einschlägiger Ausbildung, nicht überraschen. In dieser Funktion, ausgestattet mit den besten Verbindungen – das Institut war damals die zentrale Ausbildungsstätte aller graduierten britischen Archäologen – und weiterhin grabend in der Mittelmeergegend tätig, wurde das «Team du Plat Taylor» bald zum Synonym innovativer und avantgardistischer Archäologie. Die Bekanntschaft mit den Errungenschaften Cousteaus in den 1950er Jahren weiteten diese Perspektive erstmalig auf die maritimen Plätze aus. Seit Mitte der 50er Jahre tauchte du Plat Taylor regelmäßig, meist in Verbindung mit ihrer lebenslangen Kollegin und Freundin Honor Frost (1917–2010) und oft gemeinsam mit Cousteaus *associé* Frédéric Dumas (1913–1991). Der spektakulärste dabei gemachte Fund war ein bronzezeitliches Schiff aus dem 12. Jahrhundert v. Chr. vor Kap Gelidonya (1959). Durch den Fotografen und Unterwasserpionier Peter Throckmorton (1929–1990), oftmals leider unter Missachtung der Verdienste du Plat Taylors und Frosts allein als «Vater der Unterwasserarchäologie» apostrophiert, wurde dieser Fund zu einer weltweiten Sensation und etablierte das Fach endgültig als akademische Disziplin. 1964 wurde das *Committee (*später*: Council) for Nautical Archaeology (CNA)* gegründet, 1965 erschien du Plat Taylors bahnbrechendes Sammelwerk «Marine Archaeology». Nach ihrer Pensionierung 1970 widmete sie sich weiter diesem Anliegen, ab 1972 als Gründerin und Chefredakteurin (bis 1980) der Zeitschrift *The International Journal of Nautical Archaeology and Underwater Exploration*. 1976 verlieh ihr die Universität von Pennsylvania in Anerkennung ihres Lebenswerkes die Doktorwürde als erste akademische Auszeichnung – im Alter von 70 Jahren.

Sieben Jahre später verstarb die große alte Dame der Unterwasserarchäologie, eine echte *self-made woman* im besten Sinne des Wortes zu einer Zeit, als ihre Disziplin längst die epochalen Grenzen der Antikenforschung hinter sich gelassen hatte. Wiewohl ihre Funde weder allein auf dem Gebiet der Meereserforschung zu suchen sind, noch ihrer Leistung allein zugeschrieben werden können, war es doch sie, die den Weg für alle nachfolgenden Generationen von Forschern bereitete und der Unterwasserarchäologie den Geruch des Spleenigen, des Hobbys und der Verrücktheit nahm. Der von ihr aus persönlichen Mitteln gestiftete *Joan du Plat Taylor Award*, vergeben von der *Nautical Archaeology*

Society, deren erste Präsidentin sie gewesen war, gilt noch heute als deren renommierteste Auszeichnung.

Fällt das Wirken du Plat Taylors zeitlich in die Anfänge der Unterwasserarchäologie und ihrer Anerkennung, so ist die mittlerweile enorme Öffentlichkeitswahrnehmung dieser Disziplin mit einem anderen Namen verbunden: Robert Ballard.

Am 30. Juni 1942 in San Diego als Sohn deutsch-britischer Eltern geboren, entdeckte er früh seine Liebe zum Meer und den damit verbundenen Lebenswelten – nach eigener Aussage erstmals durch die Kindheitslektüre von Jules Vernes Roman «20.000 Meilen unter dem Meer». Nach frühen Arbeiten an einem Forschungsunterwasserboot, durch seinen Vater vermittelt, graduierte Ballard 1965 an der University of California, Santa Barbara, als Chemiker und Geologe und begann seine Doktorarbeit im Gebiet der Unterwassergeologie, welche 1967 durch den Wehrdienst als Ozeanograph unterbrochen und 1974 abgeschlossen wurde. Bereits seine Zeit bei der Armee war zu einem großen Teil der Meereserforschung gewidmet (erste Tauchfahrt 1969), die dabei gewonnenen Erkenntnisse, vor allem in Bezug auf die Möglichkeiten ferngesteuerter, unbemannter Erkennungstauchboote, ließen in ihm ab 1973 das Projekt der Erforschung berühmter Wracks reifen. Griff Ballard hierfür also auf militärische Vorarbeiten zum Zwecke ziviler Auswertung zurück, so zeigte sein erstes großes Vorhaben, die Auffindung der 1912 gesunkenen *RMS Titanic*, die gleiche Überschneidung. Ballard wollte hierfür die U.S. Navy als Kooperator und Sponsor gewinnen, diese aber zeigte wenig Interesse an dem rein zivilen Vorhaben, sehr großes hingegen an der Auffindung der Wracks zweier in den 1960er Jahren gesunkenen Atom-U-Boote, welche in der Nähe der Liegestelle der *Titanic* vermutet wurden. Ballard erhielt folglich die gesuchte Unterstützung unter der Prämisse, mit Hilfe des zur Verfügung gestellten Materials zunächst diese zu suchen, was auch gelang. Er war nun frei, seine Ausstattung, vor allem das Tauchboot «Argo», für sein Vorhaben zu nutzen. Diesen unbemannten Unterwasserschlitten, ausgestattet mit mehreren Videokameras, hatte Ballard eigens hierfür konzipiert und mit Bundesmitteln gebaut. Aus der Suche nach den beiden Atom-U-Booten hatte er die Erkenntnis gewonnen, dass ein hoher Druck bei gewaltigen Temperaturunterschieden zur Explosion des umgebenden Materials führen musste – bei den U-Booten waren dies die havarierenden Reaktoren beim Eintreten von Meerwasser gewesen, bei der *Titanic* die Boiler des sinkenden Liners beim Eintauchen in die nur 4° C aufweisenden Aprilozean. Diese Explosionen führten zum Zerreißen der jeweiligen Schiffskörper, was seinerseits in einer weitgefächerten

Fundstelle von kleinsten, weitverstreuten Objekten resultieren musste. Mittels des 'Auges' der «Argo» konnte Ballard so die vermutete Liegestelle absuchen und nach Objekthäufigkeit kartographieren. Dieses Procedere, so die Überlegung, musste bei steigender Funddichte unweigerlich den Weg zum Wrack selbst weisen. Am 1. September 1985 sollte sich dies bewahrheiten, die *Titanic* war gefunden. Eine detaillierte Untersuchung des Fundes verbot sich zunächst aufgrund der inzwischen ablaufenden Verfügbarkeit des Forschungsschiffes *RV Knorr (USN)*, doch im Juli 1986 kehrte Ballard, nunmehr hinlänglich berühmt, an Bord der *RV Atlantis (AGOR-25)* zur Fundstelle zurück, welche er mit Hilfe der 1964 konzipierten *Alvin (DSV-2)*, einem bemannten Tauchboot, zudem ausgerüstet mit *Jason Junior*, einem unabhängig operierenden filmischen Suchgerät, näher dokumentieren konnte. Das Ergebnis ist bekannt, wurde in unzähligen Publikationen weltweit festgehalten.

Der Weltruhm Ballards war nun etabliert und er konnte seinen Traum von der Suche berühmter Wracks fortsetzen. Das nächste Objekt seiner Begierde übertraf an Schwierigkeiten die *Titanic* bei weitem. Das 1941 nach einer epischen Verfolgungsjagd bei 48° 10′ N, 16° 12′ W nordwestlich der Bretagne gesunkene deutsche Schlachtschiff *Bismarck* gehörte aufgrund seines berühmten, aber nur neun Tage währenden aktiven Kampfeinsatzes sowie der bis dahin nicht endenden Querelen um die Frage, ob es durch Selbstversenkung (Öffnen der Bodenventile) oder aber durch Feindtreffer sein Ende gefunden hatte, zu den großen mythischen Schiffen aller Zeiten. Allerdings liegt das Wrack 4.000 Fuß tiefer als die *Titanic*, was für Material und Vorgehensweise erheblich gesteigerte Schwierigkeiten mit sich brachte. Nach mancherlei Unbilden, unter denen der Tod von Ballards Sohn in der Heimat das tragischste Element bildete, gelang es ihm tatsächlich, am 8. Juni 1989 das Wrack zu orten und fotografisch zu erfassen. Doch das Ergebnis stieß nicht auf allgemeine Zustimmung. Da Ballard aufgrund seiner Aufnahmen zu der Theorie der Selbstversenkung neigte, arbeitete die Royal Navy in Union mit britischen Fernsehanstalten an einem Konkurrenzunternehmen, welches dann 2001 das gewünschte – gegenteilige – Ergebnis lieferte. Immerhin stand der Mythos von Churchills Weisung „Sink the *Bismarck*!" auf dem Spiel, welcher 1960 unter anderem in einem publikumswirksamen Propagandafilm verarbeitet worden war. 1941 hatte die Navy nahezu ihren gesamten Schiffsbestand mobilisiert, um die vermeintliche Bedrohung aus Nazideutschland (die *Bismarck* war *das* maritime Aushängeschild der Nazipropaganda) auszuschalten – die emotionalen Konnotationen auf mehreren Seiten sind von daher verständlich.

Auf ähnlich politisch-national aufgeladenes Eis begab sich Ballard 1993, als er das – bereits bekannte – Wrack der *RMS Lusitania* forensisch untersuchte. Die *Lusitania* war 1915 vor der irischen Küste (51° 25′ N, 8° 33′ W) Opfer eines deutschen Torpedoangriffs geworden, wobei die Seekriegsleitung immer behauptet hatte, das Schiff hätte Waffen und andere kriegswichtige Güter unter der Tarnung eines Passagierliners transportiert, während die Alliierten den Vorgang als seerechtliche Barbarei (1.198 Menschen hatten den Tod gefunden) bezeichneten. Das Rätsel um die berühmte zweite Detonation nach dem Torpedoaufschlag (Boilerimplosion oder Explosion im Waffendepot?) konnte oder wollte aber auch Ballard nicht klären.

Angesichts dieser trüben Gewässer der europäischen Erinnerungskultur ist es vielleicht verständlich, dass der tauchende Starforscher sich nunmehr amerikanischen Schiffsikonen zuwandte: 1998 fand er das Wrack des bei Midway gesunkenen Trägers *USS Yorktown*, 2002 das unscheinbare Torpedoboot *PT-109*, welches dadurch Berühmtheit erlangt hatte, dass John F. Kennedy darauf seinen Kriegsdienst abgeleistet hatte. Diese Suche war, wie schon einige vorangehende, von der *National Geographic Society* gefördert worden, welche dann auch die Exklusivrechte besaß.

Ebenfalls zum Teil kommerziell ausgerichtet war die Gründung der 1999 verschmolzenen Einrichtungen *Mystic Aquarium* und *Institute for Exploration*, beide in Mystic, Connecticut, ansässig. Zeugnisse, Berichte und Ausstattungsteile von Ballards großen Suchfahrten können hier besichtigt werden.

Ausschließlich wissenschaftlich orientiert ist das *Center for Ocean Exploration and Archaeological Oceanography* an der *University of Rhode Island's Graduate School of Oceanography* unter Leitung Ballards, welcher dieses 2003 ins Leben rief und dort auch die entsprechende Professur bekleidet. Ebenfalls der akademischen Welt zugeschrieben werden können schließlich seine Entdeckungen im Schwarzen Meer, welche mit ihren seit 2005 gemachten Funden Handelswege und Navigation dieses Raumes seit 4500 v. Chr. nachzeichnen, aber naturgemäß keineswegs die öffentliche Aufmerksamkeit erregen konnten wie die oben genannten Objekte.

Über diese beruflichen Aktivitäten hinaus ist Ballard auch als Bewusstseinswecker für die anstehenden maritim-klimatischen Veränderungen sowie als Kämpfer gegen die ständigen Kürzungen staatlicher Mittel für die Unterwasserarchäologie weltweit tätig.

Am Ende der Betrachtung dieser beiden maritimen Leben jenseits des allgemeinen Images vom «Seefahrer» bleibt die Frage nach der Überlebensfähigkeit der für die Schifffahrtsgeschichte unabdingbaren Unterwasserarchäologie. Mehr noch als andere akademische Disziplinen benötigt sie erhebliche, auch öffentliche Mittel. Ballard setzte hier auf publikumswirksame Objekte, doch kann die Zukunft nicht darin bestehen, nur den diversen Star-Wracks aller Nationen nachzuspüren.

Wiederentdeckte mythische Schiffe wie die *HMHS/RMS Britannic* oder die *Yamato* können zwar einer unmittelbaren Breitenwirkung (filmische Umsetzung der beiden genannten Fälle 2000 und 2005) gewiss sein, eine gefundene anonyme Galeere oder ein Handelsschiff aber mitunter eine ganze Epoche des großen Abenteuers «Mensch und See» erhellen.

Epilog:
Unser Bild von der See

I. Tyrannen & Meuterer

William Bligh (1754–1817)

Mythen, dies wurde eingangs und auch danach schon wiederholt konstatiert, stellen einen Hauptaspekt der Wahrnehmung maritimer Geschichte dar. Und welches Bild seegebundener Existenz wäre hierfür ergiebiger denn jenes des tyrannischen Kapitäns, der seine ausgezehrte, nur von verdorbener Kost lebende Mannschaft schikaniert, mit Auspeitschen, Kielholen und Erhängen am Großmast züchtigt und terrorisiert?

Der Natur des Mythos aber ist es eigen, Dinge in einem gewissen gattungsimmanenten Lichte darzustellen, dies nicht selten zulasten der historischen Wirklichkeit.

Zur Illustration dieses Phänomens sei am Ende unseres Bandes jener Mann in den Blickpunkt genommen, welcher in einer Anzahl von Werken vor allem der filmischen Darstellung zum Inbegriff des Seetyrannen und so zum Auslöser der wohl bekanntesten Seerevolte aller Zeiten, kurz: zum Antiseefahrer, zum Anti-Nelson schlechthin wurde.

William Bligh wurde am 9. September 1754 wohl zu Plymouth als Sohn eines Zollangestellten in relativ bescheidene Verhältnisse geboren. Über seine frühe Kindheit und Jugend ist so gut wie nichts bekannt, vor allem nichts hinsichtlich seiner schulischen Ausbildung, was für ein späteres Mitglied der Royal Society immerhin erstaunlich sein mag. Mit sieben Jahren schrieb ihn der Vater schon in die Anwärterliste der Royal Navy ein, mit 16 trat er dort dann tatsächlich seinen Dienst an, zunächst als einfacher Seemann, da sich keine Vakanz für eine Midshipman-Position ergeben hatte (dies sollte erst 1771 der Fall sein). Spätestens 1776 muss die Ausbildung erfolgreich abgeschlossen gewesen sein, da Captain Cook in diesem Jahr Bligh als Navigationsoffizier («sailing master») für die

HMS Resolution auf seiner letzten – fatalen – Reise übernahm. Bligh überlebte das Desaster auf Hawaii und kehrte als einer der Hauptzeugen 1780 nach England zurück. Dem jungen Seeoffizier blieb angesichts des amerikanischen Unabhängigkeitskrieges kaum Gelegenheit zur Hochzeit (mit Elizabeth Betham am 4. Februar 1781), bevor er bis zum Friedensschluss 1783 nahezu ununterbrochen in See sein sollte, darunter unter anderem in der überaus blutigen, aber letztlich unentschiedenen Konvoischlacht bei der Doggerbank (5. August 1781). Gemäß der Navy-Tradition bedeutete Frieden zugleich das Auflegen zahlreicher Einheiten und die Herabsetzung der Offiziere auf Halbsold. Dem im Oktober 1781 zum Leutnant beförderten jungen Ehemann wollte dies nicht genügen und so wechselte er, wie viele seiner auf eigenständige Bestreitung ihres Lebensunterhalts angewiesene Kollegen, zur Handelsmarine. Erst 1787 ergab sich wiederum eine Verwendung in der Navy, als Kommandant im Leutnantsrang auf der *HMAV Bounty* – und damit der Eintritt Blighs in die Weltseefahrtsgeschichte.

Es ist hier nicht der Platz und Ort, alle – bis heute oft mysteriös gebliebenen – Details jenes Prozesses nachzuzeichnen, welcher dann im April 1789 zu jener heute weltbekannten Meuterei führen sollte. Beschränken wir uns auf das sicher Nachvollziehbare, und dies beginnt mit dem Schiff selbst. Wie es das Typenkürzel anzeigt, war die *Bounty* kein Kriegsschiff im klassischen Sinne, sondern lediglich ein bewaffneter Kutter. Dies bedingte nicht nur ihre mehr denn bescheidene Erscheinung (220 t; 27,7 m Länge, 7,4 m Breite und 3,4 m Tiefgang; Bewaffnung: 4 Vierpfünder und 10 kleine Handschwenkkanonen), sondern auch die Besatzung. Diese bestand aus lediglich 44 Mann (mit Bligh als einzigem höheren Offizier) und wies vor allem keine an Bord von Kriegsschiffen ansonsten übliche Marineinfanterie auf (dies ist für die Bedingungen der Meuterei entscheidend). Auftrag des Schiffes und seiner Reise war es, gemäß einem Preiswettbewerb der Royal Society zunächst in Tahiti Brotfruchtbäume an Bord zu nehmen und diese dann in die Karibik zu bringen, wo sie, entsprechend angebaut, experimentell als Nahrung für die Plantagensklaven dienen sollten.

Meteorologische Bedingungen verhinderten eine Umschiffung des Kap Horn, so dass die *Bounty* den Weg über die Südspitze Afrikas nehmen musste. Dies, gepaart mit weiteren Schwierigkeiten in Tahiti (den meisten Angaben zufolge waren die Pflanzen beim Eintreffen der Engländer noch nicht reif für den Transport), verzögerte den Aufbruch zum endgültigen Bestimmungsziel bis zum April 1789. Was sich in der Zwischenzeit auf Tahiti tatsächlich ereignete, ist bis heute umstritten; fest steht, dass die Disziplin der Besatzung unter einem einzigen, noch dazu relativ jungen Offizier sich kaum gebessert haben dürfte. Auf See galt Bligh als harter, aber gerechter Kommandant, im Vergleich zu anderen Offizieren der Zeit lagen seine Disziplinarmaßnahmen eindeutig unter dem üblichen Maß. Sein hohes Interesse an der Naturwissenschaft und vor allem an dem, was heute als Ernährungswissenschaft bezeichnet würde, ließen Bligh vielmehr – eventuell aufgrund seiner Erfahrungen unter und mit Cook – zu einem Advokaten angemessener und gesunder Nahrung auf See werden. Peinlich genau wachte er überdies über die Sauberkeit des Schiffes und der Besatzung. Bezüglich der immer wieder angeführten angeblichen menschlichen Unzugänglichkeit und Kälte Blighs sollte man sich vor Augen halten, dass die *Bounty* dessen erstes eigenständiges Navy-Kommando darstellte und er keinerlei ältere Kollegen zum Austausch an Bord hatte. Solange das Schiff in See war, konnte er die Disziplin in jeder Hinsicht problemlos aufrechterhalten, wiewohl das Scheitern vor Kap Horn vielleicht auf manche Besatzungsmitglieder als persönliches Versagen des Kommandanten gewirkt haben mochte. In Tahiti aber verschlechterten sich die Verhältnisse rapide. Der Kontakt mit den zunächst äußerst freundlichen Ureinwohnern musste auf die Briten wie ein Eintritt in das Rousseau'sche Urparadies gewirkt haben. Angesichts dieser Utopie, welche ja auch in Geist und Werk der Zeit so präsent war, erschienen alle Bindungen an das Gewohnte, an Ordnung, Herkommen und Zucht wie ein zurückliegender Alb. Hierbei sollte man nicht vergessen, dass gerade das vermeintlich so fortschrittlich-liberale England des späten 18. Jahrhunderts keineswegs eine Insel wirtschaftlicher Idylle oder des Wohlstands vorstellte – dies gerade im Vergleich etwa mit französischen Verhältnissen. Die Schiffsbesatzungen rekrutierten sich vornehmlich aus jenen Schichten, für welche selbst die angeblich so miserable Schiffskost (auch dies ist in dieser Verkürzung mittlerweile widerlegt) und all die Unwägbarkeiten auf See eine deutliche Verbesserung gegenüber dem darstellten, was sie an Land erwartet hätte. Denn unter normalen Umständen – und darauf achtete die Navy – erhielten die Leute hier zumal regelmäßig Nahrung und Sold. Doch das inzwischen wohl schale englische Bier und der wenn auch nicht verdorbene Schiffszwieback verloren gegenüber der tropischen Fülle mit ihren scheinbar auch sozial unbegrenzten Möglichkeiten deutlich ihren Reiz. Hier schien die Gelegenheit gegeben, das hergebrachte Leben auch in seiner graduell besseren Form als Seemann endgültig abzulegen und eine neue Existenz zu suchen. Das Verbrennen der *Bounty* nach der Meuterei weist ziemlich deutlich in diese Richtung eines *point of no return*.

Die Gelegenheit war günstig, die Disziplin umständehalber mittlerweile sehr locker, Ordnung schaffende Truppen fehlten und gegenüber stand nur ein Offizier. Es ist aber bezeichnend, dass sich dennoch nicht alle Besatzungsmitglieder dem

Aufstand anschlossen. Dies mochte an im Letzten doch unverbrüchlicher Loyalität und Disziplin, stärkerer Heimatbindung oder aber auch an einem natürlichen Rechtsempfinden gelegen haben. Tatsächlich schloss sich nur etwa die Hälfte der Crew dem Aufstand an, die verbleibenden 17 Mann wurden mit Bligh in einem Beiboot ausgesetzt (dieses konnte nur 14 Mann fassen, die übrigen vier Nicht-Meuterer wurden dann in Tahiti an Land gebracht), ausgerüstet mit lediglich vier Säbeln, einem spärlichen Wasser- und Nahrungsvorrat, einem Quadranten und einem Kompass – ohne Sextant, Zeitmesser oder Seekarte.

Die nächste bewohnte Insel mit europäischer Präsenz war Timor. Bligh versuchte diese zunächst auf einer Art «Insel-Route» zu erreichen, um auf jedem passierten Eiland Proviant aufnehmen zu können. Doch schon der erste diesbezügliche Versuch scheiterte am Widerstand der Eingeborenen und kostete ein Leben. Daraufhin entschloss sich Bligh zu dem unglaublichen Wagnis – doch was blieb ihm anderes? –, die Reise ganz ohne Landgang durchzuführen. Die Erfolgschancen hierfür lagen allenfalls bei 10 Prozent – jedoch der junge Leutnant vollbrachte das schier Unmögliche. In nur 47 Tagen legte er in einem winzigen Boot 6.700 km auf offener See zurück, ohne einen einzigen Mann zu verlieren. Die in der Folge eintretenden Todesfälle waren eher auf die hygienischen Bedingungen in den Zwischenhäfen zurückzuführen, bevor die Besatzung England wieder erreichen konnte.

Der Verbleib der Meuterer unter Fletcher Christian (1764–1793) konnte nie ganz geklärt werden. Dass die Mehrzahl von ihnen bald nach den Ereignissen den Tod fand, scheint gesichert, die Umstände weniger. Eine nach Blighs Rückkehr ausgesandte Suchexpedition der Navy konnte 14 Mann in der Südsee aufbringen, darunter die vier überlebenden Nicht-Meuterer. Wiederum vier davon starben bei einem Schiffbruch auf der Rückreise.

Im Oktober 1790 musste sich Bligh wegen des Verlusts eines königlichen Schiffes einem Kriegsgerichtsprozess unterziehen, aus welchem er als unschuldig in allen Punkten hervorging. Seine nautische Leistung der Reise nach Timor wurde überdies mit Anerkennung bedacht. Von den verbliebenen sechs Meuterern wurden lediglich drei gehenkt (die normale Strafe für Meuterei), zwei aufgrund der Aussage Blighs lediglich der passiven Teilnahme beziehungsweise mangelnden Unterstützung des Kommandanten beschuldigt und nach dem Urteilsspruch von George III. begnadigt, ein Letzter schließlich aufgrund eines – absichtlichen? – Verfahrensfehlers freigesprochen.

Unmittelbar nach dem Prozess veröffentlichte der am 17. Dezember 1790 zum Kapitän beförderte Bligh eine Darstellung der Ereignisse, welche ihm weite Bekanntheit einbrachte. Zwischen 1791 und 1793 unternahm er als Kommandant der

HMS Providence im Verband mit einem weiteren Schiff eine zweite Reise in Sachen Brotfruchttransport, welche erfolgreich und unauffällig verlief. Der gesamte heutige entsprechende Anbau in der Karibik geht somit letztlich auf ihn zurück.

Eine durchgreifende Änderung der mitunter und vor allem unter weniger bekümmerten und disziplinierten Kommandanten als Bligh durchaus harten Bedingungen an Bord aber hatten die Vorgänge um die *Bounty* allgemein nicht erreichen können. Hier stellte erst die große Meuterei 1797 eine Zäsur dar, nach welcher der König persönlich eine Untersuchung anordnete und die Missstände abstellte. In beiden Zentren des Aufstands – Spithead und Nore – war Bligh involviert, jedoch ohne direkte persönliche Verantwortung.

Doch war nunmehr die große Stunde der Navy im Kampf gegen das revolutionär-napoleonische Frankreich angebrochen. Als Kapitän der *HMS Director* kämpfte Bligh bei Camperdown (11. Oktober 1797) gegen drei Einheiten der mit Frankreich verbündeten Niederländer, welche schwere Verluste einstecken mussten, während die *Director* lediglich sieben Verwundete zu beklagen hatte. Mit Nelson war er sodann vor Kopenhagen (2. April 1801), wo er von diesem eigens für seinen Beitrag belobigt wurde – dies vielleicht aufgrund der Tatsache, dass Bligh das berühmte zweite Signal des Admirals zur Fortsetzung des Kampfes, das jenem des Flottenchefs Parker direkt widersprach, als einziger Kommandant ausgemacht und so durch seine Aktion die anderen Einheiten zum Weiterkämpfen veranlasst hatte.

Diese Erfolge, begleitet von den entsprechenden Empfehlungen (vor allem jener Sir Joseph Banks' [1743–1820], des Präsidenten der Royal Society und Hauptsponsors der Brotfruchtexpeditionen) und befördert durch Blighs Ruf eines harten, aber gerechten Kommandanten, trugen ihm schließlich 1803 einen nur am Rande maritimen Posten ein – jenen des Gouverneurs von New South Wales. Ein Zwischenfall während der Blockade der niederländischen Küste, bei dem er einen seiner wachhabenden Leutnants wegen Dienstverletzung und beleidigender Rede hatte inhaftieren lassen, wofür er später von einem Kriegsgericht belangt wurde, tat dieser Ernennung keinen Abbruch – im Gegenteil. Was in Australien vor allem gefragt war, war ein Mann, der die königliche Autorität gegenüber einem immer weiter ausgreifenden Schmugglerunwesen und sich zunehmend selbständig fühlenden Großgrundbesitzern durchsetzen konnte. Das stupend hohe Jahresgehalt von £ 2.000,– (zum Vergleich: 1806 erhielt der Kapitän eines Linienschiffes erster Klasse £ 400,– p.a. und selbst der First Lord of the Admiralty nur £ 3.000,–) mochte den Ausschlag zur Annahme der Stelle gegeben haben. Am 6. August 1806 kam

Bligh mit seiner ältesten Tochter und deren Ehemann, aber unter Zurücklassung seiner Frau und der anderen fünf Töchter, in Sydney an. Die hier von ihm angetroffenen Verhältnisse aber lagen wohl jenseits seiner Erwartungen, „er sollte auf härtere Opposition treffen, als er sie vom Achterdeck eines Seiner Majestät Schiffe gewöhnt war" (Shaw, Bligh).

Da die aus diesen Gegebenheiten sich entwickelnde «Rum Rebellion» keinerlei maritimen Bezug aufweist, sei sie hier nur angesprochen und darauf hingewiesen, dass Bligh sich schließlich nach einigen notwendigen, aber von den Kolonialmagnaten und Schmugglerfürsten (mitunter identisch) wenig geschätzten Maßnahmen einem erneuten Aufstand gegenübersah, als am 26. Januar 1808 400 Milizsoldaten seinen Gouverneurspalast stürmten und Bligh ab- beziehungsweise gefangen setzten. Auch hier muss allerdings wieder die andere Seite gesehen werden: So hart Bligh gegen die in seinen Augen verbrecherischen Großgrundbesitzer vorging, so dauerhaft und zukunftsweisend waren seine Initiativen zur Förderung der landwirtschaftlichen Bedingungen der ärmeren Bevölkerung gewesen.

Nachdem ihm die Ausreise nach England gelungen war, kam es wiederum zu einem Kriegsgerichtsprozess, aus dem Bligh erneut unbehelligt hervorging. Der Anführer der aufständischen Miliz wurde zu einer relativ gelinden Strafe verurteilt, die meisten Rädelsführer und ihre zum Teil wirklich kriminellen Helfershelfer aber gingen straffrei aus, da man ihnen nichts Konkretes nachweisen konnte. Die Zeit der aufrührerischen Umtriebe in New South Wales jedoch war beendet.

In seinen letzten Lebensjahren stieg Bligh auf der üblichen Karriereleiter der Navy noch einige Stufen hinauf: Von 1811 bis 1813 durchlief er die drei Ränge des Konteradmirals, 1814 wurde er zum Vizeadmiral ernannt. Zu diesem Zeitpunkt war der große Krieg nahezu vorbei und Kommandostellen wurden rar. Alles, was ihm verblieb, war die Oberaufsicht über einige Neugestaltungen im Hafen von Dublin, welchen er auch persönlich kartographierte. Am 6. Dezember 1817 starb in London eine der umstrittensten Persönlichkeiten der Seefahrtsgeschichte friedlich im Alter von 63 Jahren.

Als einer der höchstgebildeten, wissenschaftlich interessierten und aktiven Vertreter des britischen Seeoffizierscorps um 1800 war Bligh zeitlebens ein Vorbild von Pflichterfüllung zu Lande, in der Familie und vor allem auf See gewesen. Wenige aktive Offiziere wurden wie er in die Royal Society aufgenommen, seine Verdienste um die Ernährung zur See, den Nahrungsmittelanbau in der Karibik wie auch um die innere soziale Sicherheit in Australien blieben unbestritten und dauerhaft. Dennoch war es ihm nie – wie Nelson und den Offizieren seiner *Band of Brothers* – gelungen, die menschliche Anhänglichkeit seiner Untergebenen und Besatzungen zu gewinnen. Charisma kann man nicht erzwingen, noch weniger allgemein voraussetzen und den entsprechenden Mangel auch niemandem ernsthaft ankreiden. Die ihm posthum gemachten, zum Teil absurd-infamen Vorwürfe sind vor allem im Lichte einer nachträglichen ideologischen Instrumentalisierung der Vorgänge um die *Bounty* zu sehen, nicht zuletzt aufgrund der zeitlichen Koinzidenz mit anderen Ereignissen des Jahres 1789.

Ein gespanntes Verhältnis zwischen Kommando und Besatzung eines Schiffes war beileibe kein britisches Phänomen, an anderen Orten und zu anderen Zeiten – vor allem in der kaiserlichen russischen und deutschen Marine nach 1900 – sollte es ganz andere Folgen zeitigen. Dass es der Navy gelang, die Unruhen 1797 nicht nur zu meistern, sondern auch die Wurzeln des Übels anzugehen, spricht für innere Vitalität.

Der Traum von Utopia aber war damit nicht gebannt, am allerwenigsten auf dem Meere, dem dieser ja immanent ist. Die hohen Zahlen englischer Deserteure hin zur jungen U.S. Navy vor allem im Vorfeld des Krieges von 1812 liefern hierfür einen deutlichen Beleg.

Diese junge maritime Verwirklichung des Ideals einer neuen, besseren Welt kann tatsächlich bis heute darauf verweisen, in ihren Reihen niemals eine Meuterei gesehen zu haben (die Fiktion der *USS Caine* entsprang der Feder Herman Wouks). Doch sollte man dabei nicht vergessen, dass die U.S. Navy unter anderen Bedingungen angetreten war und vor allem über andere personelle Ressourcen verfügt(e) als England. Dieses stand von 1793 bis 1815 mit wenigen Unterbrechungen im Kampf gegen Frankreich – zur See zumeist allein. Harte und menschlich fragwürdige Maßnahmen, vor allem im Hinblick auf die Rekrutierung mittels bewaffneter Gruppen («press gangs») ohne Zustimmung der mitgenommenen Personen, waren daher oft unvermeidlich. Allein – mit gekidnappten Mannschaften, Karriereoffizieren, Misshandlungen an Bord und verdorbenem Essen sowie fauligem Wasser hätte die Royal Navy niemals das leisten können, was sie tatsächlich vollbrachte.

Diese Anti-Mythen mögen dazu dienen, den behaglich in seinem Lehnstuhl mit einem Buch oder vor dem Bildschirm sich räkelnden Betrachter zu gruseln – der historischen Wirklichkeit entsprechen sie nicht (gänzlich). Aber die Träume von der See werden auf verschiedene Arten geträumt und mit diversen Ingredienzien gewürzt – zum Entzücken von Romanautoren und Filmemachern.

II. Fiktive Seefahrer

Horatio Hornblower & Archibald Haddock

Da die maritime Welt nun einmal voller Mythen, Wunsch- und Traumreflexionen ist, die – wie gesehen – auch die historische Wirklichkeit realer Personen überlagern, wäre es schade, unsere Anthologie ohne jede Erwähnung gänzlich fiktiver Gestalten zu beschließen. In diesen Produkten literarisch-künstlerischer Imagination finden sich im Idealfall alle Ingredienzien des «perfekten» beziehungsweise «typischen Seefahrers». So problematisch diese Qualifikation im Bezug auf historische Gestalten auch sein mag, so bezeichnend und aussagekräftig ist sie für diese Phantasieprodukte, welche im Umkehrschluss auch unsere Sichtweise auf die wirklichen Seefahrer beleuchten und offenlegen.

Aus dem großen Fundus der hier infrage kommenden Personen seien zwei herausgegriffen, die in ihrer völlig unterschiedlichen Anlage und Darstellung nahezu alle oben angesprochenen Kennzeichen aufweisen: Captain, später Admiral Horatio Hornblower und Capitaine Archibald Haddock.

Ersterer wurde vorgeblich am 11. Juni 1771 in eine nicht arme Familie Südenglands und damit in die große Zeit der Navy und ihres Kampfes gegen Frankreich hineingeboren. Nach einer umfangreichen Ausbildung in allen relevanten Fächern, aber auch in allen klassischen und modernen Sprachen, sowie nach einer Art Sonderstudium in Mathematik, Navigation und Astronomie kam er im Alter von 17 Jahren als Midshipman zur Royal Navy, in deren Diensten er aufgrund überragender Befähigungen schnell aufsteigen sollte. Einzig die bekanntermaßen penible Prüfung zum Erwerb des Leutnantpatents setzte Hornblower gewaltig zu – ein Umstand, der jedoch durch das für ihn günstige Eintreffen einiger französischer Branderschiffe just zum Zeitpunkt des Examens erleichtert wurde, konnte er doch durch deren Abwehr und Vernichtung gegenüber den versammelten hohen Offizieren seine praktischen Qualitäten eindrucksvoll unter Beweis stellen.

Sein erster Seedienst als Offizier sah ihn dann 1793–1800 in der Karibik, wo er unter anderem die Geisteskrankheit (vielleicht wäre ‚durch Hitze und andere Umstände bedingter Nervenzusammenbruch' besser) eines kommandierenden Offiziers bewältigen musste. Infolge des Friedens von Amiens 1802 im Halbsold, erhielt er sein erstes eigenständiges Kommando auf der Slup *HMS Hotspur* im Blockadedienst gegen Frankreich erst 1803 unter Admiral Sir William Cornwallis (1744–1819), bevor er, zur Admiralität zurückgerufen, mit einem Geheimauftrag betraut wurde, dessen mittelbare Folge die Schlacht von Trafalgar (21. Oktober 1805) sein sollte. Nach dem hierbei erfolgten Schlachtentod Lord Nelsons lag es bei Hornblower, dessen Beisetzungsfeierlichkeiten in Greenwich und London zu organisieren, was er mit Bravour erledigte. Dies alles beförderte Hornblowers aufsehenerregende, die Regeln des herkömmlichen Ranking weit hinter sich lassende Karriere und trug ihm schließlich das heikle Kommando über eine Expedition nach Lateinamerika ein, deren Ziel es war, einen Lokalfürsten in dessen Aufstand gegen das mit Frankreich verbündete Spanien zu unterstützen. Vor Ort angekommen, musste Hornblower aber schnell erkennen, dass er es hier mit einem Verrückten zu tun hatte, dessen politische Ziele kaum mit jenen des Empires übereinstimmen konnten. Er entschloss sich also, dessen stärkste Einheit, die *Navidad*, wiewohl seiner kleinen *HMS Lydia* an Kampfkraft weit überlegen, in einer wagemutigen Aktion zu nehmen.

Auf der Rückreise traf er zu seinem Unwillen auf einige ausreisewillige britische Bürger, darunter Lady Barbara Wellesley, die Schwester des späteren Duke of Wellington (1769–1852), denen er die Passage an Bord der Kriegsschiffe aufgrund ihres sozialen Status nicht verwehren konnte. Die sich daraus ergebende Beziehung zu Lady Barbara sollte, nach zahlreichen Verwicklungen und dem Tode seiner ersten Frau Maria, geb. Mason, in seine zweite Eheschließung und damit die Aufnahme in die englische Hocharistokratie münden. Er erhielt im Anschluss sein erstes Linienschiff, die *HMS Sutherland*, welche er in einer tollkühnen Aktion vor der französischen Atlantikküste verlor, dabei aber ein Küstenfort und eine ganzes französisches Geschwader ausschaltete. Nach einer legendären Rückkehr über Land hatte er sich dafür vor einem Kriegsgericht zu verantworten, ging aus dem Prozess jedoch unbeschadet und mit Belobigungen hervor.

Solchermaßen berühmt und mit besten Beziehungen ausgestattet, übertrug ihm die Navy eine noch delikatere Mission: Es galt Kaiser Alexander I. von Russland (reg. 1801–1825) im Kampf gegen Napoleon zu motivieren und ihn zu ermuntern, sich der bevorstehenden Invasion seines Landes entgegenzustellen. Die Aufdeckung und Vereitelung eines Anschlags auf den Kaiser machte ihn zu dessen Vertrautem und ermöglichte den Erfolg seiner Mission. Auf der Rückreise gelang es ihm überdies noch, die Verteidigung von Riga durch Küstenbeschuss zu unterstützen, was ihn in näheren Kontakt mit Carl von Clausewitz (1780–1831) brachte.

Zurück in England, wurde Hornblower im Kanaldienst mit einer Meuterei konfrontiert, welche er in seiner unorthodoxen Weise löste und quasi nebenbei auch noch die Überfahrt der restaurierten Bourbonen nach der Abdankung Napoleons 1814 bewerkstelligte. Diese Verdienste von übernationaler Bedeutung trugen Hornblower die Erhebung in den Adelsstand als Baron Hornblower of Smallbridge ein. Doch das Landleben sagte ihm nicht zu, umso weniger, als Napoleon 1815 von Elba zurückgekehrt war und es erneut galt zu kämpfen. Auf dem Landsitz eines befreundeten royalistischen Adeligen in Frankreich von der Nachricht überrascht, organisierte er eine Freiwilligenmiliz, wurde gefangen genommen und nur durch die Niederlage des Korsen bei Waterloo (18. Juni 1815) vor der Erschießung bewahrt.

Nach dem Ende des großen Krieges wurde dem mittlerweile zum Admiral beförderten Hornblower das Kommando über das Westindiengeschwader übertragen, mit dem es ihm nicht nur gelang, einen bonapartistischen Versuch zur Befreiung Napoleons auf St. Helena zu vereiteln, sondern auch die Unabhängigkeit Lateinamerikas von Spanien durch massive Unterstützung Simón Bolívars (1783–1830) zu befördern – gegen die Weisungen der britischen Regierung.

Die Summe seiner Verdienste brachte ihm nichtsdestotrotz vor seiner Pensionierung die Promotion zum Flottenadmiral. Doch auch im Ruhestand und hohen Alter sollte ihn die große Geschichte nicht ruhen lassen: Seine Unterstützung eines offenbar Geisteskranken, dem er mittels seiner Beziehungen die Passage nach Frankreich ermöglichte, erwies sich insofern als kapital, als es sich dabei um niemand anderen als den Prinzen Louis Napoléon handelte, welcher nach erfolgter Überfahrt zunächst zum Präsidenten Frankreichs avancierte, bevor er sich 1852 zum Kaiser Napoleon III. ausrief (reg. bis 1870). Dies trug Hornblower seitens des alten Feindes und nunmehrigen Verbündeten Frankreich die Auszeichnung mit dem Großkreuz der Ehrenlegion ein.

Ein perfektes maritimes Leben, in der Tat. Als solches wurde es auch wahrgenommen und die ungebrochene Popularität der Buchreihe Cecil Scott «C.S.» Foresters (Pseudonym für Cecil Louis Troughton Smith, 1899–1966) belegt dies eindrücklich, von den filmischen Adaptionen, darunter die kongeniale Version Raoul Walshs von 1951 mit Gregory Peck als Hornblower und Virginia Mayo in der Rolle der Lady Barbara, ganz zu schweigen.

146

Wie aber ist dieser Erfolg, jenseits des unbezweifelten schriftstellerischen Talents Foresters, erklärbar, ein Erfolg, der keinen Geringeren als Ernest Hemingway sagen ließ, er empfehle die Hornblower-Reihe jedem, der nur irgendwie lesen könne, zur Lektüre?

Akzeptierte und akzeptiert das Lesepublikum tatsächlich die Tatsache, dass *ein* Seeoffizier in *einem* Menschenleben auf anscheinend *allen* entscheidenden Schauplätzen der Geschichte von 1790 bis 1850 nicht nur präsent war, sondern diese maßgeblich mit beeinflusste? Dass ein Offizier aus allen Konstellationen stets nur als Sieger hervorging?

Nun – die einfachste Erklärung ist: Man wollte es glauben, und Forester bediente in seinen zwischen 1937 und 1967 erschienenen Romanen eine Erwartungshaltung und das Bedürfnis nach einer Selbstwahrnehmung, welche dem zunächst im Abwehrkampf gegen Hitler, dann aber im Auflösungskampf des Empire stehenden Großbritannien deutlich entgegenkam. In vielerlei Hinsicht ist Hornblower die Gestalt gewordene Manifestation des Mythos vom «wooden wall», von der Unbesiegbarkeit der Navy, von englisch-maritimem Genius und britischem Universalismus.

Ein Weiteres kommt hinzu: Forester verwendete nicht nur nationale Symbolinhalte, er verletzte auch keine heiklen Befindlichkeiten. Meutereien und Probleme mit inkompetenten Vorgesetzten werden angesprochen, aber bewältigt, moralische Fragen werden delikat umschrieben sowie elegant gelöst (wie etwa durch den plötzlichen, genau zur rechten Zeit eintretenden Tod der ersten Frau) und dienen letztlich nur dazu, Hornblower auch menschlich-emotional dem Superideal Nelson anzugleichen, ohne den Moralkodex der Zeit (des frühen 19. wie des 20. Jahrhunderts) nachhaltig zu verletzen. Politische Stellungnahmen werden insofern vermieden, als immer dann, wenn Hornblower gegen die Weisungen der vorgesetzten Stellen handelt, das Ergebnis sich entweder mit der späteren, utilitaristisch motivierten englischen Politik deckt (so in Lateinamerika oder im Verhältnis Großbritanniens zum Zweiten Kaiserreich Napoleons III.) oder aber den Maßgaben der Konstellation Mitte des 20. Jahrhunderts (der Entstehungszeit der meisten Romane) entspricht. Dies wird ersichtlich an der Unterstützung Russlands gegen einen Eindringling (*The Commodore*, geschrieben 1943–1944, erschienen 1945) als Reflex der Bündnissituation des Zweiten Weltkriegs, aber auch im interessanten Aussparen des «War of 1812» (1812–1814), einem der wenigen zentralen weltgeschichtlichen Ereignisse, in das Hornblower *nicht* (d. h. nur in einer kleinen, wenig bekannten Kurzgeschichte) involviert ist. Doch hier hatte Großbritannien gegen die jungen Vereinigten Staaten zur See einerseits nicht wirklich erfolgreich-brillant gekämpft, andererseits erschien eine Positionierung gegen den nunmehrigen Hauptverbündeten USA Mitte des 20. Jahrhunderts wenig geraten.

Doch erklärt das nicht alles – die Bücher wurden weltweit rezipiert und übersetzt. Dies wiederum kann nur an der Darstellung eines Seefahrerideals liegen, welches den latenten *über*nationalen Erwartungen an dieses entgegenkommt beziehungsweise diesem entspricht. So müßig es ist, im Einzelnen aufschlüsseln zu wollen, welche historischen Vorbilder Forester zur Konstruktion seines Helden gedient haben mochten, so unbestreitbar bleibt die Tatsache, dass das Ergebnis die Inkarnation eines *universalen* Mythos' vorstellt, der bei aller Verknüpfung mit britischen Traditionen (und diese werden ja weithin als prägend für die gesamte Seefahrtsgeschichte wahrgenommen) diese weit hinter sich lässt. Letztlich steht hier der Mensch als Individuum dem Meer gegenüber und kann vor ihm bestehen – eine Grundaussage, welche durch die Detailkenntnisse des Autors und die historischen Rahmenhandlungen nur befördert, nicht aber grundgelegt wird.

Wie anders gestaltet sich da das Bild unseres zweiten fiktiven Seehelden. Capitaine Archibald Haddock erscheint zunächst als eine zutiefst gebrochene, gescheiterte Existenz: Dem Suff hoffnungslos ergeben und ohnmächtig gegenüber einer ihn tyrannisierenden verbrecherischen Besatzung (die Umkehrung des klassisch-britischen Images), reißt ihn nur das unerwartete Eintreffen des jungen Journalisten Tintin[1] aus seiner Lethargie. An seiner Seite besteht er dann eine Reihe von Abenteuern, unter denen die Suche nach der *Licorne*, dem Schiff seines Vorfahren, des Chevaliers François de Haddock, heraussticht. Dieser kommandierte gegen Ende des 17. Jahrhunderts ein französisches Linienschiff, welches er in einem heroischen Kampf gegen Piraten im Jahre 1698 schließlich selbst versenkte, damit es diesen nicht in die Hände fiele. Für diese Heldentat erhielt er von Louis XIV. persönlich das Schloss von Moulinsart übertragen – ein Gebäude, welches der Haddock des 20. Jahrhunderts dann zurückerwerben kann.

Je mehr sich die Beziehung zu Tintin und anderen Freunden entwickelt, desto mehr tritt Haddocks maritimer Charakter zurück, Seeabenteuer werden seltener, aber die Sehnsucht nach dem Meer bleibt. Die Abenteuer führen die Gefährten

---

1 Im Deutschen wurde diese Serie als «Tim und Struppi» populär, der Name ‚Haddock' blieb unübersetzt.

nach Tibet, Afrika, Lateinamerika, Australien und sogar auf den Mond. Überall bewährt sich der gestrandete Kapitän nicht zuletzt aufgrund seines seefahrerischen Überlebenswillens, wenn er auch das quasi aristokratische Leben auf Moulinsart im Grunde sehr schätzt.

Schon diese kurze Lebensbeschreibung zeigt, dass diese Figur den anderen diesen Band bevölkernden Gestalten nicht konträrer gegenüberstehen könnte. Wiewohl ein fähiger Seemann, ist Haddock *kein* Held, aber auch kein Anti-Held. Sein Leben zur See bleibt Reminiszenz, so im Verhalten, dem immer noch sehr ausgeprägten Hang zu einem guten Tropfen und vor allem in seinem Vokabular. Das schier unerschöpfliche Reservoir an maritimen Schimpfwörtern, unter denen „Sauergurke im Süßwasser", „Möchtegern-Admiral eines Waschbecken-Schiffes" und „Tausend Kanonendonner von Brest"[2] noch die harmlosesten und wiedergabefähigsten sind, zeichnet ihn als einen mehr denn impulsiven *marin* aus. Ständig nörgelnd, aber doch zu allen Abenteuern bereit, ist er das Paradebeispiel des maritimen Durchschnittsmenschen.

Hergé, Pseudonym für Georges Prosper Remi (1907–1983), hat die «Abenteuer Tintins» (*Les aventures de Tintin*) von 1929 bis 1983 in verschiedener Form und in verschiedenen Verlagen veröffentlicht. Im Gegensatz zu Hornblower kennt man die historischen Vorbilder für die Person des Kapitän Haddock genau: Es handelt sich um die englische Seefahrerdynastie Haddock. Admiral Sir Richard Haddock (1629–1715) kann als deren prominentester Vertreter gelten, sein dritter Sohn Nicholas Haddock (1686–1746) war ebenfalls Admiral und dessen Großvater Vizeadmiral Richard Haddock (1581–1660) hatte zwischen 1648 und 1652 die *HMS Unicorn* kommandiert, welche übersetzt in *Licorne* das Modell für Hergés Geschichte lieferte. Hergé übertrug aber eine Begebenheit aus dem Leben des jüngeren Richard auf seinen historischen Seehelden: Im Kampf gegen die Niederländer musste er 1672 seine *HMS Royal Charles* aufgeben, entkam aber entgegen der Order seines kommandieren Admirals, Edward Montagu, 1st Earl of Sandwich (1625–1672), durch einen tollkühnen Sprung ins Wasser der Vernichtung in dem brennenden Schiff, während Montagu darin umkam. Hergés Album «*Le secret de la Licorne*» (Das Geheimnis der *Einhorn*) erschien 1943 während des Zweiten

---

2   Die ‚tonnerre de Brest' bezeichnete ursprünglich die täglich zweimal stattfindende Abfeuerung einer Signalkanone, welche die Öffnung (6 Uhr) und Schließung (19 Uhr) des Marinearsenals anzeigte.

Weltkriegs, also während der deutschen Besatzungszeit Belgiens. Aus den (germanischen) Niederländern wurden so für den Wallonen Hergé Piraten, die sich verteidigenden Engländer wurden zu Franzosen, die Selbstversenkung des Schiffes mag an die Selbstversenkung der französischen Flotte im Hafen von Toulon (27. November 1942) gemahnen, auch diese durch die Angst vor der feindlichen Übernahme motiviert. Der vermeintlich unterhaltsam-lustige Comic wird hier zum versteckten Widerstandswerk, das an die Grenzen des unter den herrschenden äußeren Beschränkungen Möglichen ging.

Aber auch diese historischen Erklärungen reichen nicht hin, die ungebrochene Beliebtheit des belgisch-französischen Kapitäns zu erklären. In einer 1996 unter den Lesern der *Tintin*-Serie durchgeführten Umfrage erhielt Haddock mit großem Abstand die höchsten Sympathiewerte – weit vor Tintin selbst und seinem treuen Hund Milou.

Die ganze Bandbreite seines Charakters erweist ihn im Gegensatz zu all den maritimen Überhelden eben als Durchschnittsmenschen (Ähnliches gilt übrigens für die hohe Identifikationsrate und Beliebtheit des im Matrosenanzug auftretenden Donald Duck), der jedoch sein grundlegendes seemännisches Wesen niemals verleugnet. Stehen jene für die Beherrschung des Meeres und den unverbrüchlichen Glauben an die menschliche Überlegenheit und Stärke, so bringt Capitaine Haddock die Ambivalenz dieser Beziehung ans Tageslicht. Er ist am oder zumal auf dem Meer gescheitert und trotzdem – oder gerade deshalb? – ein liebenswerter schrulliger Seebär geblieben. Das Besondere, Unverwechselbare der maritimen Welt bleibt gewahrt, und doch erkennt der Leser in ihm die Beschränktheit des menschlichen Wesens. Auch diese Erkenntnis ist Teil des Traums von der See – vielleicht der wichtigste.

Anhang

Literaturhinweise

Die nachfolgenden Nach- und Hinweise berücksichtigen aufgrund des Charakters des vorliegenden Bandes nur Quellenwerke und Fachliteratur in den leichter zugänglichen Sprachen (vor allem Deutsch, Englisch und Französisch), Werke in anderen Sprachen werden in der Regel nicht erfasst. Bei den antiken Quellen erfolgt mit Hinsicht auf die Fülle der Textausgaben (im Original wie in Übersetzungen) lediglich der Verweis auf die relevanten Werke unter Angabe von Titel, Kapitel etc.

NB. Alle Internetreferenzen Stand Juni 2013.

Abgekürzt zitierte Literatur und Zeitschriften

BDGRW   Marjorie Lightman/Benjamin Lightman (Hgg.), Biographical Dictionary of Ancient Greek and Roman Women, New York 2000.

Berve   Helmut Berve, Das Alexanderreich auf prosopographischer Grundlage, 2 Bde., München 1926 (Ndr. Salem/NH 1988).

CDSB   Complete Dictionary of Scientific Biography, 2008 ff. [erw. Online-Version von: Charles C. Gillispie (Hg.), Dictionary of Scientific Biography, 16 Bde., New York 1970–1980 und seiner Supplementbände, zugänglich unter: http://www.encyclopedia.com/].

DCB   Dictionary of Canadian Biography/Dictionnaire biographique du Canada, Toronto 1959 ff. [online unter: http://www.biographi.ca].

DGRBM   William Smith, Dictionary of Greek and Roman Biography and Mythology, 3 Bde., London 1844–1851 (Ndr. London 2007).

EI   Encyclopædia Iranica, hrsg. v. Ehsan Yarshater, London/New York 1982 ff. [online unter: http://www.iranicaonline.org/].

EI2   Clifford Edmund Bosworth/Emeri J. van Donzel u.a. (Hgg.), The Encyclopaedia of Islam, New Edition, 12 Bde., Leiden 1960–2007 [online unter: http://referenceworks.brillonline.com/browse/encyclopaedia-of-islam–2].

IJNA   International Journal of Nautical Archaeology, London 1972 ff.

La Roncière   Charles de La Roncière, Histoire de la marine française, 6 Bde., Paris 1920–1932.

Abkürzungen der Gattungen

Qu. Quellenwerke – *W.* Eigene Werke/Publikationen der behandelten Person – *Lit.* Sekundärliteratur – *Bell.* Belletristische Verarbeitung – ♫ Musikalisches Echo.

1. Inbegriff des Seehelden – HORATIO NELSON

Qu. Sir Nicholas Harris Nicolas (Hg.), The Dispatches and Letters of Vice Admiral Lord Viscount Nelson, 7 Bde., London 1845/46 (*zahlr. Ndr.*); Colin White (Hg.), Nelson, the New Letters, Woodbridge/Rochester 2005.
Lit. Biographie: Roger Knight, The Pursuit of Victory: The Life and Achievement of Horatio Nelson, New York 2005; John Sugden, Nelson: A Dream of Glory, London 2004; Christopher Hibbert, Nelson. A Personal History, London 1994. – *Mythos Nelson & «Nelson touch»:* Ernle Bradford, Nelson: The Essential Hero, ²Ware 2005; Joel S. A. Hayward, For God and Glory: Lord Nelson and his Way of War, Annapolis 2003; Terry Coleman, The Nelson Touch: The Life and Legend, Oxford 2004. – *Kritische Sicht:* Terry Coleman, Nelson: The Man and the Legend, London 2001. – *Schlachten:* Christopher Lloyd, St Vincent & Camperdown, New York 1963; Brian Lavery, Nelson and the Nile. The Naval War against Bonaparte 1798, London 1998; Ole Feldbæk, The Battle of Copenhagen 1801, Barnsley 2002; Roy Adkins, Nelson's Trafalgar, London 2004. – *Privatleben:* Edgar Vincent, Nelson: Love & Fame, New Haven 2003; Collin White, The Wife's Tale: Frances, Lady Nelson and the Break-up of her Marriage, in: Journal for Maritime Research 5/1 (2003), 121–142; Kate Williams, England's Mistress. The Infamous Life of Emma Hamilton, London 2006. – *Musikalisches Echo/«Nelson-Messe»*: Carl M. Brand, Die Messen von Joseph Haydn (Musik und Geistesgeschichte 2), Würzburg 1941, 307–353, bes. 307–316; Otto E. Deutsch, Admiral Nelson and Joseph Haydn, Billingshurst 2000 (*erste Fassung dt.* Wien 1982).
♫ *(Ausw.)* Joseph Haydn, Missa solemnis d-Moll, Hob. XXII:11 («Missa in angustiis» – «Nelson Mass», 1798); ders., The Battle of the Nile, Hob. XXVIb:4 (Cantata, 1800); John Braham, The Death of Nelson (Song, 1805); Lennox Berkeley, Nelson (Oper, Libretto: Alan Pryce-Jones, 1954) [*NB. Vgl. auch den Haupttext*].

2. Die Gegner von Salamis

SALAMIS
Qu. Herodot, Historien 8, 70.1–95; Plutarch, Themistokles, 12.1–15.2; Diodoros, Bibliotheca historica (Βιβλιοθήκη ἱστορική) XI.16.1–19.6.

Lit. Barry Strauss, The Battle of Salamis. The Naval Encounter that Saved Greece – and Western Civilization, New York 2004; Peter Green, The Year of Salamis, 480–479 B.C., London 1970; N. G. L. Hammond, The Battle of Salamis, in: The Journal of Hellenic Studies 76 (1956), 32–54; Adolf Wilhelm, Zur Topographie der Schlacht bei Salamis, Wien 1929.
Bell. Aischylos, Die Perser (Athen 472 v. Chr.)

Artemisia

Qu. Herodot, Historien, 7–8; Polyainos, Strategika, 8, 53.
Lit. Rosaria V. Munson, Artemisia in Herodotus, in: Classical Antiquity 7 (1988), 91–106; dies., Telling Wonders. Ethnographic and Political Discourse in the Work of Herodotus, Ann Arbor 2001, v. a. 255–259; Rüdiger Schmitt, Art. «Artemisia», in: EI (2011); Marjorie Lightman, Art. «Artemisia I», in: BDGRW, 34; Norma Thompson, Public or Private? An Artemisian Answer, in: Arion III/7, No. 2 (1999), 49–63.
♩ Johann Adolf Hasse, Artemisia (Opera seria, Dresden 1754, Libretto: Giovanni Ambrogio Migliavacca).

Themistokles

Qu. vgl. Wolfgang Blösel, Themistokles bei Herodot, Spiegel Athens im fünften Jahrhundert (Historia Heft 183), Stuttgart 2004; Klaus Goldscheider, Die Darstellung des Themistokles bei Herodot (Diss.), Freiburg 1965.
Lit. Biographie: Albrecht Behmel, Themistokles – Sieger von Salamis und Herr von Magnesia, Stuttgart 1999; Johannes Papastavrou, Themistokles – die Geschichte eines Titanen und seiner Zeit (Erträge der Forschung 92), Darmstadt 1978. – *Flottenpolitik & Hölzerner Wall:* J. A. S. Evans, The Oracle of the „Wooden Wall", in: The Classical Journal 78/1 (1982), 24–29. – *Salamis:* Nicolaus Wecklein, Über Themistokles und die Seeschlacht bei Salamis, München 1892. – *Exil:* Arthur Keaveney, The Life and Journey of Athenian Statesman Themistocles (524–460 B.C.) as a Refugee in Persia (Studies in Classics 23), Lewiston 2003.
Bell. Samuel Madden, Themistocles, the Lover of his Country. A Tragedy, London 1729.
♩ Johann Christian Bach, Temistocle (Opera seria, Mannheim 1772, Libretto: Mattia Verazi, *basierend auf:* Metastasio [Pietro Trapassi], Temistocle, Wien 1730).

3. Seefahrer um Alexander

Memnon

Qu. Arrian, Anabasis Alexandri, I 12, 20–23, II 1; Diodoros, Bibliotheca, XVI 34, 52; XVII 7, 18, 23, 24, 29, 31.
Lit. allg. Stefan Panovski/Vojislav Sarakinski, Memnon, the Strategist, in: Macedonian Historical Review 2 (2011), 7–27 (*mit ges. Bibl., aber insg. sehr negativem Bild des Memnon*); Berve, II, 250–253 (No. 497); DGRBM, II, 1028 f. – *Memnons Strategie:* Barry Strauss, Faith for the Fight, in: Arion 3rd Series 11/3 (2004), 129–140; *Granicos:* W. J. McCoy, Memnon of Rhodes at the Granicus, in: The American Journal of Philology 110/3 (1989), 413–433.

– Halikarnassos: Panovski/Sarakinski, Memnon, 9–12; Krzysztof Nawotka, Alexander the Great, Cambridge 2010, 138–143. *– Ägäis:* Panovski/Sarakinski, Memnon, 18–24. *Bell.* Scott Oden, Memnon, Odessa/FL 2006.

NEARCHOS

Qu. allg. Arrian, Anabasis Alexandri, VI 19, 21; VII 4, 19, 20, 25; Plutarch, Alexander-Vita, 10, 68, 75: Strabo, Geographica (Γεωγραφικά) XV; Diodoros, Bibliotheca, XVII, 104; Justin, XIII, 4. *– Indikê:* Arrian [L. Flavius Arrianus/Ἀρριανός], Der Alexanderzug. Indische Geschichte. Griechisch und deutsch. Hrsg. und übers. von Gerhard Wirth und Oskar von Hinüber, München/Zürich 1985. *– Skylax von Karyanda:* Herodot, Historien, 4,44; Aristoteles, Politik, VII.13.2.

Lit. allg. Paul Pédech, Historiens compagnons d'Alexandre: Callisthène, Onésicrite, Néarque, Ptolémée, Aristobule, Paris 1984; Ernst Badian, Nearchus the Crete, in: Adam Parry/Donald Kagan (Hgg.), Studies in the Greek Historians. In Memory of Adam Parry, Cambridge 1975, 147–170; Waldemar Heckel, The Marshals of Alexander's Empire, London 1993, 210–213; Berve II, 269–272 (No. 411). *– Fahrt 324:* Wilhelm Tomaschek, Topographische Erläuterung der Küstenfahrt Nearchs vom Indus bis zum Euphrat (Akademie der Wissenschaften in Wien. Philosophisch-Historische Klasse: 121. Bd. 8.), Wien 1890; William Vincent, The Voyage of Nearchus from the Indus to the Euphrates. Collected from the Original Journal Preserved by Arrian, and Illustrated by Authorities Ancient and Modern …, London 1797. *– Skylax von Karyanda:* D. V. Panchenko, Scylax' Circumnavigation of India and its Interpretation in Early Greek Geography, Ethnography and Cosmography, part I, in: Hyperboreus 4/2 (1998), 211–242, part II, in: Hyperboreus 9/2 (2003), 274–294.

4. Roms Helden zur See

DUILIUS

Qu. Polybios, Historien, 1,20–23; Tacitus, Annalen, 2,49;

Lit. Biographie und Historiographie: Matthew B. Roller, The Exemplary Past in Roman Historiography and Culture: the Case of Gaius Duilius, in: Andrew Feldherr (Hg.), The Cambridge Companion to the Roman Historians, Cambridge 2009 (*online unter:* http://classics.jhu.edu/sebin/q/d/Exemplary%20Past.pdf). *– Erster Punischer Krieg:* John F. Lazenby, The First Punic War. A Military History, Stanford 1996; Adrian Goldsworthy, The Fall of Carthage, London 2003; Nigel Bagnall, The Punic Wars (264–146 BC), Oxford 2002. *– Flotten:* William W. Tarn, The Fleets of the First Punic War, in: The Journal of Hellenic Studies 27 (1907), 48–60; Johannes H. Thiel, Studies on the History of Roman Sea-Power in Republican Times, Amsterdam 1946. *– Corvus:* Herman T. Wallinga, The Boarding-bridge of the Romans. Its Construction and its Function in the Naval Tactics of the First Punic War, Groningen 1956. *– Mylæ:* Lazenby, First Punic War, 66–72; Bagnall, Punic Wars, 60–62. *– Rostra:* Marco Ladewig, «Thriumphus navalis». Die rituelle Verherrlichung des Sieges zur See, in: Potestas 1 (2008), 171–192, v. a. 173–176.

AGRIPPA

Qu. *Leben:* Cassius Dio, 48–54 passim; Sueton, Vita Augusti, 94. – *Öffentliche Bauten:* Cassius Dio, 49. – *Actium:* Cassius Dio, 50; vgl. Jean-Michel Roddaz, Marcus Agrippa – Etude des sources littéraires (Diss.), Bordeaux 1976.

Lit. *Biographie:* Meyer Reinhold, Marcus Agrippa: A Biography, Geneva 1933 (Ndr. Rom 1965); Jean-Michel Roddaz, Marcus Agrippa (Bibliothèque des écoles françaises d'Athènes et de Rome 253), Rom 1984; Werner Eck, Marcus Agrippa – der selbstbewusste Parteigänger des Augustus, in: Karl-Joachim Hölkeskamp/Elke Stein-Hölkeskamp (Hgg.), Von Romulus zu Augustus. Große Gestalten der römischen Republik, München 2000, 352–364. – *Öffentliche Bauten:* Frederick W. Shipley, Agrippa's Building Activities in Rome, St. Louis 1933; H. B. Evans, Agrippa's Water Plan, in: American Journal of Archeology 86/3 (1982), 401–411. – *Actium:* John M. Carter, The Battle of Actium: the Rise & Triumph of Augustus Caesar, London 1970 (dt. 1972); Dewid Laspe, Actium. Die Anatomie einer Schlacht, in: Gymnasium 114 (2007), 509–522; Johannes Kromayer, Der Feldzug von Actium und der sogenannte Verrath der Cleopatra, in: Hermes 34 (1899), 1–54; ders., Actium – ein Epilog, in: Hermes 68 (1933), 361–383.

5. Dem Westen entgegen

SAINT BRENDAN OF CLONFERT

Qu. *Navigatio Sancti Brendani Abbatis – lat. Text hrsg. von* Carl Selmer, Navigatio Sancti Brendani Abbatis, South Bend 1959; *engl. Übers. von* John O'Meara/Jonathan Wooding, in: W. R. J. Barron/Glyn S. Burgess, The Voyage of Saint Brendan: Representative Versions of the Legend in English Translation, Exeter 2002. – *Irische und anglo-normannische Fassungen:* «First Life», hrsg. und übers. von Whitley Stokes, Lives of Saints from the Book of Lismore, in: Anecdota Oxoniensia, Mediaeval and Modern Series 5, Oxford 1890, 99–116, 247–261; «Second Irish Life of St Brendan», hrsg. und übers. in: Charles Plummer, Bethada náem nÉrenn. Lives of the Irish saints, Oxford 1922, Bd. 1, 44–95, Bd. 2, 44–92; Benedeit – Le Voyage de Saint Brandan, hrsg. und übers. von Ernst-Peter Ruhe, München 1977.

Lit. *Biographie:* Gearóid Ó. Donnchadha, St Brendan of Kerry, the Navigator. His Life & Voyages, Dublin 2004; Louis Kervran, Brandan, le grand navigateur celte du VIe siècle, Paris 1977; Tryggvi J. Oleson, Art. «Brendan (Bréanainn), Saint», in: DCB 2000; G. A. Little, St. Brendan the navigator, Dublin 1945. – *Umfeld und zeitl. Einordnung:* Josef Semmler, Navigatio Brendani, in: Peter Wunderli (Hg.), Reisen in reale und mythische Ferne. Reiseliteratur in Mittelalter und Renaissance (Studia Humaniora 22), Düsseldorf 1993, 103–123; David Dumville, Two Approaches to the Dating of Nauigatio Sancti Brendani, in: Studi medievali III/29 (1988), 87–102; Sebastian Sobecki, From the désert liquide to the Sea of Romance – Benedeit's Voyage de saint Brandan and the Irish immrama, in: Neophilologus 87/2 (2003), 193–207. – *Bibliographie (kompl.):* http://www.hell-on-line.org/BibBrendan.html

Leif Eriksson

Qu. Tina Flecken (Hg.), Die Saga von Eirík dem Roten, in: Thomas Esser u.a., Isländersagas, Bd. 4, Frankfurt 2011, 526–552; http://sagadb.org/eiriks_saga_rauda.en (*engl. und altnordische Versionen*); Örnólfur Thorsson (Hg.) The Sagas of Icelanders, New York 2001. – vgl. Jonathan Grove, The Place of Greenland in Medieval Icelandic Saga Narrative, in: Norse Greenland: Selected Papers of the Hvalsey Conference 2008. Journal of the North Atlantic, Special Volume 2 (2009), 30–51.

Lit. Biographisches: Tryggvi J. Oleson, Art. «Leifr Heppni Eiriksson», in: DCB 2000; ders., Art. «Snorri Thorfinnsson», in: ebd.; ders., Art. «Bjarni, Herjólfsson», in: ebd. – *Wikinger in Amerika:* Kirsten A. Seaver, The Frozen Echo. Greenland and the Exploration of North America, c. A.D. 1000–1500, Stanford, CA 1996; Eric Dregni, Vikings in the Attic. In Search of Nordic America, Minneapolis 2011; Helge Ingstad/Anne Stine Ingstad, The Viking Discovery of America. The Excavation of a Norse Settlement in L'Anse aux Meadows, Newfoundland, St. John's, NF 2000; Erik Wahlgren, The Vikings and America, [2]London 2000.

6. Seehelden der Republik Genua

Benedetto I. Zaccaria

Lit. Roberto S. Lopez, Genova marinara nel Duecento. Benedetto Zaccaria ammiraglio e mercante, Messina/Milano 1933; William Miller, The Zaccaria of Phocaea and Chios (1275–1329), in: The Journal of Hellenic Studies 31 (1911), 42–55.

Andrea Doria

Lit. Antoine-Marie Graziani, Andrea Doria – un prince de la Renaissance, Paris 2008; Paolo Lingua, Andrea Doria. Principe e pirata nell'Italia del '500, Genova 2006; Johann Schulz, Die Galeeren des Andrea Doria. Kämpfe im 16. Jahrhundert um die Vorherrschaft im westlichen Mittelmeer (Schiffe, Menschen, Schicksale 96), Kiel 2001; Thomas A. Kirk, Genoa and the Sea. Policy and Power in an Early Modern Maritime Republic (1559–1684), Baltimore/London 2005. – *Geschichte Genuas:* Arturo Pacini, La Genova di Andrea Doria nell'impero di Carlo V (Officina dello storico 5), Florenz 1999. – *SS Andrea Doria:* Pierette Dominica Simpson, Alive on the *Andrea Doria*! The Greatest Sea Rescue in History, New York 2006.

7. Umstrittene Entdecker im Rampenlicht

Zheng He

Qu. Ma Huan, Ying-yai sheng-lan (The Overall Survey of the Ocean's Shores, Ed. 1433), Transl. from the Chinese text and ed. by Feng Ch'eng-Chün, with introduction, notes and appendices by John V. G. Mills, [2]Bangkok 1997.

Lit. Biographie: Edward L. Dreyer, Zheng He: China and the Oceans in the Early Ming, 1405–1433, New York 2006; Leo Suryadinata, Admiral Zheng He & Southeast Asia, Singapore 2005; Haraprasad Ray, An Analysis of the Chinese Maritime Voyages into the Indian Ocean during the Early Ming Dynasty and their Raison d'Etre, in: China Report 23/1 (1987), 65–87. – *Schiffe und kaiserliche Marine:* Sally K. Church, Zheng He – An Investigation into the Plausibility of 450-ft Treasure Ships, in: Monumenta Serica 53 (2005), 1–43; Louise Levathes, When China Ruled the Seas. The Treasure Fleet of the Dragon Throne 1405–1433, New York 1994; Kuei-Sheng Chang, The Maritime Scene in China at the Dawn of Great European Discoveries, in: Journal of the American Oriental Society 94/3 (1974), 347–359. – *Zeitgeschichte:* Shih-Shan Henry Tsai, Perpetual Happiness: The Ming Emperor Yongle, Seattle 2002; Timothy Brook, The Confusions of Pleasure: Commerce and Culture in Ming China, Berkeley 1998.

CRISTOFORO COLUMBO

Qu. Robert H. Fuson (Hg.), The Log of Christopher Columbus, ²Camden, ME 1992 (dt. Das Logbuch des Christoph Kolumbus. Die authentischen Aufzeichnungen des großen Entdeckers, Bergisch-Gladbach 1989); William Eleroy Curtis (Hg.), The Authentic Letters of Columbus (Field Columbian Museum Publ. I/2), Chicago 1895; Benjamin Keen (Hg.) The Life of the Admiral Christopher Columbus by his Son Ferdinand, Westport, CT 1978.

Lit. Biographie: Miles H. Davidson, Columbus then and now. A Life Re-examined, Norman, OK 1997; Samuel Eliot Morison, Admiral of the Ocean Sea: A Life of Christopher Columbus, Boston 1942. – *Schiffe und Umwelt:* Hans-Günter Gierloff-Emden, Die erste Entdeckungsreise des Columbus. Nautische und ozeanische Bedingungen, München 1994; Alfred Kohler, Columbus und seine Zeit, München 2006. – *Kugelgestalt der Erde:* Jürgen Wolf, Die Moderne erfindet sich ihr Mittelalter – oder wie aus der ‚mittelalterlichen Erdkugel' eine ‚neuzeitliche Erdscheibe' wurde (Colloquia academica 5), Stuttgart 2004; Reinhard Krüger, Das lateinische Mittelalter und die Tradition des antiken Erdkugelmodells (ca. 550–1080) (Eine Welt ohne Amerika III), Berlin 2000; Peter Aufgebauer, „Die Erde ist eine Scheibe" – Das mittelalterliche Weltbild in der Wahrnehmung der Neuzeit, in: Geschichte in Wissenschaft und Unterricht, Heft 7/8, 2006, 427–441. – *Persönlichkeit & Schwierigkeiten:* Consuelo Varela, La caída de Cristóbal Colón. El juicio de Bobadilla, Madrid 2006.

♪ *Opern (Ausw.):* Alessandro Scarlatti, Il Colombo ovvera L'India scoperta (Rom 1690, Libretto: Card. Pietro Ottoboni); Darius Milhaud, Christophe Colomb (1928, Libretto: Paul Claudel); Werner Egk, Columbus (1933, Libretto: Egk); Manuel de Falla, La Atlantida (1962, Libretto: Jacinto Verdaguer); Philip Glass, The Voyage (1992, Libretto: David Henry Hwang).

8. Neue Wege

VASCO DA GAMA

Qu. Gernot Giertz (Hg.), Vasco da Gama. Die Entdeckung des Seewegs nach Indien. Ein Augenzeugenbericht 1497–1499, Stuttgart 2002; Ernest G. Ravenstein (Hg. & Übers.), A Journal of the First Voyage of Vasco da Gama 1497–1499, London 1898 (Ndr. New York 2010).

Lit. Biographie: Glenn J. Ames, Vasco da Gama: Renaissance Crusader, New York 2004; Geneviève Bouchon, Vasco de Gama, Paris 1997; Sanjay Subrahmanyam, The Career and Legend of Vasco da Gama, Cambridge/New York 1997. – *Seeräume:* Anthony Disney/Emily Booth (Hgg.), The Indian Ocean in World History, New Delhi/New York 2000; Oswald Dreyer-Eimbcke, Vasco da Gamas Seefahrt nach Indien vor 500 Jahren: Historische Bedeutung und kartographische Aspekte, in: Cartographica Helvetica 18 (1998), 41–49. – *Ahmad ibn Mājid & arabische Seekenntnisse:* G. R. Tibbetts, Arab Navigation in the Indian Ocean before the Coming of the Portuguese. Being a translation of Kitab al-Fawa'id fi usul al-bahr wa'l-qawa'id of Ahmad b. Majid al-Najid, London 1971; S. Maqbul Ahmad, Art. «Ibn Mājid, Shihāb Al-Dīn Ahmad Ibn Mājid», in: CDSB 2008 (online).
Bell. Luís Vaz de Camões, Os Lusíadas (publ. 1572).
♩ Giacomo Meyerbeer, L'Africaine (Grand opéra, Paris 1865, Libretto: Eugène Scribe).

JACQUES CARTIER

Qu. Henry P. Biggar, A Collection of Documents Relating to Jacques Cartier and the Sieur de Roberval, Ottawa 1930; Michel Bideaux (Hg.), Relations de Jacques Cartier, Montréal 1986; René Maran (Hg.), Voyages de découverte au Canada entre les années 1534 et 1542, suivis d'une biographie de Jacques Cartier, Paris 1968; Frédéric Joüon des Longrais, Jacques Cartier. Documents nouveaux, Paris 1888.
Lit. Yves Jacob, Jacques Cartier, Saint-Malo 2000; Meg Greene, Jacques Cartier. Navigating the St. Lawrence River, New York 2004; Marcel Trudel, Art. «Cartier, Jacques», in: DCB 1 (1966), 154–172; Fernand Braudel (Hg.), Le monde de Jacques Cartier: l'aventure au XVIᵉ siècle, Montréal/Paris 1984.

9. Seekrieg im Mittelmeer um Glaube und Reich

DON JUAN DE AUSTRIA

Lit. Biographie: William Stirling-Maxwell, Don John of Austria, 2 Bde., London 1883; Marita A. Panzer, Don Juan de Austria. Karriere eines Bastards, Regensburg 2004; Sir Charles Petrie, Don John of Austria, New York 1967 (dt. Stuttgart 1968). – *Lepanto:* Niccolò Capponi, Victory of the West. The Great Christian-Muslim Clash at the Battle of Lepanto, Cambridge, MA 2007; Felix Hartlaub, Don Juan d'Austria und die Schlacht bei Lepanto (Schriften der Kriegsgeschichtlichen Abt. im Historischen Seminar der Friedrich-Wilhelms-Universität Berlin 28), Berlin 1940; Jack Beeching, The Galleys at Lepanto, London 1982 (dt. Don Juan de Austria – Sieger von Lepanto, ²München 1986).
Bell. Juan Rufo [Gutiérrez], La Austriada (1584); Casimir Delavigne, Don Juan d'Austriche (1835) (span. Bearb. durch Mariano José de Larra [y Sánchez de Castro]); Gilbert K. Chesterton, Lepanto (1915); Louis de Wohl, The Last Crusader: A Novel about Don Juan of Austria [Der Sieger von Lepanto] (1956).
♩ Filippo Marchetti, Don Giovanni d'Austria (Oper, Turin 1880, Libretto: Carlo D'Ormeville).

PIYALE PASHA
Lit. Franz Babinger, Art. «Piyale Pasha», in: EI2, Bd. 8 (1995), 316 f.; John F. Guilmartin, Galleons and Galleys: Gunpowder and the Changing Face of Warfare at Sea, 1300–1650, London 2003, 138–150. – *Kriegsschauplatz Mittelmeer:* Rossella Cancila, Mediterraneo in armi (secc. XV–XVIII), Palermo 2007. – *Osmanische Marine:* Colin H. Imber, The Navy of Süleyman the Magnificent, in: Archivum Ottomanicum 6 (1980), 211–282; ders., The Administration of the Ottoman Navy during the Reign of Süleyman I, 1520–1566, Cambridge 1970; Xavier de Planhol, Islam and the Sea. Causes of Failure, in: Hastings Donnan (Hg.), Interpreting Islam, London 2002, 130–149.

10. Koreas Nelson – YI SUN-SHIN

Qu. Pow-Key Sohn (Hg.), Nanjung Ilgi – the War Diary of Admiral Yi Sun-sin, ²Seoul 1980; Chong-young Lee (Hg.)/Tae-hung Ha (Übers.), Imjin Changch'o – Admiral Yi Sun-sin's Memorials to Court, ²Seoul 1981.
Lit. Biographie: Sŏng-do Cho, Admiral Yi Sun-Sin, a National Hero of Korea, Seoul 2005; Yun-hi Pak, Admiral Yi Sun-shin and his Turtleboat Armada, ²Seoul 1978. – *Zeitgeschichte:* Stephen Turnbull, Samurai Invasion. Japan's Korean War 1592–1598, London 2002; Samuel Hawley, The Imjin War. Japan's Sixteenth-Century Invasion of Korea and Attempt to Conquer China, Seoul/Berkeley 2005.
Bell. Onrie Kompan u.a., Yi Soon Shin: Warrior and Defender (Comic-Serie, 2010 ff.).

11. Fire over England

SIR FRANCIS DRAKE
Qu. John Hampden, Francis Drake, Privateer. Contemporary Narratives and Documents, London 1972 (dt. Sir Francis Drake – Pirat im Dienst der Queen. Berichte, Dokumente und Zeugnisse des Seehelden und seiner Zeitgenossen 1567–1596, München 2001).
Lit. Harry Kelsey, Sir Francis Drake, the Queen's Pirate, New Haven/CT 1998; R. Samuel Bawlf, The Secret Voyage of Sir Francis Drake, 1577–1580, New York 2003; John Sugden, Sir Francis Drake, New York 1991.
Bell. Robert Ervin Howard, The One Black Stain (1962).
♫ Matthew Locke, The History of Sir Francis Drake (Masque, London 1659, Libretto: Sir William Davenant).

CHARLES HOWARD
Qu. J. K. Laughton (Hg.), State Papers Relating to the Defeat of the Spanish Armada, 2 Bde., London 1894.
Lit. Robert W. Kenny, Elizabeth's Admiral. The Political Career of Charles Howard, Earl of Nottingham, 1536–1624, London 1970; Donald W. Farmer, Charles Howard of Effingham, Lord High Admiral of England – an Appreciative Re-evaluation, Washington, D.C. 1965.

12. Gegner im Ärmelkanal

RUPERT, 1ST DUKE OF CUMBERLAND
Qu. Charles Petrie (Hg.), King Charles, Prince Rupert, and the Civil War: From Original Letters, London 1974; Eliot Warburton (Hg.), Memoirs of Prince Rupert, and the Cavaliers. London 1849.
Lit. Biographie: Frank Kitson, Prince Rupert: Admiral and General-at-Sea, London 1999; ders., Prince Rupert: Portrait of a Soldier, London 1994; George Malcolm Thomson, Warrior Prince. Prince Rupert of the Rhine, London 1976. – *Erfindungen:* Sarah Barter Bailey, Prince Rupert's Patent Guns (Royal Armouries Monograph 6), Leeds 2000.

MICHIEL ADRIAENSZOON DE RUYTER
Qu. Gerhard Brand, Leben und Thaten des fürtrefflichen und Sonderbaren See-Helden Herrn Michaels de Ruiter …, Amsterdam 1687; Rens De Viert, Vlootinstructies en de eerste twee oorlogen met Engeland in de zeventiende eeuw (M.A.-Arbeit), Rotterdam 2010 (*online unter:* http://oaithesis.eur.nl/ir/repub/asset/8166/masterthesis%20Rens%20de%20Viet%20 eindversie.doc).
Lit. Jacobus R. Bruijn u.a. (Hg.), De Ruyter – Dutch Admiral, Rotterdam 2011; Ronald Prud'homme van Reine, Rechterhand van Nederland. Biografie van Michiel Adriaenszoon de Ruyter, Amsterdam 1996; Fritz-Otto Busch, Admiral Michael de Ruyter, Leipzig 1943. – *Umfeld und Zeit*: Roger Hainsworth/Christine Churches, The Anglo-Dutch Naval Wars 1652–1674, New York 1998. – *Schlachten & Siege:* Frank L. Fox, A Distant Storm – The Four Days' Battle of 1666, the Greatest Sea Fight of the Age of Sail, Rotherfield 1996; P. G. Rogers, The Dutch on the Medway, Oxford 1970; Johan C. M. Warnsinck, Admiraal de Ruyter – de Zeeslag op Schoonefeld Juni 1673, 's-Gravenhage 1930.
Bell. Ulrich Komm, Der Admiral der sieben Provinzen, ⁴Berlin 1983.
♫ Gerard Boedijn, Michiel Adriaanszoon (Konzertouvertüre 1950).

13. Im Strahl der Sonne

JEAN BART
Lit. Biographie: Adrien Richer, La vie de Jean Bart, Amsterdam 1780; Jacques Duquesne, Jean Bart, Paris 1992; Alain Cabantous, Jean Bart du corsaire au héros mythique, Dunkerque 2002; Armel de Wismes, Jean Bart et la guerre de course, Paris 1994; Jean Bart et son temps (Revue historique de Dunkerque et du Littoral 37), Dunkerque 2004. – *Familie*: Michel Vergé-Franceschi, Les Bart, une dynastie d'officiers généraux de la Marine royale, in: Mélanges offerts à Paul Butel, Bordeaux 2000, 371–389. – *Französisches Korsarentum:* Patrick Villiers, Les corsaires du Littoral: Dunkerque, Calais et Boulogne de Philippe II à Louis XIV (1568–1713), Villeneuve d'Ascq 2000; Alain Berbouche, Pirates, flibustiers & corsaires, de René Duguay-Trouin à Robert Surcouf: Le droit et les réalités de la guerre de Course, Saint-Malo 2010.

Bell. Theodor Fontane, Jan Bart (Ballade, 1847).

♫ David Riefenstahl, Cantate à Jean Bart (Worte: Joseph Fontemoing, 1845).

COMTE DE TOURVILLE

Qu. Mémoires du maréchal de Tourville, vice-amiral de France, et général des armées nava-les du Roi …, 3 Bde., Amsterdam 1758 (*Authentizität zweifelhaft*); Adrien Richer, Vie du maréchal de Tourville …, Paris 1783.

Lit. Daniel Dessert, Tourville, Paris 2002; Antoine Reffuveille, Tourville, gentilhomme des océans, Saint-Lô 2001; Gustave-J.-H. Landrieu, Tourville, un grand amiral français, Paris 1942.

Bell. Allan Toriel/Sylvérik, Tourville (Comic-Serie, 2008 ff.)

14. Die Erforscher der Südsee

JAMES COOK

Qu. Andrew Kippis (Hg.), Narrative of the Voyages Round the World, Performed by Captain James Cook (1788), Adelaide 2012 (*online unter:* http://ebooks.adelaide.edu.au/c/cook/james/c77n/); Philip Edwards (Hg.), James Cook: The Journals, London 2003 (dt. „Die Suche nach dem Südland" – Die Tagebücher von Cooks zweiter Reise, Hamburg/Norderstedt 2008); Georg Forster, Reise um die Welt mit Kapitän Cook, Göttingen 2002; ders./Georg Christoph Lichtenberg: Cook der Entdecker – Schriften über James Cook, Leipzig 1983.

Lit. Richard Hough, Captain James Cook, London 2003; Peter Aughton, Endeavour: The Story of Captain Cook's First Great Epic Voyage, [2]London 2002 (dt. [1]München 2001); John Robson (Hg.), The Captain Cook Encyclopædia, London 2004.

LOUIS-ANTOINE, COMTE DE BOUGAINVILLE

Qu. Louis-Antoine de Bougainville, Voyage autour du monde (1771), éd. Paris 2001 (dt. Reise um die Welt. Durch die Inselwelt des Pazifik 1766–1769, Stuttgart 2002).

Lit. John Dunmore, Storms and Dreams: Louis de Bougainville – Soldier, Explorer, States-man, Stroud 2005; Étienne Taillemite, Art. «Bougainville, Louis-Antoine de», in: DCB; Jean-Étienne Martin-Allanic, Bougainville navigateur et les découvertes de son temps, 2 Bde., Paris 1964.

JOHN HARRISON & DAS LONGITUDINALPROBLEM

Dava Sobel, Longitude: The True Story of a Lone Genius who Solved the Greatest Scientific Problem of his Time, New York 1995; Rupert T. Gould, The Marine Chronometer. Its Histo-ry and Development, London 1923.

15. Mit Schwert und Feder – die Etablierung der U.S. Navy

Stephen Decatur, Jr.

Qu. Correspondence between the Late Commodore Stephen Decatur and Commodore James Barron …, Boston 1820.

Lit. Robert J. Allison, Stephen Decatur – American Naval Hero 1779–1820, Amherst 2005; Leonard F. Guttridge, Our Country, Right or Wrong. The Life of Stephen Decatur, New York 2005; Spencer Tucker, Stephen Decatur – A Life Most Bold and Daring, Annapolis, 2004; James Tertius De Kay, A Rage for Glory. The Life of Commodore Stephen Decatur, USN, New York 2004. – *Krieg an der nordafrikanischen Küste:* David Smethurst, Tripoli – The United States' First War on Terror, New York 2006; Joshua E. London, Victory in Tripoli. How America's War with the Barbary Pirates Established the U.S. Navy and Shaped a Nation, New Jersey 2005; Richard Zacks, The Pirate Coast. Thomas Jefferson, the First Marines, and the Secret Mission of 1805, New York 2005.

Alfred Thayer Mahan

W. (Ausw.) The Influence of Sea Power upon History, 1660–1783 (1890); The Influence of Sea Power upon the French Revolution and Empire, 1793–1812 (2 Bde., 1892); Sea Power in Relation to the War of 1812 (2 Bde., 1905); The Life of Nelson: The Embodiment of the Sea Power of Great Britain (2 Bde., 1897); Naval Strategy, Compared and Contrasted with the Principles and Practice of Military Operations on Land (1911).

Lit. Biographie: Robert Seager, Alfred Thayer Mahan: The Man and His Letters, Annapolis 1977; W. D. Puleston, Mahan. The Life and Work of Captain Alfred Thayer Mahan, U.S.N, New Haven 1939; Richard W. Turk, The Ambiguous Relationship: Theodore Roosevelt and Alfred Thayer Mahan, New York u.a. 1987. – *Werk und Theorien:* William E. Livezey, Mahan on Sea Power, ²Norman, OK 1981; John B. Hattendorf (Hg.), The Influence of History on Mahan, Newport 1991.

16. Die letzten Helden der See

Roald Amundsen

W. (Ausw.) Nordvestpassagen, 2 Bde., Kristiania 1907 (engl. Übers. The North-West Passage: Being the Record of a Voyage of Exploration of the ship „Gjøa" 1903–1907, 2 Bde., New York 1908, dt. Die Nordwestpassage: Meine Polarfahrt auf der Gjöa 1903–1907, Wiesbaden 2012); Sydpolen, 2 Bde., Kristiania 1912 (engl. Übers. The South Pole: An Account of the Norwegian Antarctic Expedition in the „Fram" 1910–1912, 1912; dt. Übers. Die Eroberung des Südpols, München 1912; Die Eroberung des Südpols. 1910 bis 1912, München 2011); Nordostpassagen. Maudfærden langs Asiens kyst 1918–1920, Kristiania 1921; Den første flukt over polhavet, Oslo 1926 (dt. Übers. Der erste Flug über das Polarmeer, Leipzig 1927); Mitt liv som polarforsker, Oslo 1927 (dt. Übers. Mein Leben als Entdecker, Leipzig 1929).

Lit. Tor Bomann-Larsen, Roald Amundsen – en biografi, Oslo 2003 (engl. Übers. Amundsen, Stroud 2006; dt. Übers. Amundsen. Bezwinger beider Pole, Hamburg 2007); Detlef

Brennecke, Roald Amundsen, Reinbek 1995; Cornelia Lüdecke, Roald Amundsen: ein biografisches Porträt, Freiburg 2011.

Felix Graf von Luckner

W. Seeteufel erobert Amerika, Leipzig 1928; Ein Freibeuterleben, Dresden 1938; Aus siebzig Lebensjahren, Biberach/Riss 1955; Seeteufel. Abenteuer aus meinem Leben, Neuausg. Herford 2002; Seeteufels Weltfahrt [Autobiographie], Neuausg. München 2003.
Qu. & zeitgen. Wahrnehmung Wolfgang Seilkopf (Hg.), Aus dem Leben des „Seeteufels". Briefe und Aufzeichnungen, Halle 2000; Hans D. Schenk (Hg.), Graf Luckners „Seeadler": Das Kriegstagebuch einer berühmten Kaperfahrt, Hamburg 1999; James Cowan, The Pirate of the Pacific. German Naval Officer's daring Escape from his Prison Island and Recapture in Mid-Ocean, in: The Wide World Magazine (Juli 1918), 253–260; E. H. Davis, The Man who Met von Luckner: True Story of an Encounter with the Seeadler, in: The World News (25. Juni 1938), 7, 40 f.
Lit. Biographie: Elisabeth Müller-Luckner, Art. «Luckner, Felix Graf von», in: Neue Deutsche Biographie, Bd. 15 (1987), 282 f.; Norbert von Frankenstein, „Seeteufel" Felix Graf Luckner. Wahrheit und Legende, Hamburg 1997; E. P. Hoyt, Count von Luckner: Knight of the Sea, New York 1969. – *Mythos & Taten:* Blaine Pardoe, The Cruise of the Sea Eagle: The Amazing True Story of Germany's Gentleman Pirate, Guilford, CT 2005; James N. Bade, Von Luckner – a Reassessment. Count Felix von Luckner in New Zealand and the South Pacific, 1917–1919 and 1938, Frankfurt/M. 2004; Howard Henry, „The Sea Devil came Calling" – Count von Luckner and his Visit to Aitutaki: August/September 1917, Auckland 2001.

17. Admirale der aufgehenden Sonne

Heihachirō Tōgō

Qu. Ernest Mason Satow, A Diplomat in Japan, Berkeley 2006.
Lit. Biographie: Jonathan Clements, Admiral Togo: Nelson of the East, London 2010; Georges Blond, L'amiral Togo, samouraï de la mer, Paris 1959; R. V. C. Brodley, Admiral Togo, London 1935; R. W. Garson, Three Great Admirals – one Common Spirit?, in: The Naval Review 87/1 (1999), 63 f. – *Russisch-Japanischer Krieg*: Jeffery Jukes, The Russo-Japanese War 1904–1905, Oxford 2002; Denis & Peggy Warner, The Tide at Sunrise. A History of the Russo-Japanese War 1904–1905, London 1975; Sir Julian Corbett, Maritime Operations in the Russo-Japanese War 1904–1905, 2 Bde., Annapolis 1994; R. M. Connaughton, The War of the Rising Sun and the Tumbling Bear. A Military History of the Russo-Japanese War 1904–05, London 1988.
Bell. Frank Thiess, Tsushima. Der Roman eines Seekrieges (1936).

Isoroku Yamamoto

Qu. Matome Ugaki (Hg.), Fading Victory: The Diary of Admiral Matome Ugaki 1941–45, Pittsburgh 1991.

Lit. *Biographie:* Hiroyuki Agawa, The Reluctant Admiral, New York 1979; Edwin P. Hoyt, Yamamoto: The Man who Planned Pearl Harbor, New York 1990. – *Tod:* Roberto de Haro, Assassins' Raid: Killing Admiral Yamamoto, Bloomington, IN 2009; Donald A. Davis, Lightning Strike. The Secret Mission to Kill Admiral Yamamoto and Avenge Pearl Harbor, New York 2005; Carroll V. Glines, Attack on Yamamoto, New York 1990.

18. The British Tradition

SIR WALTER COWAN

Biographie: Lionel G. Dawson, Sound of the Guns – Being an Account of the Wars and Service of Admiral Sir Walter Cowan, Oxford 1949. – *Seekrieg im Baltikum:* Geoffrey Bennett, Freeing the Baltic, Edinburgh 2002 (orig. Cowan's War. The Story of British Naval Operations in the Baltic 1918–1920, London 1964); Edgar Anderson, An Undeclared Naval War: the British-Soviet Naval Struggle in the Baltic 1918–1920, Boulder, CO 1962; William A. Fletcher, The British Navy in the Baltic, 1918–1920: Its Contribution to the Independence of the Baltic Nations, in: Journal of Baltic Studies 7 (1976), 134–144. – *Zeitgeschichte/Umfeld:* Karsten Brüggemann, Die Gründung der Republik Estland und das Ende des «Einen und unteilbaren Russland»: die Petrograder Front des Russischen Bürgerkriegs 1918–1920, Wiesbaden 2002. – *Erinnerungskultur:* Queen & Estonians Honour Britain's 'Forgotten Fleet', in: m&c News, 20. Oktober 2006 (*online unter:* http://news.monstersandcritics.com/europe/features/article_1212989.php).

SIMON THE CAT

Qu. Able Seacat Simon, D.M., R.N. (1947–1949) (*Sammlung von Zeitdokumenten, Zeitungsberichten etc., online unter:* http://www.maritimequest.com/warship_directory/great_britain/pages/sloops/hms_amethyst_u16_able_seacat_simon.htm); *Yangtse River Incident 1949:* The Diary of Coxswain Leslie Frank: HMS Amethyst – Yangtse River 19/4/49 to 31/7/49, Uckfield 2004; The Yangtze Incident – The Official Report, ed. William Leitch, RN (*online unter:* http://www.maritimequest.com/warship_directory/great_britain/pages/sloops/hms_amethyst_u16_official_report.htm).
Lit. *Biographien:* Vera Cooper, Simon the Cat, New York/London 1950; Rosamond McPherson Young, Two Perfectly Marvellous Cats, Exeter 1993. – *Yangtse-Zwischenfall:* Malcolm H. Murfett, Hostage on the Yangtze: Britain, China, and the Amethyst Crisis of 1949, Annapolis 1991. – *Schiffskatzen:* Val Lewis, Ships' Cats in War and Peace, Shepperton 2001 (*NB. Kap. 19 ist Simon gewidmet*).

19. Die Meere erkunden und bewahren

ALBERT IER DE MONACO

W. Resultats des campagnes scientifiques accomplies sur son yacht par Albert Ier, prince souverain de Monaco, 110 Bde., Monaco 1889–1950; Emil von Marenzeller (Hg. & Übers.),

Zur Erforschung der Meere und ihrer Bewohner. Gesammelte Schriften des Fürsten Albert I. von Monaco, Wien 1891 (*enthält nur die bis dahin erschienenen Arbeiten*).

Lit. Biographie: Jacqueline Carpine-Lancre, Albert Ier, prince de Monaco – des œuvres de science, de lumière et de paix, Monaco 1998; Pierre Miquel, Albert de Monaco, prince des mers, Grenoble 1995. – *Expeditionen/Forschungsreisen:* Jacqueline Carpine-Lancre, La Première campagne océanographique du Prince Albert de Monaco, Paris 1985; dies./William Barr, The Arctic Cruises of Prince Albert I of Monaco, in: Polar Record 44/1 (2008), 1–14; Jules Richard, Les campagnes scientifiques de S.A.S. le prince Albert Ier de Monaco, Monaco 1900 (dt. Die wissenschaftlichen Expeditionen Seiner Durchlaucht des Fürsten Albert I. von Monaco, Monaco 1913); Emil von Marenzeller, Ueber die wissenschaftlichen Unternehmungen des Fürsten Albert I. von Monaco in den Jahren 1885/88, in: Verhandlungen der K.K. Zoologisch-Botanischen Gesellschaft in Wien 39 (1889), 627–634.

JACQUES-YVES COUSTEAU

W. (Ausw.) The Ocean World of Jacques Cousteau, 21 Bde., London 1972–1978; The Undersea Discoveries of Jacques-Yves Cousteau, 8 Bde., London/New York 1970–1975.

Lit. Yves Paccalet, Jacques-Yves Cousteau dans l'océan de la vie, Paris 1997; Bernard Violet, Cousteau, une biographie, Paris 1993; Kathrin Schubert, Jacques Cousteau. Expedition Tiefsee, Hamburg 2011.

20. Geschichte unter Wasser finden

JOAN DU PLAT TAYLOR

W. Bibliographie (kompl.): Hirschfeld, du Plat Taylor, 16–18.

Lit. Biographisches: Nicolle Hirschfeld, Joan Mabel Frederica du Plat Taylor, 1906–1983, in: Breaking Grounds (Brown University: Research) (*online unter:* http://www.brown.edu/Research/Breaking_Ground/bios/Du%20Plat%20Taylor_Joan.pdf); Ian Morrison, Editorial, in: IJNA 10/4 (1981), 271 f.; Obituary of Joan du Plat Taylor, in: IJNA 12/3 (1983), 188 f. – *Umfeld und Etablierung der Unterwasserarchäologie:* Honor Frost, Under the Mediterranean: Marine Antiquities, London 1963; dies., When Is a Wreck not a Wreck?, in: IJNA 5/2 (1976), 101–105; Peter Throckmorton, The Lost Ships: An Adventure in Underwater Archaeology, Boston/Toronto 1964; ders., Shipwrecks and Archaeology – The Unharvested Sea, Boston/Toronto 1970.

ROBERT BALLARD

W. Biographisches: Explorations: My Quest for Adventure and Discovery under the Sea, New York 1995; The Eternal Darkness. A Personal History of Deep-sea Exploration, Princeton, NJ 2000. – *Gefundene Schiffe/Wracks (oftmals populärwiss.):* The Discovery of the Titanic, New York 1987; The Discovery of the Bismarck, New York 1990; The Lost Ships of Guadalcanal, New York 1993; Exploring the Lusitania. Probing the Mysteries of the Sinking that Changed History, New York 1995; Return to Midway; Washington, D.C. 1999; Collision With History: The Search for John F. Kennedy's PT 109, Washington 2002. – *Rein wissen-*

schaftliche Werke/Ozeanographie: Photographic Atlas of the Mid-Atlantic Ridge Rift Valley (mit James Gregory Moore), New York 1977; Mystery of the Ancient Seafarers (mit Toni Eugene), Washington, D.C. 2004; Archaeological Oceanography, Princeton, NJ 2008 (*NB. Vor allem die populäreren Werke in zahlr., auch dt. Übers.*).
Lit. Christine M. Hill, Robert Ballard: Oceanographer who Discovered the Titanic, Berkeley Heights, NJ 1999; Lisa Yount, Robert Ballard: Explorer and Undersea Archaeologist, New York 2009.

Epilog: Unser Bild von der See

I. Tyrannen & Meuterer

WILLIAM BLIGH
W. A Narrative of the Mutiny, on Board His Majesty's Ship Bounty; and the Subsequent Voyage of Part of the Crew, in the Ship's Boat, from Tofoa, one of the Friendly Islands, to Timor, a Dutch Settlement in the East Indies. Written by Lieutenant William Bligh ..., London 1790; A Voyage to the South Sea for the Purpose of Conveying the Bread-Fruit Tree to the West Indies, Including an Account of the Mutiny ..., London 1792.
Qu. (Ausw.) allg. Fresh Light on Bligh: some unpublished Correspondence, hrsg. v. George Mackaness (Australian Historical Monographs/New Series 5), Dubbo 1976. – *Bounty:* The Log of H.M.S. Bounty, 1787–1789, Surrey 1975 (*Faksimile des Ms. in der British Library*); The Log of the Bounty, hrsg. v. Owen Rutter, 2 Bde., London 1937; H.M.A.V. Bounty: Ship's Log, hrsg. v. Kenneth F. Edwards, Sydney 1988.
Lit. Biographie: Rob Mundle, Bligh – Master Mariner, Sydney 2010; George Mackaness, The Life of Vice-Admiral William Bligh, [2]Sydney 1951; Owen Rutter, Turbulent Journey: A Life of William Bligh, Vice-Admiral of the Blue, London 1936; Alan G. L. Shaw, Art. «Bligh, William», in: Australian Dictionary of Biography 1 (1966) (*online unter*: http://adb. anu.edu.au/biography/bligh-william–1797). – *Bounty:* Caroline Alexander, The Bounty: The True Story of the Mutiny on the Bounty, New York 2003; Rosalind Amelia Young, Mutiny of the Bounty and the Story of Pitcairn Island, [2]Honolulu 2003. – *Nach der Bounty:* John Toohey, Captain Bligh's Portable Nightmare. From the Bounty to Safety – 4162 Miles Across the Pacific in a Rowing Boat, New York 2000; A. H. Taylor, William Bligh at Camperdown, in: Mariner's Mirror, 23/4 (1937), 417–434. – *Australien:* Anne-Maree Whitaker, «William Bligh», in: David Clune/Ken Turner (Hgg.), The Governors of New South Wales 1788–2010, Sydney 2009, 87–105; Richard Neville, The Arrest of Governor Bligh – Pictures and Politics, in: Australiana 13/2 (1991), 38–42; Herbert V. Evatt, Rum Rebellion: A Study of the Overthrow of Governor Bligh, [2]London 1968.

LEBENSBEDINGUNGEN IN DER ROYAL NAVY UM 1800/MEUTEREIEN
Qu. & zeitgen. Werke Demands of the Nore Mutineers (12 May to 13 June, 1797) (*online unter:* http://www.napoleonguide.com/navy-nore-articles.htm); Sir Edward Griffith Colpoys, A Letter to Vice-Admiral Sir Thomas Byng Martin ... Containing an Account of the Mutiny of

the Fleet at Spithead in the Year 1797 ..., London, 1825; Sir Charles Cunningham, A Narrative of Occurrences that Took Place During the Mutiny at the Nore in the Months of May and June 1797, with a Few Observations on the Impressments of Seamen ..., London 1829.

Lit. Meutereien 1797: George E. Manwaring/Bonamy Dobree, The Floating Republic. An Account of the Mutinies at Spithead and the Nore in 1797, ²London 1987; James Dugan, The Great Mutiny, New York 1965; Conrad Gill, The Naval Mutinies of 1797, Manchester 1913. *– Lebensbedingungen und Organisation der Navy:* Brian Lavery, Nelson's Navy: the Ships, Men and Organisation, 1793–1815, Annapolis 1989; ders. (Hg.), Shipboard Life and Organisation, 1731–1815, Aldershot 1998; ders., Royal Tars – the Lower Deck of the Royal Navy 875–1850, London 2010, 197–243; Dudley Pope, Life in Nelson's Navy, ²1981, Ndr. London 1999. *– Verpflegung auf See:* Janet Macdonald, Feeding Nelson's Navy. The True Story of Food at Sea in the Georgian Era, London 2004.

II. Fiktive Seefahrer

C. S. FORESTER – HORATIO HORNBLOWER

W. (Hornblower-Romane in der Reihenfolge des Erscheinens) The Happy Return (1937); A Ship of the Line (1938); Flying Colours (1938); Hornblower and His Majesty (1941); Hornblower and the Hand of Destiny (1941); Hornblower's Charitable Offering (1941); The Commodore (1945); Lord Hornblower (1946); Mr. Midshipman Hornblower (1950); Hornblower and the Big Decision (1951); Lieutenant Hornblower (1952); Hornblower and the Atropos (1953); Hornblower in the West Indies (1958); Hornblower and the Hotspur (1962); Hornblower and the Crisis (1967) (*Fragment*); The Last Encounter (1967) (dt. Gesamtausg. Frankfurt 2004).

Lit. Cyril Northcote Parkinson, The Life and Times of Horatio Hornblower, ²Leicester 2000 (*dt. Übers. der ersten Aufl.* Horatio Hornblower – sein Leben und seine Zeit. Eine fiktive Biographie, Frankfurt/Berlin 1989); Sanford Sternlicht, C.S. Forester and the Hornblower Saga, Syracuse, NY 1999; C. S. Forester, The Hornblower Companion, London 1964.

HERGÉ – ARCHIBALD HADDOCK

W. (Alben der Tintin-Serie mit Capt. Haddock) Le Crabe aux pinces d'or (1941); L'Étoile mystérieuse (1942); Le Secret de La Licorne (1943); Le Trésor de Rackham le Rouge (1944); Les Sept Boules de cristal (1948); Le Temple du Soleil (1949); Tintin au pays de l'or noir (1950); Objectif Lune (1953); On a marché sur la Lune (1954); L'Affaire Tournesol (1956); Coke en stock (1958); Tintin au Tibet (1960); Les Bijoux de la Castafiore (1963); Vol 714 pour Sydney (1968); Tintin et les Picaros (1976); Tintin et l'Alph-Art (1986) (*alle ins Dt. übers.*).

Lit. Daniel Couvreur, Archibald Haddock. Les mémoires de Mille Sabords, Brüssel 2011; Albert Algoud, Le Haddock illustré – l'intégrale des jurons du capitaine, Tournai 1991; Michael Farr, Tintin: The Complete Companion, ²San Francisco 2011; Harry Thompson, Tintin: Hergé and his Creation, London 1991.

Filmographie

NB. Alle Filme werden unter ihren Originaltiteln (evtl. unter Beifügung des internationalen Titels) gelistet, Fernsehdokumentationen nur in Ausnahmefällen erfasst, etwa aufgrund ihrer hohen Authentizität und Aussagekraft sowie deutlich dramaturgischer Konzeption. Interpreten (Schauspieler) werden nur erwähnt, wenn es sich bei dem Film nicht um ein monobiographisches Werk handelt.

1. Inbegriff des Seehelden – HORATIO NELSON

The Battle of Trafalgar, UK 1911, Regie: J. Searle Dawley (15 min), *Sydney Booth als Lord Nelson.*
That Hamilton Woman, UK 1949, Regie: Alexander Korda (128 min), *Sir Laurence Olivier als Lord Nelson.*
Bequest to the Nation, UK 1973, Regie: James Cellan Jones (118 min), *Peter Finch als Lord Nelson.*

2. Die Gegner von Salamis

THEMISTOKLES/ARTEMISIA
The Battle of Salamis (History's Turning Points, Episode 3), USA/UK 1995, Regie: Emma De'ath (25 min) [TV-Doku].

3. Seefahrer um Alexander

MEMNON/NEARCHOS
Alexander the Great, USA 1956, Regie: Robert Rossen (135 min), *Peter Cushing als Memnon, Carlos Baena als Nearchos.*
Alexander Revisited: The Final Cut, USA 2007, Regie: Oliver Stone (214 min), *Peter Williamson als junger, Denis Conway als erwachsener Nearchos (NB. Ohne Erwähnung Memnons).*

4. Roms Helden zur See

DUILIUS
–

AGRIPPA
Cleopatra, USA 1963, Regie: Joseph L. Mankiewicz (192 min), *Andrew Keir als Agrippa.*

5. Dem Westen entgegen

SAINT BRENDAN OF CLONFERT
Beowulf & Grendel, Canada/Island/UK 2005, Regie: Sturla Gunnarsson (102 min), *Eddie Marsan als Father Brendan the Celt.*

LEIF ERIKSSON
Leif Erikson – Der Junge, der Amerika entdeckte, D 2000, Regie: Phil Nibbelink (85 min) [Zeichentrickfilm].

6. Seehelden der Republik Genua

BENEDETTO I. ZACCARIA
–

ANDREA DORIA
–

7. Umstrittene Entdecker im Rampenlicht

ZHENG HE
Zheng He Xia Xiyang [郑和下西洋], China/Singapur 2009, Regie: Ma Xiao und Liu Haitao (2.655 min [59 Episoden zu 45 min]).
Admiral Zheng He – Eunuch und Feldherr der Meere, Singapur/Niederlande 2005, Regie: Chen Kaige (53 min) [TV-Doku].
Gigant der Meere: Die Drachenflotte des Admiral Zheng He, D/China 2006, Regie: Chen Qian (45 min) [TV-Doku].

CRISTOFORO COLUMBO
Christopher Columbus, UK 1949, Regie: David MacDonald (104 min).
Christopher Columbus: The Discovery, USA 1992, Regie: John Glen (120 min).
Cristóvão Colombo – O Enigma (Christopher Columbus – The Enigma), Portugal 2007, Regie: Manoel de Oliveira (75 min).

8. Neue Wege

Vasco da Gama
Urumi, Indien 2011, Regie: Santosh Sivan (160 min), *Robin Pratt als Vasco da Gama.*
Vasco da Gama – Portugals Aufbruch ins Unbekannte, D/Frankreich 2000, Regie: Luc Cuyvers (132 min) [TV-Doku].

Jacques Cartier
Toutes Îles (The Land of Jacques Cartier), Kanada 1960, Regie: René Bonnière (29 min).
Au début du monde/When the World Began [Le Canada: Une histoire populaire/Canada: A People's History, Staffel I, Episode 1], Kanada 2000, Regie: Laine Drewery und Claude Lortie (128 min), *Yvan Ponton als Jacques Cartier.*

9. Seekrieg im Mittelmeer um Glaube und Reich

Don Juan de Austria
–

Piyale Pasha
–

10. Koreas Nelson – Yi Sun-shin

Immortal Admiral Yi Sun-sin [불멸의 이순신], Korea 2004/2005, Regie: Jun-seo Han und Seong-ju Lee (6.240 min [104 Episoden zu 60 min]).

11. Fire over England

Sir Francis Drake
Sir Francis Drake, UK 1961, Regie: David Greene, Terry Bishop u.a. (650 min [26 Episoden zu 25 min]).
The Immortal Voyage of Captain Drake, USA 2009, Regie: David Flores (86 min).
The Sea Hawk, USA 1940, Regie: Michael Curtiz (122 min) (*freie Anlehnung an das Leben Drakes, ohne diesen beim Namen zu nennen*).

Charles Howard
Elizabeth: The Golden Age, Frankreich/UK 2007, Regie: Shekhar Kapur (114 min), *John Shrapnel als Charles Howard.*

12. Gegner im Ärmelkanal

RUPERT, 1ST DUKE OF CUMBERLAND
–

MICHIEL ADRIAENSZOON DE RUYTER
Broadside, USA 2009, Regie: David Hickman/Bruce Twickler (120 min), *Nick Stringer als De Ruyter.*

13. Im Strahl der Sonne

JEAN BART
–

COMTE DE TOURVILLE
–

14. Die Erforscher der Südsee

JAMES COOK
Captain James Cook (Wind und Sterne), Australien/D 1987, Regie: Lawrence Gordon Clark (400 min).
Captain Cook: Obsession and Discovery (dt. James Cook – Seefahrer und Entdecker), Kanada/Australien 2007, Regie: Wain Fimeri (100 min).

LOUIS-ANTOINE, COMTE DE BOUGAINVILLE
–

JOHN HARRISON & DAS LONGITUDINALPROBLEM
Longitude, UK 2000, Regie: Charles Sturridge (250 min), *Michael Gambon als John Harrison und Jeremy Irons als Commander Rupert Gould.*

15. Mit Schwert und Feder – die Etablierung der U.S. Navy

STEPHEN DECATUR, JR.
Old Ironsides, USA 1926, Regie: James Cruze (111 min), *Johnnie Walker als Stephen Decatur.*

ALFRED THAYER MAHAN
–

16. Die letzten Helden der See

Roald Amundsen
The Search for the Northwest Passage, UK 2005, Regie: Louise Osmond (130 min), *Kåre Conradi als Amundsen.*
The Last Place on Earth, UK 1985, Regie: Ferdinand Fairfax (365 min [7 Episoden zu 52 min]), *Sverre Anker Ousdal als Amundsen.*
Das rote Zelt (orig. Красная палатка), USSR/Italien 1969, Regie: Mikhail Kalatozov (158 min), *Sean Connery als Amundsen.*

Felix Graf von Luckner
Graf Luckner (orig. Les aventures du capitaine Luckner), Frankreich/D 1973, Regie: Jean Couturier/Theodor Grädler (975 min [39 Episoden zu 25 min]), *Heinz Weiss als Graf Luckner.*

17. Admirale der aufgehenden Sonne

Heihachirō Tōgō
Nihonkai daikaisen (La batalla del mar de Japón/The Great Battle of the Japan Sea), Japan 1969, Regie: Seiji Maruyama (128 min), *Toshirô Mifune als Admiral Heihachirō Tōgō.*

Isoroku Yamamoto
The Admiral (orig. Rengô kantai shirei chôkan: Yamamoto Isoroku), Japan 2011, Regie: Izuru Narushima (140 min).
Tora! Tora! Tora!, USA/Japan 1970, Regie: Richard Fleischer/Toshio Masuda/Kinji Fukasaku (144 min), *So Yamamura als Admiral Yamamoto.*
Admiral Yamamoto (orig. Rengô kantai shirei chôkan: Yamamoto Isoroku), Japan 1968, Regie: Seiji Maruyama (131 min).

18. The British Tradition

Sir Walter Cowan
–

Simon the Cat
Yangtse Incident: The Story of HMS Amethyst, UK 1957, Regie: Michael Anderson (113 min).

19. Die Meere erkunden und bewahren

A<small>LBERT</small> I<small>ER</small> <small>DE</small> M<small>ONACO</small>

–

J<small>ACQUES</small>-Y<small>VES</small> C<small>OUSTEAU</small> (Ausw.; Regie immer J.-Y. C.)
Épaves, Frankreich 1946 (21 min).
Le monde du silence, Frankreich 1956 (86 min).
Le monde sans soleil, Frankreich 1964 (93 min).
The Undersea World of Jacques Cousteau, USA/UK 1974/75 (600 min [10 Episoden zu 60 min]).
The Cousteau Odyssey, USA 1978 (640 min [12 Episoden zu 53 min]).

20. Geschichte unter Wasser finden

J<small>OAN</small> <small>DU</small> P<small>LAT</small> T<small>AYLOR</small>

–

R<small>OBERT</small> B<small>ALLARD</small> (Ausw.)
Secrets of the Titanic, USA 1986, Regie: Robert Ballard (51 min) [TV-Doku].
Lost Ships of the Mediterranean, USA/Israel 1999, Regie: Gail Willumsen (53 min) [TV-Doku].
The Battle for Midway, USA 1999, Regie: Brian Breger (82 min) [TV-Doku].
Lost Liners, USA 2000, Regie: Peter Schnall (108 min) [TV-Doku].
The Search for PT 109, USA 2003, Regie: Robert Ballard (76 min) [TV-Doku].
Titanic Revealed, USA 2004, Regie: Peter Schnall (61 min) [TV-Doku].

Epilog: Unser Bild von der See

I. Tyrannen & Meuterer

W<small>ILLIAM</small> B<small>LIGH</small>
In the Wake of the Bounty, Australien 1933, Regie: Charles Chauvel (67 min), *Mayne Lynton als Lt. Bligh.*
Mutiny on the Bounty, USA 1935, Regie: Frank Lloyd (132 min), *Charles Laughton als Cpt. Bligh.*
Mutiny on the Bounty, USA 1962, Regie: Lewis Milestone (178 min), *Trevor Howard als Cpt. Bligh.*
The Bounty, UK 1984, Regie: Roger Donaldson (132 min), *Anthony Hopkins als Lt. Bligh (historisch beste und authentischste Verfilmung).*

Meutereien um 1800 allgemein
Billy Budd, UK 1961, Regie: Peter Ustinov (117 min).
H.M.S. Defiant, UK 1962, Regie: Lewis Gilbert (101 min).

II. Fiktive Seehelden

Horatio Hornblower
Captain Horatio Hornblower R.N., UK/USA 1951, Regie: Raoul Walsh (117 min), *Gregory Peck als Hornblower.*
Hornblower, UK 1998–2003, Regie: Andrew Grieve (744 min [3 Staffeln mit insgesamt 8 Episoden zu je 93 min]), *Ioan Gruffudd als Hornblower.*

Archibald Haddock
Les aventures de Tintin, Frankreich 1957–1964, Regie: Ray Goossens (445 min [TV-Zeichentrick; 3 Staffeln mit insgesamt 7 Episoden]), *Jean Clarieux/Paul Frees (US-Fassung) als Capitaine Haddock (Stimmen).*
Tintin et le mystère de la Toison d'or, Frankreich/Belgien 1961, Regie: Jean-Jacques Vierne (99 min), *Georges Wilson als Capitaine Haddock.*
Tintin et les oranges bleues, Frankreich/Spanien 1964, Regie: Philippe Condroyer (97 min), *Jean Bouise als Capitaine Haddock.*
Tintin et le Temple du Soleil, Frankreich 1969, Regie: Raymond Leblanc (Zeichentrick, 77 min), *Claude Bertrand als Capitaine Haddock (Stimme).*
Tintin et le lac aux requins, Frankreich 1972, Regie: Raymond Leblanc (Zeichentrick, 73 min), *Claude Bertrand als Capitaine Haddock (Stimme).*
Les Aventures de Tintin, Frankreich/Belgien/Kanada 1991/92, Regie: Stéphane Bernasconi (TV-Zeichentrick, 882 min [18 Episoden zu 45 min, 3 Episoden zu 24 min]), *Christian Pelissier als Capitaine Haddock (Stimme).*
The Adventures of Tintin (The Secret of the Unicorn), USA 2011, Regie: Steven Spielberg (107 min), *Andy Serkis als Captain Haddock.*

Namens-/Personenregister

Nachfolgendes Register umfasst alle im Haupttext (Ss. 9–150) des vorliegenden Bandes aufscheinenden Personen. Um Verwechslungen zu vermeiden, erfolgt die Schreibweise in der jeweils landesüblichen Form; auf eine komplette Auflistung aller militärischen Ränge und Adelstitel wurde verzichtet.

Bei der Angabe der Seitenzahlen verweist Normaldruck auf den Fließtext, *Kursivdruck* auf den Anmerkungsapparat und **Fettdruck** auf eigens dieser Person gewidmete Kapitel des Buches.